Complete collection of common sense
knowledge for adults

できる大人の常識力事典

話題の達人倶楽部［編］

青春出版社

「できる大人」に必要な「常識」が丸ごと一冊に!! ——はじめに

「社会人にもなってそんなこと知らないでどうする」と、自分の親や会社の先輩、上司にいわれたことはないだろうか。そんなことをいわれるとちょっと凹んでしまうものだが、知らないからといって仕事に影響が出るわけではない、と開き直る人もいるかもしれない。

だが、知ろうともしないままでいたり、間違っていることを鵜呑みにしたままにしておくわけにはいかない。もし、何かの折にそのことが話題に出れば、恥をかくどころか、信用さえ失ってしまいかねないのだ。だから、本書で基本をしっかりと押さえておこう。

常識なんてよくわかっている、という人も要注意だ。たとえば、会議室に入るとき、何回ドアをノックしているだろうか。「コン、コン」と2回叩けばいいと思っている人、じつは間違いだ。また、若者がよく使う「なるほどですね」という相槌の敬語。これを間違いだと認識はできても、正しく言い換えると、どういえばいいのかわかるだろうか。わかっているつもりの常識も、じつはあやふやだったりするものだ。

そこで本書は、しきたりや食、日本の地理や歴史まで、できる大人になるための「常識」をまるごと一冊に詰め込んでみた。非常識な人といわれないためにも必読の書である。

2016年9月

話題の達人倶楽部

できる大人の常識力事典……もくじ

常識その1

礼儀作法

会議室のノックは2回？　それとも3回？

常識その２

敬語

「なるほどですね」をどう正しく言い換える？

常識その3

しきたり　そもそも「床の間」は何のためにある？

常識その4

食

紅茶はソーサーごと持って飲むべき？

常識その５

文化

「日本」の読み方は「ニホン」と「ニッポン」どちらが正しい？

常識その６

歴史

日本で最初に国道をつくったのが聖徳太子って本当？

常識その７

地理

「江戸前」はどこからどこまでの海をいう？

常識その8

名産

海のない山梨で「煮あわび」が名物なのはなぜ？

カバー写真提供＊sahib d/shutterstock.com
本文イラスト＊川村 易
＊モリモト・パンジャ
＊斎藤ひろこ
デザイン・DTP＊ハッシィ
制作＊新井イッセー事務所

常識その１

礼儀作法

会議室のノックは２回？
それとも３回？

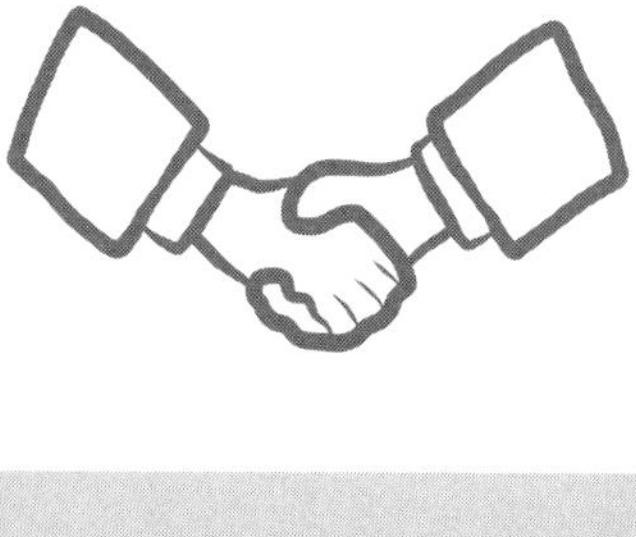

会釈と敬礼の違いって何？

お辞儀なんかわざわざ教えてもらわなくても大丈夫だと思うかもしれないが、お辞儀はただ頭を下げればそれでいいというものではない。やり方ひとつで相手に与える印象は良くも悪くもなるからだ。

そこで、社会人として身につけておきたいお辞儀の3つの基本を覚えておこう。

まず、人の前を通るときや、来客にお茶を出すときなどに使う最も軽いお辞儀である「会釈」は、上体を15度ほど前に倒す。頭を下げたときに、つま先から1・5メートルほど先に視線を置くのがコツだ。

また、会釈よりも丁寧なお辞儀に当たるのが「敬礼」だ。上司に挨拶をするときや取引先を訪問したとき、また来客を迎えるときに行う。上体を会釈よりも深く30度ほど前に倒して、視線はつま先から50センチメートルほど先に置く。ふだんの挨拶ならこの敬礼までで十分だ。

そして、お詫びや感謝の意を最大限に表わしたいときにするお辞儀が「最敬礼」になる。自分のつま先を見つめるようにして上体を45度ほど前に倒し、そのままゆっくり頭を上げるようにする。

ところで、歩きながら、あるいは誰かと話をしながら軽く会釈をして通り過ぎる人がいるが、失礼になるので避けたい。

一度きちっと動きを止めて、足を揃えてから頭を下げれば立派なお辞儀になる。

角度で覚える「基本のお辞儀」

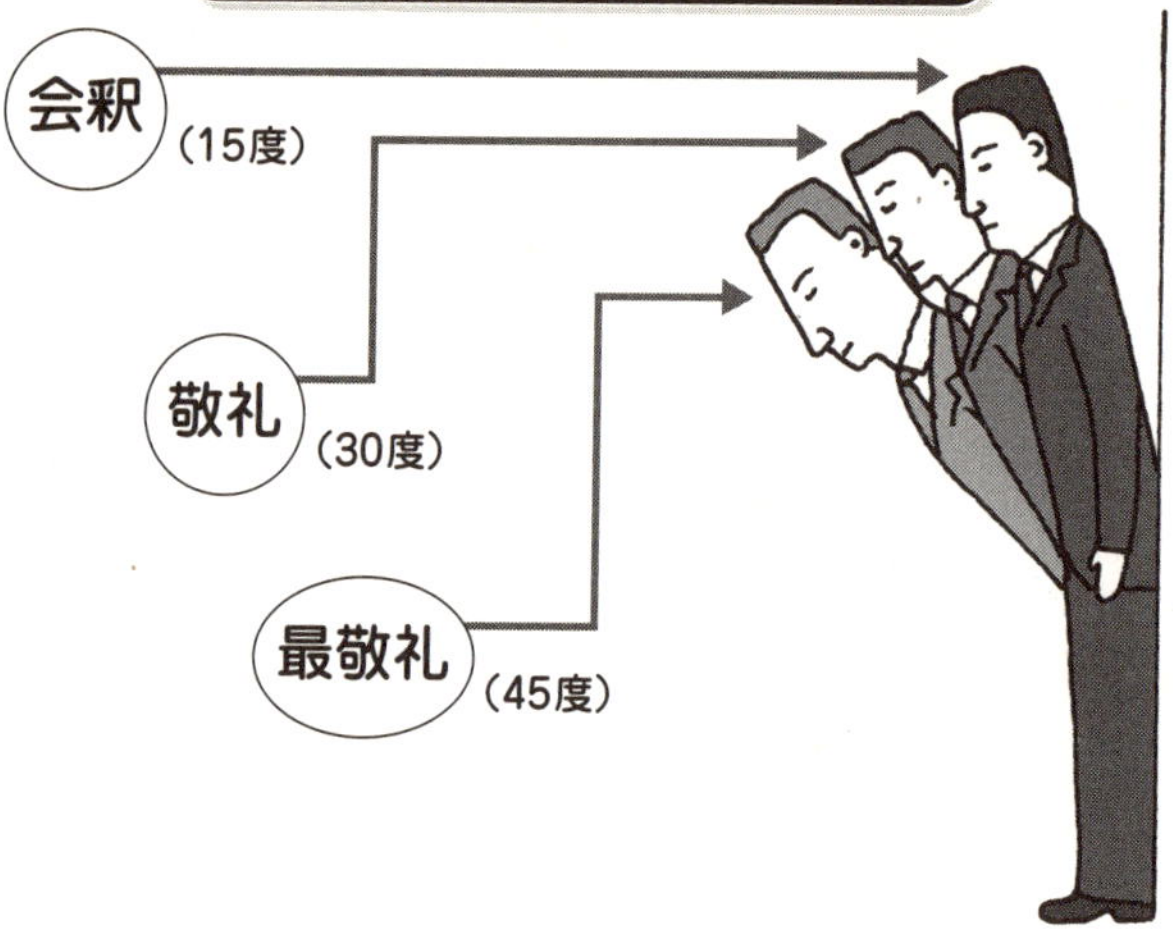

初めての相手にもお世話になってます」「いつもでいい？

かかってきた電話をとったときには、まず「はい、○○会社の○○でございます」と会社名と自分の名前を名乗る。

次に相手の名前を聞いた後に「○○会社の○○様ですね。いつもお世話になっております」と、まず挨拶をするのがマナーである。

とはいえ、入社して間もない場合などは、ほとんどの電話の相手が初めて話す人ばかりである。

それなのに、これまで会ったことも話したこともない人に対して「いつもお世話になっております」というのはおかしいのではないかと感じる人もいるだろう。

しかし、ビジネスの場ではたとえ初対面でも「いつもお世話になっております」といってかまわない。

なぜなら、自分が相手を知らないだけで、会社としては長いつき合いがあったり、上司や先輩にとっての大切な取引先であったりするからだ。

もしかすると、単なる営業のアポ取りの電話で、まったくつき合いのない、本当にお世話になったことのない相手から電話がかかってくることもあるだろう。

だが、そこはこれからお世話になるかもしれない相手と考えて、心を込めて「いつもお世話になっております」と感謝の言葉を口にするといい。

もし外出中の担当者の携帯番号を聞かれたら？

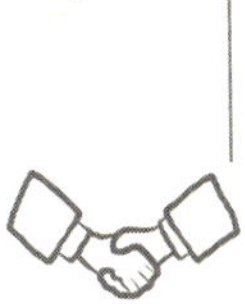

緊急な用事があって、社内の担当者に電話をかけてきた人がいたとしよう。

「Aはただいま外出しております」と伝えたところ、「すぐに連絡を取りたいので、Aさんの携帯電話の番号を教えてもらえますか？」と聞かれたとしたら、あなたはどうこたえるだろうか。

急を要している相手に対しては、番号を教えてあげたほうが親切な対応に思えるかもしれないが、個人が所有している携帯電話の番号は基本的には教えないのがルールである。

担当者の携帯番号は教えずにこう対処する

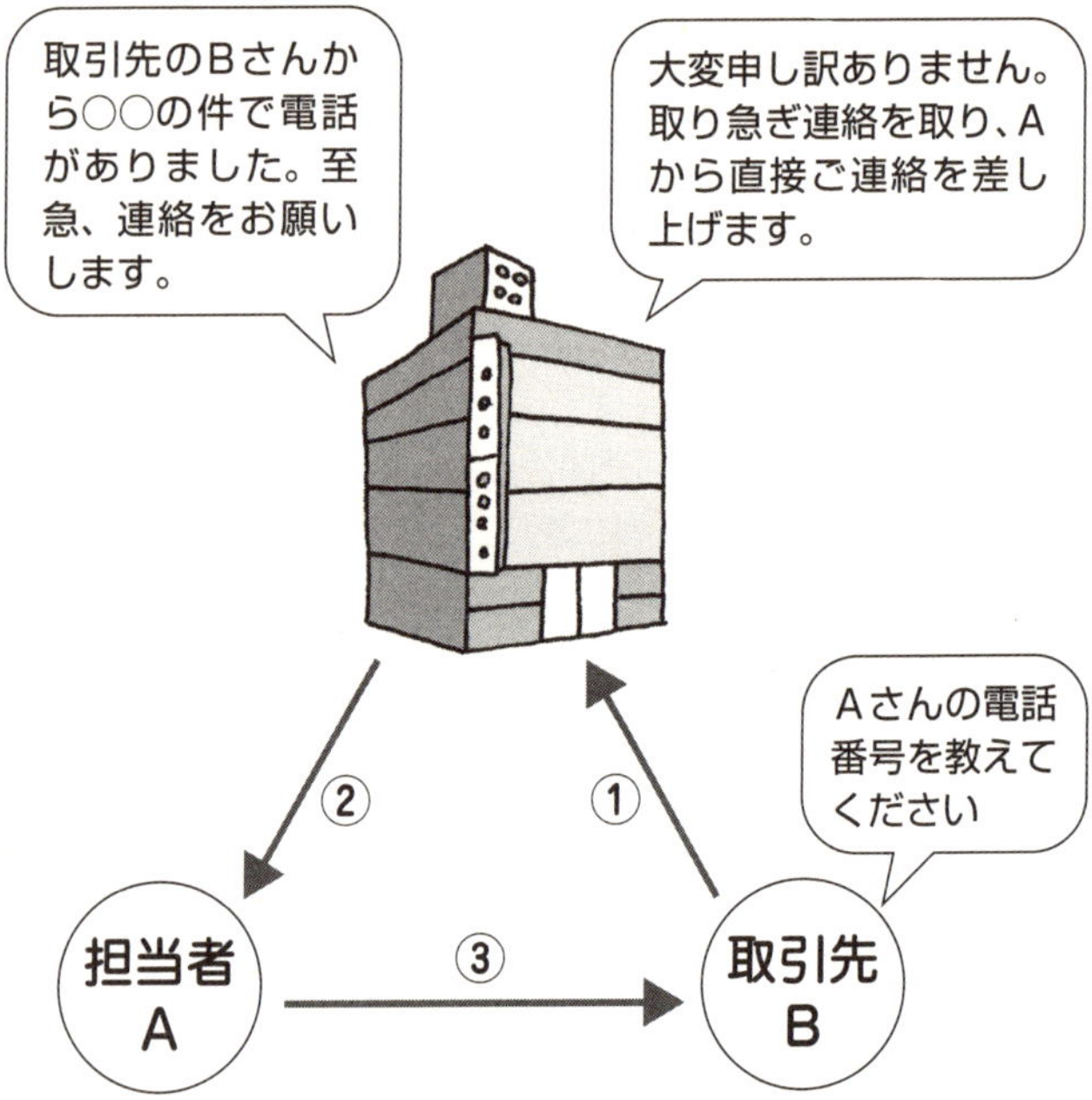

ただし

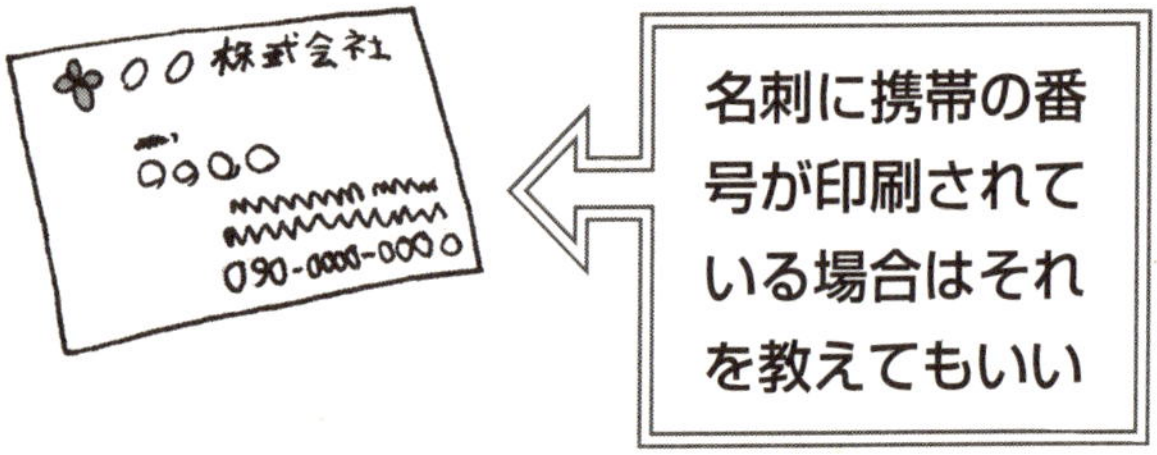

仕事でも使用しているとはいえ、携帯電話は個人のものであることが多い。

そんな電話の番号を、いくら一緒に仕事をしている相手とはいえ、自分の勝手な判断で教えるのは問題がある。

こういうときは、まず「大変申し訳ございません」と丁重に断る。

さらに、「取り急ぎ、こちらからAに連絡を取り、本人から直接ご連絡を差し上げますがよろしいでしょうか」とするのが最良の対応だ。

ただし、会社から支給されている携帯電話を使っている場合や、名刺に印刷されている番号は別である。

ビジネス向けにオープンにされているものなので、必要に応じて相手に伝えても差し支えない。

電話が途中で切れてしまったときの3つのマナーって？

電話で話しているときに、思いがけず通話が途中で切れてしまった場合は、基本的には立場が下の人からかけ直すか、誤って通話を切ってしまった人からかけ直す、そして最初にかけた人からかけ直すという3つの対処法を覚えておくといい。

なかでも新入社員や若手社員の場合、第一に覚えていてほしいのは立場が下の人からかけ直すというマナーだ。

新人のうちであれば、電話の相手はたいてい自分よりも立場が上になる。つまり、相手の電話番号を知らない場合を除いて、常にこちらからかけ直すという姿勢でいれば間違いはないということだ。

電話をかけ直すときには、まず「先ほどは途中で電話が切れてしまい、失礼いたしました」とお詫びの言葉を述べてから本題に戻ろう。

相手に原因があって電話が切れてしまったときでも、このひと言があったほうが心遣いが伝わる。

仮に、相手の電話番号を知らずにかけ直せなかった場合は、再び電話をもらったときに「こちらからかけ直すことができず、失礼いたしました」と丁重につけ加えるといい。

こちらの対応しだいでアクシデントも好印象を与えるチャンスに変えることができるのだ。

電話が途切れてしまったときの３つのマナー

① どちらの電話が原因でも、立場が下の者からかけ直す

② 自分のほうに非がなくても「先ほどは途中で切れてしまい失礼いたしました」と詫びる

③ 相手の番号がわからずにかけ直せなかったときは、再度電話がかかってきたときにかけ直すことができなかったことを詫びる

取り次ぐ相手が不在のときの「電話対策10カ条」とは？

電話を取り次ぐ相手が不在のときの対応はそのときの状況によっても変わってくるが、次のステップを踏めばまず失敗することはない。

まず、電話がかかってきたら、「申し訳ありません。ただいま、Aは席を外しておりまして」と、担当者が不在であることを告げる。このとき、不在の理由については詳しく告げる必要はない。

ただし、担当者が外出中や会議中、あるいは退社後、休暇中など、長時間戻らない場合だったり、連絡がとれにくい状況にあるときはその旨をきちんと伝えよう。そのほうが、電話をかけてきた相手もこのあとどう対処すればいいのか判断しやすくなるからだ。

たとえば、「ただいま会議中で、17時には終わる予定です」とか、「ただいま外出中で、本日は戻らない予定です」など、戻る時間や状況を丁寧に伝えるといい。

そのうえで、「折り返しご連絡を差し上げましょうか」と伺いを立てて、どう対応すればいいのか判断を相手に委ねる。「再びかけ直します」とか「伝言をお願いします」などと返答をしてくれるはずだ。

あとはその内容をメモして、かけてきた人の名前や連絡先とともに復唱し、最後に「私、○○が承りました」と自分の名前を告げればいい。

取り次ぐ相手が不在のときの「電話対応10カ条」

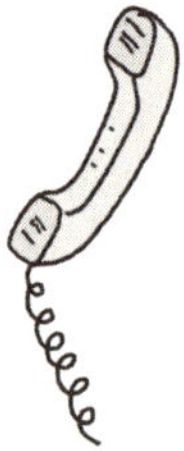

① 不在であることを伝える
② 短時間の不在は「席を外しております」
③ 長時間の不在はその理由を告げる
④ 連絡を取ることが可能な時間を伝える
⑤ 折り返し連絡するかどうかをたずねる
⑥ 相手の名前と連絡先を確認する
⑦ 相手の名前と連絡先をメモして復唱する
⑧「私、○○が承りました」と伝えて受話器を置く
⑨ 担当者にメモを残す
⑩ 緊急の用件の場合は、担当者に連絡をする

電話の取り次ぎで忘れてはいけないひと言とは？

今では誰もがスマホや携帯電話を1台ずつ持つようになったが、職場での電話の取り次ぎに慣れない人もいるのではないだろうか。

しかも、会社での電話対応は特別なスキルを求められることも多い。

たとえば、上司の不在中に受けた電話の相手が苗字しか名乗らなかった場合、そのまま「鈴木様からお電話がありました」と伝言しただけでは、上司はどの会社の鈴木さんに折り返し電話をかければいいのかわからない。

こういうときは「どちらの鈴木様でいらっしゃいますか?」と、丁重にひと言つけ加えることが必要になる。

また、不在中の取り次ぎで大切になるのが、「お急ぎでいらっしゃいますか?」という受け答えだ。このひと言があるかないかで、その後の状況は大きく変わる。

電話の相手が「挨拶程度なので急ぎません」といえば上司のデスクにメモを残せばすむが、「至急、連絡を取りたい」と望めば、外出先の上司に連絡するなどの臨機応変な対応が求められるからだ。

メールでなく電話をしてきている時点で、緊急や複雑な要件のことも多い。たかが電話の取り次ぎだと侮っていると、重要な取引先を相手に大きなミスにつながることもあるから気を引き締めたい。

お茶とお菓子の正しい出し方ってある?

「お茶出しも仕事のうち」などと聞くと時代錯誤だと思う人もいるかもしれないが、相手が取引先や得意先であれば、その重要性はいわずもがなである。

ひとくちにお茶といっても、ただ茶葉に湯を注げばいいというものではない。

たとえば日本茶の場合は、いったん茶碗に注いで少し温度を下げた湯を急須に移すと、まろやかで味のいいお茶になる。

もちろん熱いお茶にこだわらず、暑い夏場なら冷たい麦茶や緑茶をグラスに注いで出してもいい。

準備ができたら、お盆に人数分の茶たくと茶碗を乗せて応接室へ向かうのだが、もし応接室の扉が開いていたとしても、軽くノックをして入室する。

そして、お盆をサイドテーブルか、それがなければテーブルの端に置き、茶碗をひとつずつ茶たくに乗せて上座にいる人から順に出していく。

このとき、茶器の柄が正面にくるように向け、相手の右側から出すようにする。

また、茶菓子もあわせて出す場合は、お茶より先に菓子をセットする。この場合は、おしぼりを用意するとよりいい。

出し終わったら「失礼しました」と会釈し、すみやかに退出する。

これがお茶出しの一連の流れだ。仕事だからと割り切らずに心をこめて供したい。

お茶の出し方と順番

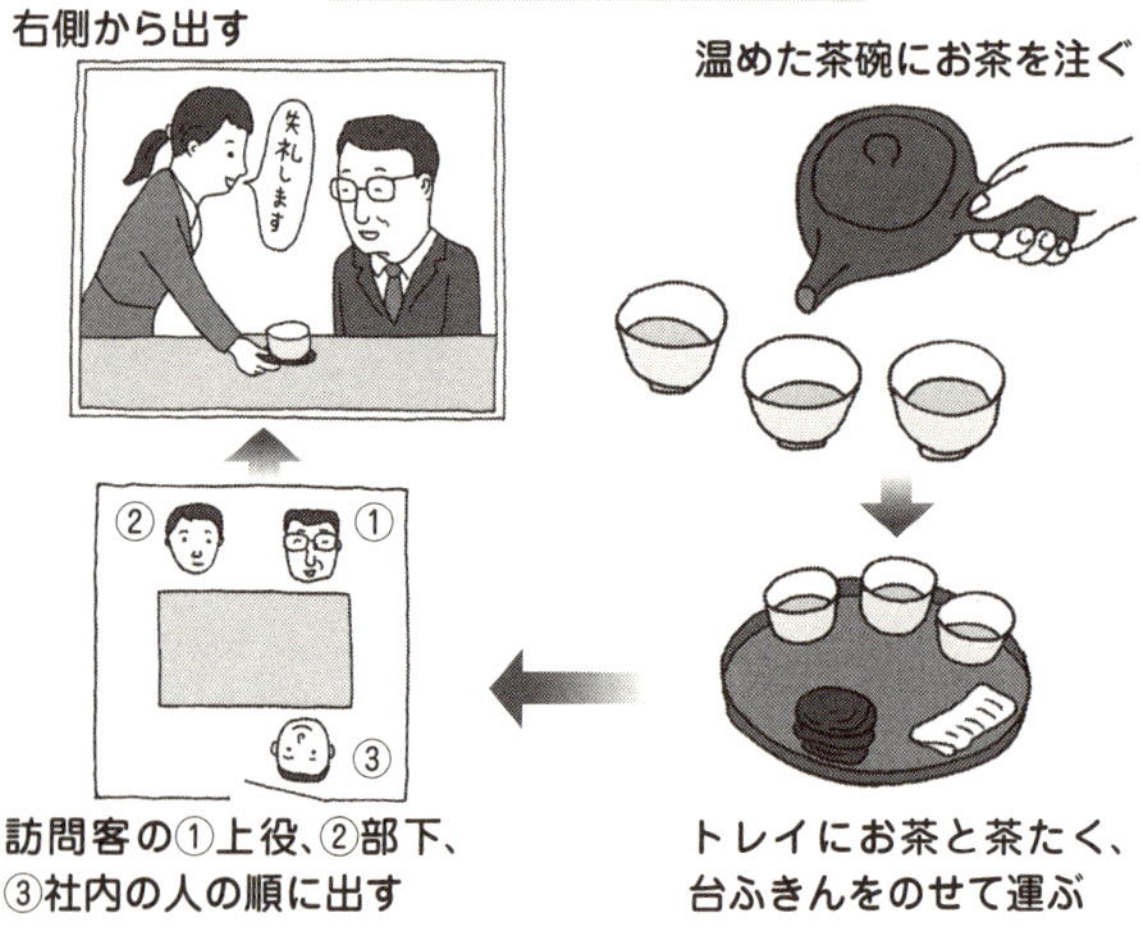

温めた茶碗にお茶を注ぐ
トレイにお茶と茶たく、台ふきんをのせて運ぶ
訪問客の①上役、②部下、③社内の人の順に出す
右側から出す

訪問先でコートを脱ぐのはいつがいい？

冬場はスーツの上からコートやマフラーを着用することが多いが、取引先など訪問先ではどのタイミングで脱ぐのが適切かご存じだろうか。

それはズバリ、訪問の直前である。ドアをノックして直接部屋に入るようならドアの前で、オフィスの受付を通して面会を求めるなら受付をする前に脱いでおき、きれいにたたんで腕にかけて持っておくのである。

ときどき、コートをあらかじめ脱いでおくのはマナー違反だという人がいるが、それは欧米のビジネスマナーである。靴を脱ぐ習慣がない欧米では、コートを脱ぐことが入室のサインになるからだ。

そのため、先にコートを脱ぐと「早く中へ入れろ」と催促しているようにもとれるのだ。

しかし、日本では前もって脱いでおくのが一般的な常識である。

これは、コートについている外のほこりなどを室内に持ち込まないという配慮から、敷居をまたぐ前に脱いでおくのだ。

実際に、春先などは花粉を気にする人も多いので、室内に入る前に脱いで軽く払っておくようにしたい。

コートやマフラーを着用したままでは、いくら丁寧に振る舞っても常識を疑われかねないので気をつけたい。

訪問先でコートを脱ぐタイミング

ビルの玄関
① 玄関脇でコートを脱ぎ
② コートを軽くたたんで腕にかけて
③ 受付へ
1時に○○様とお約束を…
受付

訪問先で待つ間にしてはいけないタブーとは？

「品格」という言葉が見直されて久しいが、誰も見ていないところでどういう振る舞いをするかも、品格のあるなしにかかわる大切な要素ではないだろうか。

たとえば、取引先の企業を訪問した際、担当者が電話中のために応接室でしばらく待たされることがある。

こんなとき人目がないからといって気を抜いていると、思わぬ失態をさらしてしまうことがある。

なかでも意外とやってしまうのが、すすめられる前に上座に座ってしまうことである。たしかに訪問先では自分が上座に座ることになるが、自ら座るのはいささか品のない行為だ。

担当者が来るまで立ちっぱなしで待つ必要はないが、座るならあえて上座以外の席を選ぶべきである。

同じように勝手にコート掛けやハンガーを利用するのもいただけない。

着たままで待つのは論外だが、すすめられるまでは、ひざやカバンの上に置くようにしよう。

また、空いているイスに荷物を置いたり、勝手に資料を広げたりするのも避けたほうがいい。

そうした行為は担当者が部屋に入ってから行うべきで、それまでは静かにじっと待つようにしたい。

応接室に通されたときのタブー

「おかけになって
お待ちください」
といわれたら、入
口に近い席に座る

すすめられていないのに
上座に座ってしまう

勧められるまでは
コートやカバンな
どは、自分のひざ
の上にのせ、静か
に待つ

勝手にコートをハンガーに
かけたり、空いている席に
カバンや荷物を置く

会議室のノックは2回？ それとも3回？

　日本にはもともとノックの習慣はないが、住宅事情が変わり、洋室の占める割合が多くなったせいか、自宅でも外出先でもノックをすることに抵抗がないという人は増えているようだ。

　だが、ノックの回数まで気にしている人は少ないかもしれない。

　一般的には、〝コンコン〟とドアを2回叩くことが多いようだが、これをオフィスの会議室などでやるのは厳密にいえば間違いである。

　というのも、2回のノックはトイレのドアをノックするときのマナーだからだ。

　じつは、欧米における正式なノックの回数は4回である。

　だが、ノックに不慣れな日本人にとって4回は長く、叩かれたほうもしつこいと感じてしまうことがある。そこで、日本式のビジネスマナーでは3回に略していいということになっている。

　また、叩くときの力加減も大切で、力が強すぎると怒っていて不機嫌であるような印象を与えて失礼だ。

　かといってあまりにも控えめだと、なかにいる人は返事をするのもためらわれるし、そもそも気づいてもらえないこともある。

　適度な力で軽快にノックをするのは意外と難しいので、ふだんから練習しておくといいかもしれない。

客を応接室に案内するとき、いったいどこを歩けばいい？

会社に上司と約束をしている来客があり、自分が取り次いで応接室へ案内することになったとしよう。

このような場合にふと悩んでしまうのが、自分が先に歩くのか、それとも客の後ろを歩くかだ。

とくに相手が明らかに目上の場合は、前を行くのは失礼な感じもするし、かといって勝手がわからない相手を先に歩かせるのも変である。

このようなケースでは、自分が前を歩くのが正解だ。

まずは「こちらへどうぞ」と声をかけて誘導し、移動し始めたら相手には通路の真ん中を歩いてもらうようにする。

そして、自分はその少し前の右側を歩くようにする。つまり、客の斜め前を歩くようにするのだ。廊下の角を曲がるときは、「こちらです」などと手で指し示すとより丁寧だろう。

階段やエスカレーターを使うときは、上りであっても下りであっても「お先に失礼します」と声をかけ、やはり客の斜め前へ出るのが一般的なマナーである。

また、歩き慣れたオフィスではつい歩くスピードが速くなり、客が足早に後をついていくような光景も見られる。

相手の歩調に合わせて、ときどき振り返りながら先導するように心がけたいものだ。

玄関で靴を脱ぐとき、前を向いて脱ぐ？ 後ろを向いて脱ぐ？

ひと口に「常識」といってもその国の生活様式によってさまざまである。そういう意味では「靴を脱ぐときの作法」は日本独自のものといっていいだろう。

料亭や旅館であれば従業員が世話を焼いてくれるが、よそのお宅を訪問するときはそうはいかない。

「この人は品がない」という烙印を押されないためにも、ここはきちんとした所作を心がけたい。

まず、靴は正面を向いて脱ぐのが基本である。

よく、あとで靴の向きを直すのが面倒なのか室内に対して後ろ向きになって靴を脱ぐ人を見かけるが、これは先方に尻を向けることになるのでマナー違反である。

そして靴を脱いだら、このときも先方に尻を向けないように気をつけながら、体を少し斜めにして、ひざをついて靴の先を玄関のほうに向ける。

靴の向きを直したら、さりげなくたたきの隅に寄せておくと丁寧だ。ブーツの場合は「失礼します」と声をかけてから、上がりかまちなどに腰をかけて脱ぐのがスマートだろう。

ただ、訪問して靴を脱ぐことがわかっているのなら、それをわきまえて、あらかじめ脱ぎやすい靴を選ぶのもマナーのうちである。

玄関で靴を脱ぐときのマナー

どうぞ
失礼します

①正面を向いて靴を脱ぐ

②相手に尻を向けないよう、体を少し斜めにして、
ひざをついて靴の向きを直す

揃えた靴は、
たたきの隅に
寄せておく

自宅に訪問したときに、手土産を渡すタイミングって？

少しあらたまった訪問をするときには手土産が欠かせない。高級品でなくても、相手に喜ばれそうなものを選んで挨拶代わりにするのが大人のたしなみというものだ。

手土産を渡すときには「ほんの気持ちですが、よろしければみなさんで」とか「地元の銘菓ですが、お口に合うかどうか」などのフレーズが適当だろう。

「つまらないもの」と謙遜されるよりも、このほうが心を込めて選んでくれたことが伝わるので相手も気持ちよく受け取れるはずだ。

ちなみに、渡すタイミングは玄関ではなく客間に通されてからにする。

きちんと正座した状態で手土産を入れてきた紙袋から出し、その紙袋はたたんで自分で持ち帰るのがエチケットである。

また、先方で一緒に食べるつもりでケーキなどの生菓子を持っていったとしても、よほど気心が知れた関係でない限り「一緒に食べようと思いまして」などと口にするのははしたない行為だ。

察してくれる相手なら「お持たせですが」といって出してくれるし、こちらから催促するのは筋違いである。

こうした訪問のマナーにはその人の品格が出やすい。緊張しすぎるのもよくないが、大人として最低限の礼儀は守るようにしたい。

手土産を渡すときは心を込めて

ほんの気持ちですが、よろしければみなさんで
紙袋から出して両手を添えて差し出す
へりくだった言い方よりも、「喜んでいただけるとうれしい」という気持ちが伝わる言い回しがよい

接待で優先すべき人の順番とは？

初めての接待は勝手がわからず落ち着かないものだ。もし、失礼なことをして仕事に支障が出たらどうしよう……などとナーバスになってしまうこともある。

とはいえ、接待だからとあまり堅苦しく考えすぎないほうがいい。基本的には相手へのもてなしの心があれば、大きな失敗はないはずだ。

そのためには、余裕をもってスタートしたい。まず店には約束の時間より早めに到着し、全員で迎えるのがマナーである。

店にも事前に接待であることを伝えてお

ければ、料理の出し方や支払いの面で考慮してくれるだろう。

肝に銘じておきたいのは、接待の間はどんなときでも客が主役だということである。

席次やオーダーの段取りはもちろんのこと、入店から見送りまで最優先すべきは相手だということを覚えておこう。

また、取引先の部長を接待するのに、こちらは課長と平社員などという組み合わせは失礼にあたる。

少なくとも相手と同格か、または格上の立場の人間がもてなすべきだ。

先方に女性社員がいる場合は、立場にかかわらずレディーファーストでもてなすと好感度が高い。

また、翌日には参加者全員にお礼の電話かメールを入れることも忘れずに。

肩書きが多い人の宛名、どこに「様」をつける？

社会に出れば一度は経験するのが、仕事の資料や請求書などを郵送するときの宛名書きだ。

友人に出す年賀状などとは違い、そこには明確なルールがあるので頭に入れておきたい。

仕事で使う封書の特徴といえば、住所と社名にはじまり、部署名や肩書き、そして氏名と、とにかく表書きとして書く情報が多いことだ。

とくに手書きの場合はどのようにバランスをとればいいか悩むところだが、住所も

ビジネス封書の表書

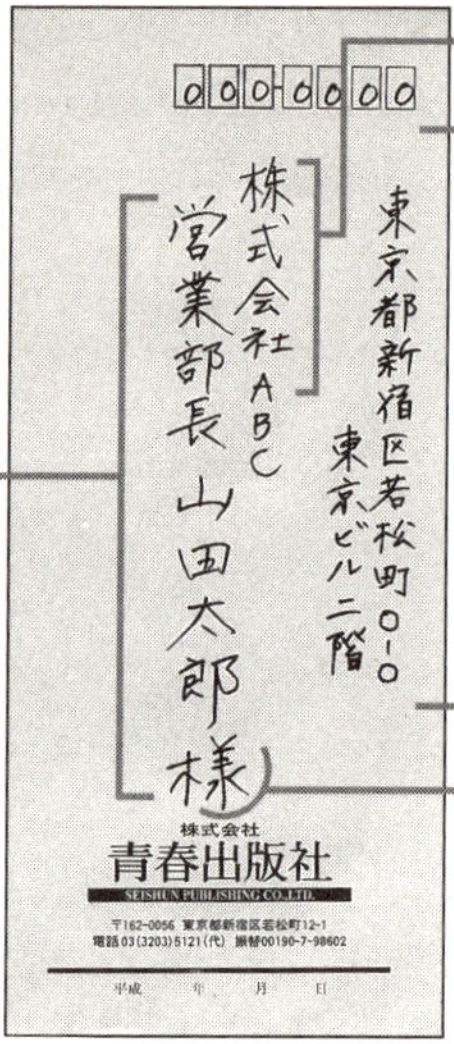

（株）と略さない

住所は宛名より小さく書く。住所が長い場合は、適当なところで分けて2行にする

宛名は中央にくるようにする。社名や肩書は、名前よりも小さく書く

担当者宛に出すときは「様」、会社や部署宛に出すときは「御中」と書く

〈裏〉

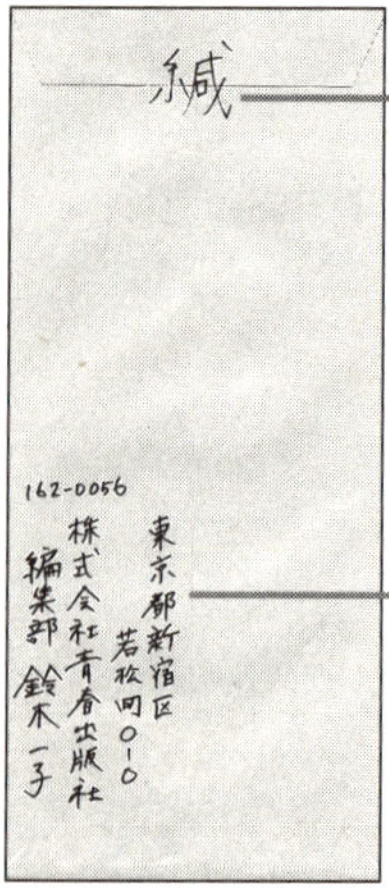

改まった文章には封じ目に「封」または「緘」と書く

自分の会社の住所、社名、部署名と名前を書く

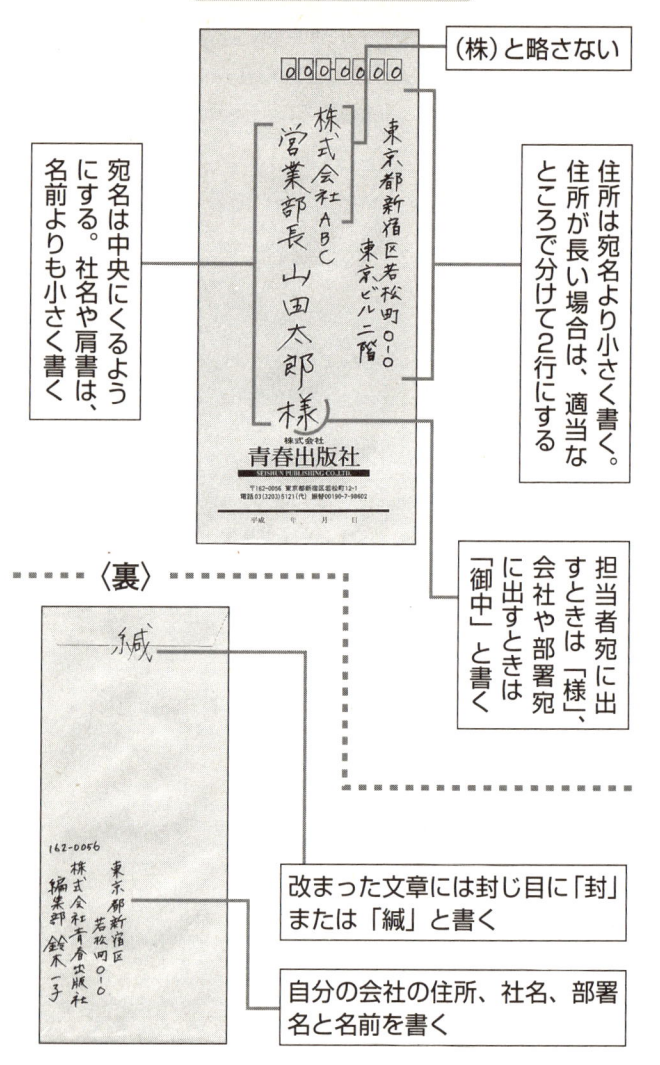

部署名もキリのいいところで改行して、真ん中に氏名がくるようにレイアウトする。このとき、氏名をやや大きめに書くと全体が引き締まる。

たまに株式会社を㈱と省略して書く人がいるが、これは相手を軽んじている印象を与えるのでやめたほうがいい。

相手が企業や部署宛なら社名の下に「御中」と入れよう。

また、個人名に「部長」などの肩書きを入れる場合は、役職名を氏名の前に置き「〇〇部長　山田太郎様」とする。「山田〇〇部長様」という表現は敬称が重複するので正しくない。

あらたまった文書は「封《ふう》」あるいは「緘《かん》」の文字で封締めすると、より丁寧になるので覚えておくといい。

宛名を連名で書くときは「様」を何個書けばいい？

いずれは、日頃お世話になっている人から結婚や出産などのお祝いをもらうこともあるだろう。

お祝いをもらったらひと言お礼をいうのが常識ではあるが、このような人生の大きなイベントでのお祝いの場合は、口頭ではなく手紙で礼状をしたためることをおすすめする。

昨今は何でも携帯電話やメールですませる傾向にあるが、こうした節目のときくらいはきちんとした形で感謝の気持ちを表したいものだ。

連名の宛名には一人一人に「様」をつける

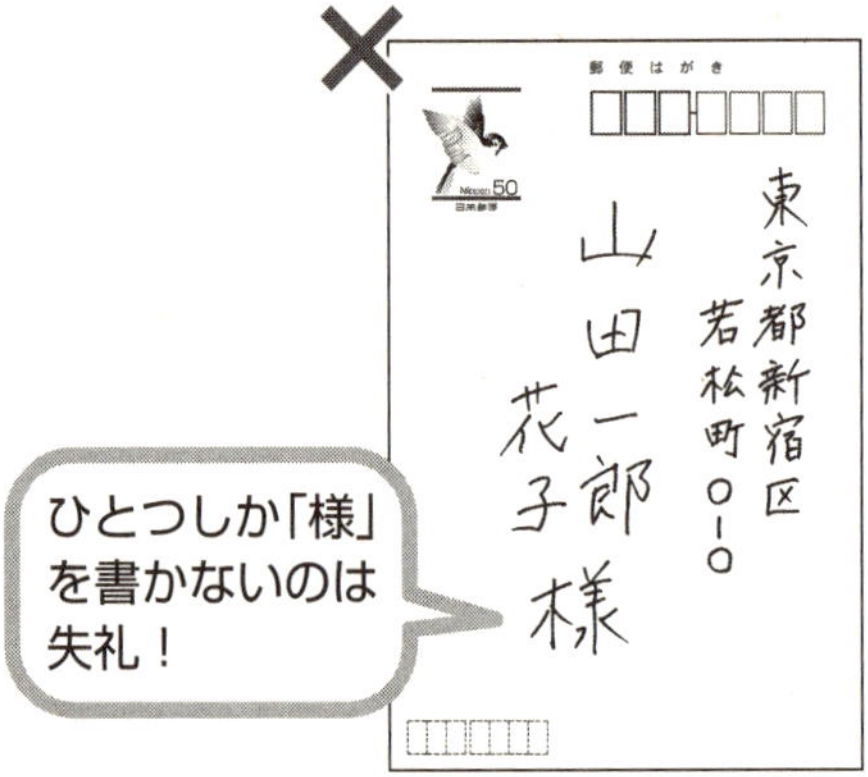

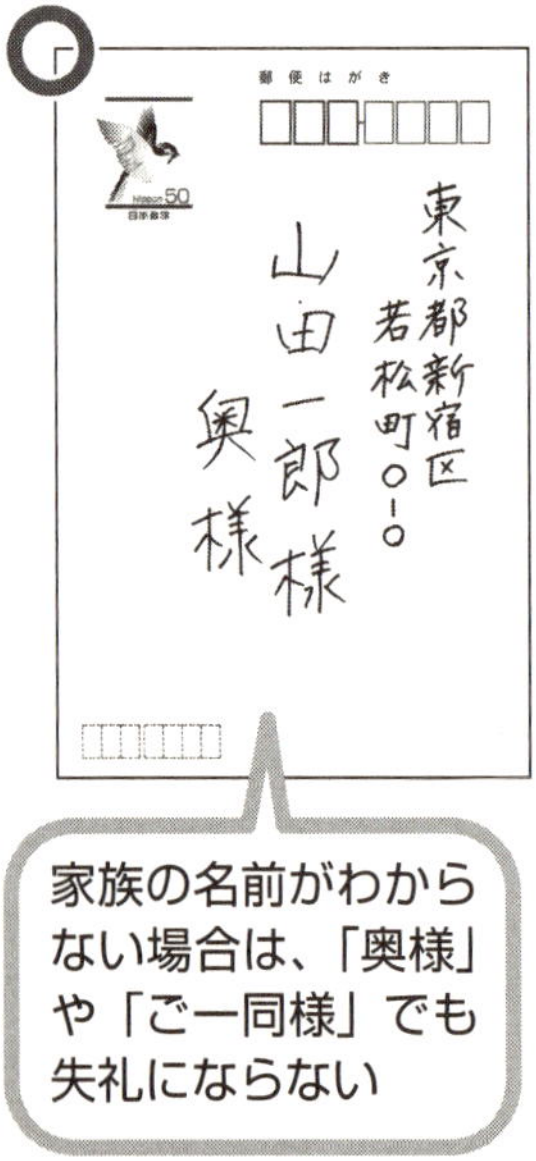

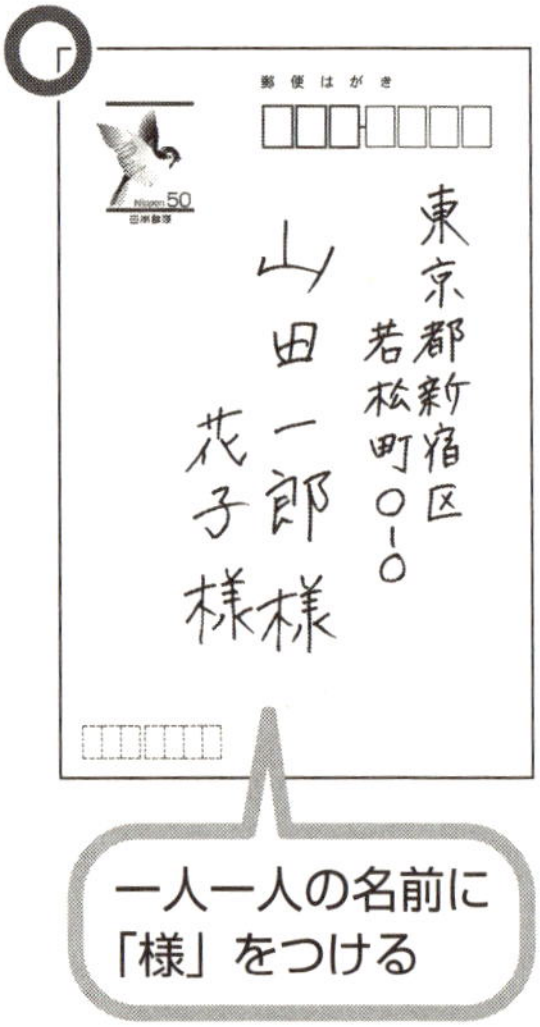

ところで、お礼の手紙を出す際の宛名が夫妻である場合、名前は両方書いているのに「様」はひとつに省略して書く人がいるが、これは間違いである。

たしかに夫婦は世帯としては1組だが、名前はあくまで個人のものだ。

様をひとつしかつけないということは、もう一人は呼び捨てにしているようなものなので失礼きわまりない。

これは年賀状や招待状でも、また縦書きか横書きかを問わずに同じことがいえる。

ちなみに、「山田一郎様」と書いたうえで横に「奥様」とするのはマナー違反ではない。

相手が家族全員であれば「山田家ご一同様」といった書き方にしても失礼にはあたらない。

何人かで祝儀袋を出すとき、名前はどう書く？

仕事仲間や同じ会社の同僚などの慶弔には、何人かでまとめてお祝い金や香典を出すことがある。

そのとき、のし袋の表書きをどのように書くかは悩むところだが、これにはいくつか書き方のパターンがあるので丸ごと覚えてしまおう。

まず、個人名を書く場合は3人までとし、立場や年齢が上の人の氏名を真ん中に書き、その他の人はその左横に順に並べて書いていく。

4人以上であれば代表者1名を書き、横

連名による祝儀袋の書き方

3名までの場合

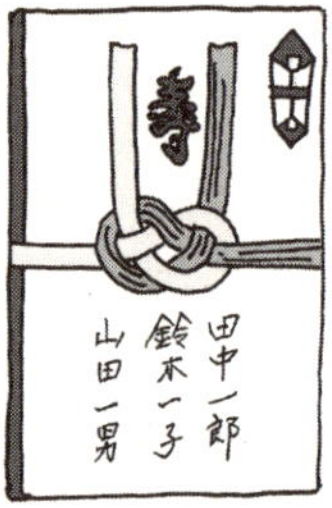

右から年齢や役職の高い順に並べる

3名以上の場合

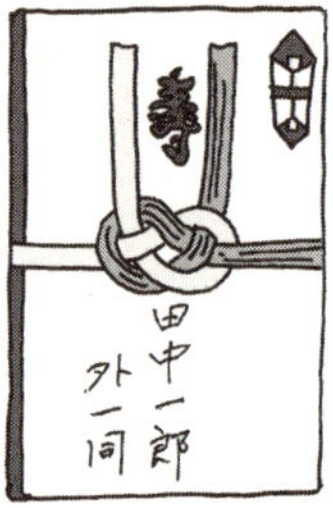

人数が多い場合は、代表者名と「外一同」と書き、全員の名前を記した別紙を同封する

部署全員で出す場合

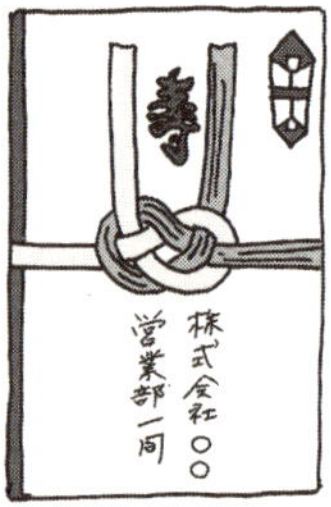

社名と部署を書き「一同」として、別紙に全員の名前を記して同封する

交流のない相手に出す場合

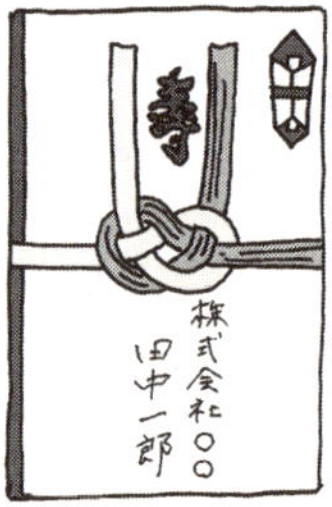

名前の右横に社名を記す

に「他○名」や「外一同」と添えて、別紙に全員分の氏名を書いたものを同封するのが一般的だ。

また、日頃から交流がない相手や、同姓同名が多いと思われる名前のときは、社名を併記するのが望ましい。

その場合は、社名を氏名の右横に少し小さい文字で書くといいだろう。

また、部署全員で出す場合は「株式会社○○　営業部一同」とし、別紙に全員の氏名を書いたものを同封する。

ところで、このような表書きは、つい字の上手い下手を気にしてしまいがちだが、それだけは一朝一夕でどうにかなるものではない。

それよりもできるだけバランスよく、一字一字を丁寧に書くことが大事だ。

葬儀の手伝いを頼まれたときの手際のいいこなし方って？

もしも会社の人やその家族に不幸があったとき、同じ職場で働く者としては何をすべきだろうか。おそらくは会社から指示が出るだろうが、さしあたって葬儀の手伝いをすることは心得ておくべきだろう。

実際、現場で誰が何を担当するかは上司に随時相談しながら行うことになるが、ここでは一般的な手伝いの内容を紹介する。

弔事は全般的に人手が足りないものである。ただし、会場の設営や遺族のお世話などは葬儀会社がする場合が多いので、香典の受付や駐車場の整理、駅での会場案内などを率先して引き受けるようにしたい。

手伝うときはとりたてて沈痛な表情でいる必要もないが、仲間と現場で打ち合わせをするときなどにうっかり笑顔を見せないように気をつける。

受付や返礼品を渡す役目を担当する場合は、喪家側の立場になるので弔問客に対し「本日はありがとうございます」とお礼を述べるのが普通だ。

もちろん、自分たちも焼香をしなくてはならないが、これは葬儀が始まってすぐ、弔問客が集まる前に交替で済ませておいたほうがいいだろう。

場所が場所だけに、現地であれやこれやと相談するのはそぐわないので、それぞれの役割を決めたら粛々とこなすことを心がけたい。

率先して引き受けたい手伝い

家を褒めるときのポイントってある?

上司や友人の自宅に初めて招かれたときに、大人の礼儀作法として知っておいたほうがいいのが「家」の褒め方である。

自宅にわざわざ招待するということは、少なからず自分の家に誇りを持っているということだ。持ち家ならなおさらだから、褒めるポイントを押さえておけば相手の自尊心を満足させることができる。

まず、客を自宅に招く前にはどこの家でも必ず掃除をしているはずだ。「手入れが行き届いていて、居心地のいいご自宅ですね」と褒めるだけでも、相手は嬉しく感じることになる。

さらに、パッと見てインテリアに凝っているなら家具などを褒めればいいし、最新のシステムキッチンが設置されていたら、台所を褒めればいい。どこか一点でもこだわりのある部分を見つけて褒めれば、「このソファはイタリア製で……」などと自ら自慢を始めるだろう。

褒めるポイントが見つからなければ、「駅から近くて便利ですね」でもいいし、駅から遠いなら「閑静で住みやすい環境ですね」など、なんでもいい。

それでも、褒めるところがないようなら「実家に雰囲気が似ていてくつろげる」などでもかまわない。初めて訪問したときには、とにかく家を褒めることが招いてくれた相手への心遣いなのである。

手料理を褒めるならどのタイミング？

ホームパーティや友人宅での食事会に招かれたときに、テーブルマナーの次に心得ておきたいエチケットがある。それは料理を褒めるということだ。

招待する側は前もってメニューを考え、準備して手料理を出している。だから、こちらもただパクパクと食べていればいいわけではない。

最初に褒めるタイミングは、料理がテーブルに運ばれてきたときである。ここで盛りつけなどの「見た目」を褒める。「サラダの彩りがきれいですね」とか「お皿と料理がマッチしていて、おしゃれなカフェみたい」などといって、盛りつけのセンスの良さを褒めよう。

続いて、「匂い」を褒める。「食欲をそそる匂いですね！」や「このいい香りは、なんのスパイスですか？」などと、匂いを褒めることで、料理を目の前にして待ちきれないという雰囲気をつくりあげていく。

そして、「味」を褒める。味に関しては、あまりグルメっぽいことをいうと嫌味に思われることもある。「塩加減が絶妙ですね！」とか「よく煮込まれていておいしい！」とか、月並みな褒め言葉を並べるのがおすすめだ。

最後は、「おいしすぎて満腹です」とボリュームも足りたことも伝えれば、相手も腕をふるった甲斐があるというものだ。

手土産を受け取るときの作法とは？

自宅に友人などを招いたときに迷ってしまうのが、頂いた手土産をどうしたらいいかということだ。

客の目の前で開けたらいいものか、手土産が菓子などの場合はそれを相手に出していいものか……。

もし客が手土産を持ってきてくれたら、まずは感謝の気持ちを伝えながら両手で丁寧に受け取ろう。

「気を使ってもらって……」などの遠慮の言葉を口にする人もいるが、あまりに遠慮し過ぎると相手に失礼になるので、素直にお礼を伝えるほうが印象はいい。

挨拶している間は上座などに丁重に置き、包装紙などから中身が食べ物だとわかるときには、そのあとでキッチンなどに移すようにするといい。

食べ物ではなさそうな場合は、客が気心の知れた友人なら「開けてもいい？」と承諾を得てから、その場で開けてもいいだろう。

そうすれば「こんなに素敵なものをありがとう！」と、頂きものをその場で褒めることができるうえ、贈るほうも満足する。

食べ物ならキッチンで開けたあとに、「お持たせですが……」といって相手に出すのが一般的なマナーである。

もちろん、食べるときにも「おいしい！ありがとう」とお礼を忘れないように。

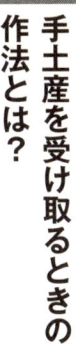

訪問先から帰るときに気をつけたいマナーって？

取引先の会社を訪問したときに、見落としがちなのが帰り際の作法である。

たとえば、打ち合わせが終わったあとは先方がエレベーターホールまで見送ってくれることが多いが、会社の玄関や外まで見送ろうとしてくれる場合は、こちらから辞退するのが常識的だ。

「お気遣いはいりません。お忙しいでしょうから、こちらで失礼させていただきます」と、相手の配慮に感謝を示しつつ、丁重に見送りを断るといいだろう。

それでも相手が外まで見送りに来てくれる場合には、意固地に辞退するのも失礼なので「ありがとうございます」や「恐縮です」といって好意を受けるといい。

一方、エレベーターホールで見送ってもらうことになったら、エレベーターに乗り込んで扉が閉まる前に相手の目を見てしっかりとお辞儀をしよう。

扉がしっかりと閉じるまで頭を下げているようにすると、礼儀正しい人だという印象を与えることができる。

また、冬場はコートを手にしている場合もあるだろうが、エレベーターホールで着るのはNGだ。外に出るまでは着ないで、手に持っているのがマナーである。

打ち合わせが終わると気が緩みがちだが、先方の会社を去るまでは失礼がないように細心の注意を払おう。

人間関係を円滑にする休暇明けの心配りとは？

どうしても私事で仕事を休まなくてはいけないときは、誰にでもある。こんなとき、重要になってくるのが休んだ翌日の周囲への心配りだ。

休み中の仕事の穴埋めを周りの人がカバーしているだろうから、上司や同僚にはしっかりとお礼や報告をするのが、職場の人間関係を円滑にするための礼儀である。

たとえば、上司には「昨日は急なお休みをいただき、ありがとうございました」と感謝を述べたあとで、「おかげさまで妻の出産に立ち会うことができました」と報告する。

そのうえで「休んでいる間に何か問題はありませんでしたか？」と、自分が休んだことで迷惑をかけなかったかを確認するのだ。

お礼や報告をすることで上司も「休ませたおかげで立ち会えたならよかった」と感じるし、迷惑をかけたのではと案じる素振りを見せることで、周囲への配慮や誠実さをにじませることができる。

これは同僚や部下にも同じことだ。「休み中は代わりに仕事をフォローしてくれて助かったよ。ありがとう」と感謝を口にすれば、悪い気がする人はいない。

こうした細かい心配りが、また休まなくてはいけなくなったときに周りの人が協力的になってくれるポイントなのである。

仕事中、上司に声をかけられたときの神対応とは？

職場のパソコンで資料をつくっているときに、上司が背後に立って声をかけてきたらどのように対応するだろうか？

顔だけ上司のほうを向いて返答する、もしくは椅子をクルッと回転させて体ごと上司のほうを向いて返答するなんてことをしていないだろうか。

これはどちらもよくない対応である。顔だけ向けるのが無礼なのはともかく、体ごと上司のほうに向けているならいいと思っていたら大間違いなのだ。もっとも礼儀にかなっているのは、椅子からしっかりと立ち上がって、上司に体を向けて受け答えをすることである。

上司が座らずに話しかけてきているわけだから、いくら仕事をしているからといって部下である自分が座ったままで返答するのはマナー違反になるのだ。

もちろん、仕事の手を止めずにパソコンの画面を見たままで受け答えるなんて態度はもってのほかである。

ちなみに、上司が電話をかけてきたときなども、〝ながら電話〟は禁物だ。電話越しの雰囲気は相手にも伝わるから、仕事の手はいったん休めて姿勢を正して指示を聞くように心がけるといい。

こうした普段のちょっとした対応が、礼儀正しい誠実なイメージにつながっていくのである。

座敷の宴会ではいつ、どう足を崩す？

職場の宴会や取引先の接待など、目上の人と座敷で同席する機会があると困るのが足をくずすタイミングである。

最近では日本でも正座をする生活スタイルが減っているから、すぐに足がしびれて座っていられないという人も多いに違いない。

だが、座敷で宴会をするときは、少なくとも乾杯が終わるまでは正座をしているのがマナーだ。

上司や取引先の人といった目上の人たちが足を崩していないのに、目下の者が先に足を崩すのも礼儀に反する。

できれば食事中は正座を保ち、酒がまわってきた頃に目上の人たちが足を崩し始めたら、自分もそれにならうかたちで足を崩したほうが無難である。

また、女性の場合は横座りをすることになるが、そのときに隣に座っている目上の人に足先を向けてはいけない。ひざが目上の人のほうに向くように足を折るように心がけよう。

しかも、短めのスカートを履いていると、下着が見えてしまうこともあるからひざの上にハンカチを乗せるなどして周囲に配慮することも忘れないようにしたい。

いくら酒の席だといっても、だらしない座り方をしていれば、そういう人間に見られてしまうので要注意なのだ。

好印象を与える握手のコツって？

日本人同士の挨拶ではあまり握手をすることがないから、初対面の外国人に突然握手を求められるとドギマギしてしまう人も多いだろう。

その握手だが、右手でするのが一般的だ。左利きだからといって、とっさに左手を出してしまってはマナー違反になる。

また、基本的に手を差し出すのは目上の人からということになっている。いくら親しみを表したいからといって、取引先の地位の高い人に対して、一般の若手社員から握手を求めては失礼にあたるのだ。

相手が女性の場合も、男性からは握手を求めてはいけない。

握手を求められたときは、相手の目をしっかりと見て、微笑みながら手を握るのがポントである。

手を握る力は、相手が男性ならある程度の力を入れてしっかりと握るほうがいい。欧米では力を入れない握手は「デッド・フィッシュ（死んだ魚）」といわれ、無作法だとされているからだ。女性との握手のときは、軽く握る程度がエチケットだ。

政治家がやるような両手で挟むような握手も、初対面の相手には慣れ慣れし過ぎるのでやらないほうが無難である。

握手のマナーは国によっても異なるが、あくまでも礼儀正しい握手を心がけて、相手に好印象を与えたいものだ。

洋封筒と和封筒では便箋の折り方が違う？

電子メールでのやり取りが主流となった現在でも、折に触れて封書で手紙を送る機会があるだろう。

封筒のサイズに合うように便箋を折り畳んで入れるのだが、その折り方や入れ方にもマナーがあるのをご存じだろうか。

まず、縦型の和封筒の場合だが、便箋は三つ折りにして入れるのが基本だ。宛て名の部分が折れないようにして、まず下側の三分の一を折る。次に上側の三分の一を折る。つまり、重なった上の部分に、書き出しがくるように折るのだ。

便箋を入れるときは、封筒の表側、つまり宛先を書く面の上部に書き出しの部分がくるようにする。

一方の洋封筒の場合、便箋は四つに折る。折り方は便箋が縦書きか横書きかで違ってくる。

横書きのときは、下から上へ半分に折り上げ、次に右から左へ半分に折る。縦書きの便箋では、左から右へ半分に折り、下から上に折り上げる。

洋封筒はペーパーナイフで開けることがあるため、便箋を入れる時は折山を封筒の底側にして入れる必要がある。書き出しの部分は和封筒と同様に、封筒の表側で上部にくるように入れる。いずれの場合も、読む人が便箋を取り出しやすく、開きやすいようにという配慮がなされているのである。

着物で歩くとき、どう動けば歩きやすい？

着物は日本の伝統的な衣装だが、なかなかふだんの生活で取り入れることは難しいのが現実だろう。

とはいえ、花火大会で浴衣を着たり、冠婚葬祭やお正月などの行事の際にもぜひチャレンジしてみたいものだ。

着物を身につけるときは、それなりの所作が求められる。

もっとも気をつけたいのが、歩き方だ。着物で歩くときには、着付けの際に行う「裾割り」という作業が重要になる。足を肩幅に開き、裾を開くようにして膝を軽く数回曲げ伸ばしする。そうすることで着物の裾に余裕ができて歩きやすくなる。

ちなみに、歩幅はいつもより小さく少し内股になるように気をつけたい。手は大きく振るのではなく、軽くひじを曲げて腕を袖のなかに引くようにすると上品に見える。

階段を上り下りするときは、右手で裾を軽く持ち上げ、つま先に重心をかけるように足を運ぶといい。

車には、右手で裾を軽く持ち上げて、横向きに浅く腰掛け、足を揃えて体を90度回転させるように乗り込む。

着物を着ているときは、自然と足元やひざの位置、手先などにも神経がいくものだ。逆にいえば、着物の所作を身につけていればかなりのマナー上級者に見えるはずなのである。

品格のある立ち居振る舞いってどんなの？

品格のある立ち居振る舞いを目指したいなら、手の動作に気を配ることをおすすめしたい。

たとえば、会議室や応接室のドアを開け閉めするときには、何も考えずに片手でドアを開け、片手でバタンと閉めている人がほとんどだ。だが、このドアの開け閉めを両手ですると、動作は見違えるほどに優雅に見えるようになる。

つまり、右手でドアノブをまわし、左手はそっとドアに添えるようにして開閉するのである。こうすると、バタンという大きな音を出さずに、静かに開け閉めができるし、見た目にもスマートなのだ。

これは上司や取引先と書類の受け渡しをするときも同じである。片手で渡すよりも両手を添えて渡すほうが丁寧で誠実な印象を与えるし、その際に指先まで神経を配っていれば所作そのものが美しくなる。

また、電話の対応をするときにも、受話器を片手で持って話すよりは、空いている手を受話器の下のほうに軽く添えるようにすれば品がよく見える。

受話器を置くときには、受話器を握っていないほうの手の指でそっと切るようにすると、静かに切れてエレガントだ。

忙しいとがさつになりがちだが、手や指先をほんの少し意識するだけで、粗雑な動作も優雅な動作に変わるのである。

常識その2

敬語

「なるほどですね」を
どう正しく言い換える？

要望がすんなり通る すごい言い回しって？

ビジネスシーンでは、面と向かっていいづらいことを口にしなければならない場面がしばしばある。

そんなときに使いたいのが「～ですが」という表現だ。これはクッション言葉ともいい、用件をいう前にひと言はさむと、失礼な感じが緩和される。

そこで、とくに使いやすい次の言い回しを覚えておこう。

まず「失礼ですが」は、「どちら様でしょうか」と尋ねるときなど、主にプライベートなことについて答えてもらわなければならないときの前振りとして使うと効果的だ。

また「お手数ですが」は、「ご協力お願いします」など、相手に何か面倒なことをしてもらいたいときには必ずつけたい言い回しである。

「恐れ入りますが」も同様に、「少々お待ちください」など、ちょっとしたことをお願いするときに添えると感じよく聞こえる。

最後に「あいにくですが」は、「その日は予定が入っておりまして」などの前に使う言葉で、相手が期待する返事ができないときや断るときに使うといいだろう。

いずれにしてもこれらの言い回しは、いきなり用件に入るよりも、だんぜん丁寧な印象を与えるので意識的に使えるようにしておきたい。

「○○部長様」って言い方、正しい？

上司や同僚をどう呼ぶかは、簡単そうでいて意外と難しい。社内での呼称と社外の人を前にしたときの呼び方は異なるからだ。

まず、自社内では「○○課長」「○○部長」のように、「名前＋役職名」で呼ぶのが一般的だ。

もっとも、会社によっては役職名なしで「○○さん」と名前だけを呼ぶこともあるので、そこはケースバイケースで対応しよう。ただし、社外の人が一緒にいるときには役職名をつけるのが望ましい。

次に、役職のない社員は先輩でも後輩で

呼称は「社内」と「社外」で使い分ける

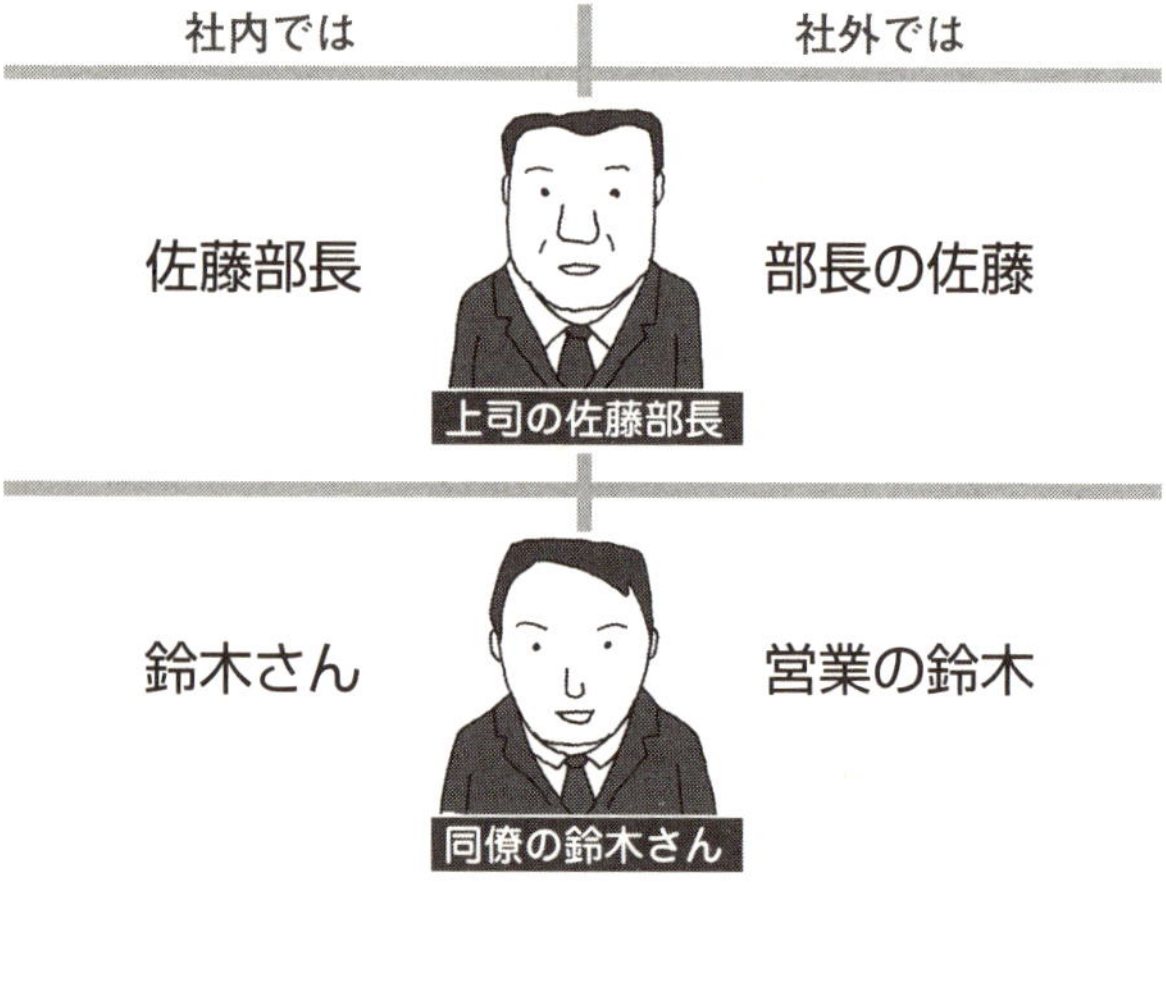

社内では	社外では
佐藤部長	部長の佐藤
上司の佐藤部長	
鈴木さん	営業の鈴木
同僚の鈴木さん	

も「○○さん」となる。プライベートの時間ならば「○○君」「○○ちゃん」でもかまわないが、仕事中は後輩でも「○○さん」と呼ぶべきである。

つまり、自分から見て内部にあたる社内の人については、へりくだった表現を用いなければいけないのだ。

一方で、社内の人を社外の人に紹介するときには、たとえ上司であっても敬称をつけずに「社長の○○」「部長の○○」と名前は呼び捨てにする。役職がなければ「営業の○○」といった具合でいい。

逆に社外の相手には尊敬語を使い、「名前＋役職」か「役職名＋名前＋様」で呼ぶ。

仮に先方が営業部長の山田さんなら、「山田部長」あるいは「営業部長の山田様」という呼び方になるわけだ。

丁寧そうにみえてじつはNGの言い回しって？

レストランなどで「こちら食後のコーヒーになります」といわれることがあるように、オフィスでも「こちらが資料になります」と書類が配られることがある。

もし、この「○○になります」が丁寧な言い回しだと思って使っているならすぐに直したほうがいい。

「○○になる」は「○○に変化する」という意味で使うのが一般的なので、「こちら資料になります」ということは「今はまだ資料じゃない」ということになってしまう。

さすがに「じゃあ、いつ資料になるんで

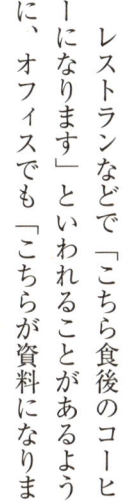

改めたい言回しの間違い

～になります

× 「こちら資料になります」

○ 「こちらが資料です」

～のほう

× 「お名前のほうお伺いしてもよろしいですか？」

○ 「お名前をお伺いしてもよろしいですか？」

～という形で

× 「後ほどご連絡するという形でよろしいでしょうか？」

○ 「後ほどご連絡してもよろしいでしょうか？」

～でよろしかったでしょうか

× 「この資料でよろしかったでしょうか？」

○ 「この資料でよろしいですか？」

ぜんぜんいいです

「ぜんぜん」は「～ない」（否定形）とワンセットにするのが一般的なので、ここは「ぜんぜん問題ありません」が正しい。

逆に～

元となるものがあって、それと反対のことをいうときに使う言葉。「逆に疲れますよね」など接続詞のように使うのは間違い。

～っていうか

典型的な学生言葉で、「ダメっていうか、時間的に無理です」などの言い回しは稚拙。社会人なら「時間的に厳しいと思います」が正しい。

何気なく使っている言葉はとくに注意したい

すか?」などとあげ足をとる人はいないだろうが、正しい表現ではないとわかっている人にとっては何とも奇妙な言い回しに聞こえるのだ。

このような場合には、「こちらが資料です」というのが正解である。

また、同じようによく使われるのに「○○のほう」という言い回しがある。

「お名刺のほう頂戴できますか」「お席のほうご案内いたします」などという人はじつに多い。

しかし、これも丁寧な表現ではない。単に「お名刺をちょうだいできますか」「お席にご案内いたします」で十分である。

あれこれ言葉を足せば丁寧語になるわけではない。ふだんからシンプルな言葉遣いができるよう意識したいものだ。

「~とか」「~のほう」はビジネスシーンではなぜNG?

言葉というものは時代とともに変化していくものだ。流行語のなかにも、50年、100年後には、普通の言葉として定着しているものもあるだろう。

しかし、明らかに違和感がある使い方をしている言葉もある。その代表例が、「~とか」や先述した「~のほう」だ。

「最近どこかに旅行に行きましたか?」

「沖縄とかに行きましたね」

こんなやりとりが当たり前のようにされているが、「~とか」とは本来いくつかのものを並べたときに使う言葉だ。つまり「沖縄とか九州とか」なら正解である。または、「沖縄など」なら複数あるうちのひとつを表現することができる。

また、「お会計のほうよろしいですか」といったバイト敬語とも呼ばれる「～のほう」という言い方は、ふたつあるうちのひとつを表す言葉である。つまり、指し示すのがひとつしかない場合は使う必要がないのだ。

「～とか」も「～のほう」も、断定的な表現を避ける若者特有の言い回しといわれていたこともある。それが徐々に広まってやたらと耳にするようになったのである。

とくにビジネスシーンでは、会話はシンプルにわかりやすくということが基本中の基本だ。必要のない表現をつけ加えて、評価を下げることがないように心がけたい。

「わたくし」という言い方をサラッと使うには？

「わたくし」という言い回しは、少々堅苦しい印象があるが、社会人としては日常生活のなかでも使えるようになっておきたいものだ。

「ぼく」や「わたし」を「わたくし」に置き換えるだけでぐっとオフィシャルな印象になり、また社会人としての自覚も湧いてくる。

とはいえ、慣れないうちはうまく口がまわらなかったり、少しいうのが気恥ずかしかったりするものだ。

この「わたくし」をごく自然に使うには、

それにふさわしい敬語をセットで使うようにするといい。

たとえば、「いってください」を「おっしゃってください」に変えると、「わたしに」よりも「わたくしに」のほうがしっくりくる。

また、「持ってきます」ではなく「持って参ります」というほうが主語を「わたくしが」にしやすい。

ちなみに、自分に対して「わたくし」を使うなら相手のほうの呼称も変えたほうが自然である。

基本的には「様」をつけることだが、「そちら」は「そちら様」に、取引先の「課長」なら「○○様」と名前に様をつけると、自然と「ぼく」や「わたし」は使いづらくなってくるはずだ。

日常語をたった1秒で丁寧語に変換するには？

どれだけ高級なスーツを身にまとい、磨き上げた靴を履いていたところで、きちんとした敬語が使えなければ、すべてが台無しになってしまう。

話すだけで常識がない人という印象を与えてしまっては、ビジネスパーソンとして失格だ。

とはいえ、普段使い慣れていない言葉をいきなり完ぺきにマスターするのは難しい。そこで、普段の会話でよく使う言葉を微調整してみるといい。

たとえば、「今日はありがとうございま

日常語を丁寧語に変換すると

これ、ここ、こっち	こちら
あれ、あそこ、あっち	あちら
どこ、どれ、どっち	どちら
だれ	どなた様
あの人	あちら様
少し	少々
ちょっとの間	しばらく
あした	明日（みょうにち）
この前、この間	先日
去年	昨年
そうです	さようでございます
いいですか？	よろしいでしょうか？
どうしますか	いかがなされますか
できません	いたしかねます
知りません	存じません
わかりました	承知いたしました

した」というところを、「本日はありがとうございました」といってみる。「知りません」や「わかりません」ではなく、「存じません」と答えてみる。

わずかな違いだが、どちらが丁寧に聞こえるかはいうまでもない。

また、毎日のように顔を合わせるなじみの取引先には、「ああ、さっきはどうも」とか「あとで行きます」など、ついくだけた言葉を使ってしまうものだ。

しかし、これが当たり前になってしまうと、緊張感が薄れてなれ合いの関係になり、大きな失敗の原因にもなりかねない。

こんなときにも「先ほどは失礼しました」や「のちほど伺います」と丁寧な言葉を使えば、相手も相応の礼儀をもって接してくれるはずである。

覚えておきたい「ビジネス慣用敬語」ベスト10って?

敬語には、尊敬語、謙譲語、丁寧語、美化語などがあるが、ベテランの社員でもそのすべてを完ぺきに使いこなしているわけではない。

しかしそれでも、できるだけ正しく自然に使えるようになっておけば、どこに出ても恥ずかしくない社会人になれるだろう。

なかでも、ビジネスシーンで使いこなせるようになりたい言い回しのひとつが慣用敬語だ。

慣用敬語とは、「かしこまりました」や「恐れ入ります」、「さようでございますか」など、普段からよく使われている敬語である。

まだあまり敬語を使い慣れていない新入社員でも、覚えておくと便利な言い回しである。

電話の取り次ぎにはじまり、来客の応対や上司との会話のなかでこれらの言い回しを使うだけでかしこまったニュアンスを伝えることができる。

たとえば、かかってきた電話に不在対応をするときには、「少々お待ちください」と「お待たせいたしました」、そして「席を外しております」と「折り返しお電話いたします」と伝えるだけでじつにスマートな対応になるといった具合だ。

日頃から意識して使うようにして、とっさのときにすぐ出るようにしたい。

ビジネス慣用敬語ベスト10

- お待たせいたしました
- 少々お待ちください
- 席を外しております
- 折り返しご連絡いたします
- お世話になっております
- お手数ですが
- 申し訳ございません
- 頂戴いたします
- 恐れ入ります
- かしこまりました

「お見えになられた」…この敬語、正しい？ 間違い？

敬語の使い方は、会社の先輩や上司と毎日顔を合わせているうちにしだいに身についてくるものだが、常務や社長など役職が高い相手となるとつい緊張してしまい、間違った使い方をしてしまいがちである。

なかでもよくあるのが、「社長がお着きになられていらっしゃいます」などと敬語を重ねてしまう二重敬語だ。これは「社長がお着きです」とシンプルな言い方でいい。

そのほかにも、尊敬語にさらに「られた」をつける場合も多く、たとえば「おっしゃられた」や「お見えになられた」、また「ご覧になられた」などである。

そもそも、「おっしゃる」は「いう」、「お見えになる」は「来る」、そして「ご覧になる」は「見る」の尊敬語である。

そこにさらに「れる」とか「られる」といった尊敬語を加えてしまうから二重敬語になってしまうのだ。この場合は「おっしゃる」だけにするか、あるいは「れる」や「られる」を使うのなら「いわれる」「来られる」「見られる」とするのが正しい。

ただし、ふたつ以上の敬語を接続助詞の「て」でつなげる連結敬語は問題ない。

たとえば、「お読みになっていらっしゃる」は、「読む」の敬語である「お読みになる」と、「いる」の敬語である「いらっしゃる」というふたつの尊敬語をつなげているので二重敬語にはならないのだ。

「ご確認してください」は「ご」がついているからOK？

人に行動をうながすときには、「○○してください」という言い方をするが、これを丁寧語にするときに単純に「ご」をつける人がいる。たとえば「ご確認してください」などだ。

たしかに、普通は「ご」をつけると丁寧語になるが、「確認してください」についてては間違いである。

正しくは、「ご確認ください」となり「して」をつける必要ないのだ。

「ご確認して（する）」は、「ご確認させていただきます」というように、自分の行為に対して使う謙譲語なので、ここに「ご」をつけてしまうと謙譲語と尊敬語が混ざってしまうのである。

だから、書類を添付したメールを送る際などは、「次回の会議の資料をお送りいたしますので、ご確認ください」などとするのが正解だ。

もっとお願いの気持ちを込めるなら、「次回の会議の資料をお送りいたします。お手数ですが、ご確認くださいますようお願いいたします」と書けばなお丁寧だ。

また、同じように、「電話してください」は「お電話してください」ではなく「お電話ください」となり、「出してください」は「お出ししてください」ではなく「お出しください」になる。きちんと使えるようにしておきたいものだ。

「わかりにくい」を敬語にするとどうなる？

とにかく理解してもらおうと、しどろもどろになりながらも一生懸命に説明したのに、聞いている人たちはポカーン……。

そんなときに、あわてて「説明がおわかりにくいでしょうか。すみません」などというと失笑を買いかねない。

なぜなら「おわかりにくい」というのが、おかしな日本語だからだ。

「わかりにくい」を正しい敬語にするなら、「おわかりになりにくい」とするのが正解なのだ。だが、この「おわかりになりにくい」という言い回しも、客や取引先の人にいうのは語弊がある。

おわかりになりにくいというと、相手の理解力に問題があるような印象を与えてしまうことがあるからだ。

自分の説明がヘタなことを謝ろうと思うなら、「つたない説明で申し訳ありません」とか「説明不足な点もありますが、ご理解いただけましたでしょうか」などと言い替えたほうが好印象だ。

「おわかりになりにくい」を使うなら、道順が複雑でわかりにくい場合などに使うといい。

たいていの人が迷ってしまうような道を通って来社してもらうときなどは、「おわかりになりにくい場所にございますので、駅までお迎えに参ります」といえば、失礼にならない。

「これで大丈夫です」を上司に失礼なく伝えるには?

「この資料、ちょっと確認してくれないかな」と、自分が関わっている仕事の書類を上司から渡された。

目を通してみると、とくに問題も間違いも見当たらない。

さて、このような場合には上司に対してどのように返事をすればいいだろうか。

つい、「これで大丈夫です」とか「とくに問題ありません」「これでかまいません」などといってしまいがちだが、これは自分と同じ立場の人に対してならともかく、上司や目上の人に対しては失礼だ。

なぜなら、これらはどれも上から目線の言葉になるからだ。

とくに、「かまいません」という受け答えには、別にどちらでもいいというニュアンスが含まれるので、輪をかけて失礼になる。こういう場合には、「とくに問題ございません」「これでお願いします」などという言い方をするといい。

さらに丁寧にいいたい場合は、「これで進めていただければと思います」といえば相手を敬う気持ちが伝わる。

また、自分のほうから見てもらいたい資料を渡す場合には、「見てください」ではなく、「ご確認よろしくお願いします」や「お目通しください」といえば丁寧だ。

こうした言葉のやり取りで、仕事は思った以上に円滑に進むようになるのである。

「お待ち申し上げておりました」が失礼に当たる場面って？

何事も第一印象が肝心といえるが、ビジネスシーンでこの第一印象を決める大切な場面といえば、来客の出迎えだ。来社した訪問客を気持ちよく出迎えるというのは、社会人として当然のスキルである。

ビジネスマナーの初歩としては、「いらっしゃいませ、〇〇様、お待ち申し上げておりました」などというのが一般的なそつのない出迎え方だろう。

しかし、この〝鉄板フレーズ〟が失礼に当たる場合があるのだ。それは、訪問客が遅刻してきたときである。

遅刻したことですでに後ろめたい思いをしている客に、「待っていた」というのは、嫌みと受けとられかねない。丁寧な対応をしたつもりが、「わざわざ、皮肉をいわなくても……」とかえって不快な思いをさせてしまうのだ。

遅刻してきた客に対しては、「いらっしゃいませ、〇〇様」とあえてさらっと出迎えたほうがいい。

そのうえで、たとえば悪天候で遅れたということがわかっていれば、「雨のなかありがとうございます」とタオルを渡す、急いで走ってきた様子であれば冷たい飲み物を出すなどケースバイケースの対応を心がけたい。まず、相手の立場や気持ちになって考えれば、おのずと取るべき行動が見えてくるはずである。

誤解を招く「あいまい言葉」とは？

人から何かをすすめられたときに、「けっこうです」というとストレートに断っているように聞こえる。

だが、時と場合によっては「たいへんけっこうです。いただきましょう」というような肯定的な意味に受け取られることもある。

これは、「うちはいいです」や「大丈夫です」なども同様で、否定とも肯定とも解釈できるあいまいな言葉である。

このようなどちらにも取れるような紛らわしい言葉は、仕事では使わないようにしたい。

誰がどう聞いても断っていると判断できる言葉を使わなければ、思わぬトラブルの原因になったりするからだ。

はっきりと断りたいなら、「必要ありません」や「間に合っています」、「お断りします」といえば、否定したいことがはっきりと伝わる。

逆に受け入れるのであれば、「はい、ではそれにしましょう」とか「はい、明日の午後にお会いしましょう」など、相手がいった内容を繰り返しつつ意思表示すれば間違いない。

「そうですね」や「はい、わかりました」といってうなずくだけでは、YESという意思表示があいまいになってしまうので注意したい。

「なるほどですね」をどう正しく言い換える？

デキるセールスマンは、自分が話すより相手に話をさせるのがうまいといわれる。思わず本音を打ち明けたくなる相手というのは、得てして相槌がうまいものだ。

話に真剣に耳を傾けながら、「なるほど」「おっしゃるとおりですね」などとうなずかれると、話しているほうはつい踏み込んだことまでしゃべりたくなってしまう。

そうして相手の懐にさりげなく入り込んでいくのだ。

だが、最近若い人がよく使う「なるほどですね」は少しニュアンスが違う。

この「なるほどですね」は、「なるほど」に「ですね」をつけ足して丁寧にしているつもりなのだろう。

だが、正しくは「なるほど！　たしかにそうですね」ということになる。

それがわかっている人は、「なるほどですね」を連発されると、「日本語がおかしい！」とイライラしてしまうのだ。

だから、いかにも若者言葉という感じの「なるほどですね」は使わないに限る。

また、相手の意見に同意していることを示すために、「ですよね」「ですよね」と連発する人もいるが、これも目上の人や客に対して使う言葉ではない。

相手の発言に納得したなら、「おっしゃるとおりです」といえば失礼にならず、スマートな印象を与えることができるのだ。

だって、どうせ…を打ち消す「いかがでしょうか」とは？

4D言葉というものがある。言い訳の「だって」、否定の「でも」、あきらめの「どうせ」、追求の「ですが」だ。これらの言葉はネガティブなイメージを与えるため、一気に印象が悪くなってしまう。

それぞれのケースで、できるだけ肯定的なニュアンスの言葉に置き換える努力をしたいものだが、その際に役立つのが「いかがでしょうか」というフレーズである。

たとえば、「でも、以前は○○したじゃないですか！」というと、相手の言葉や行動を否定するニュアンスが強くなる。それを、「なるほど、今回はそうしようということですね。では、○○というやり方はいかがでしょうか」というように、一度肯定してから提案するという形をとるのだ。

「どうせ無理だと思います」なら「なかなか難しいように思うのですが、いかがでしょうか」、「だって、部長に指示されたんです！」は「部長からの指示は○○だったのですが、いかがいたしましょうか」というように、語尾に「いかがでしょうか」とつけるだけで、同じ内容を伝えていても与える印象をソフトにすることができる。

大切なのは、相手の言葉を真っ向から否定したり反論したりしないことだ。極力ソフトな言い方で自分の意見を伝え、「いかがでしょうか」というフレーズで相手に判断をゆだねてしまおう。

「その日は行けません」をオブラートに包んでいうには？

仕事にはメールや電話で要点を説明するだけで進められるものもあれば、直接担当者と顔を突き合わせてしっかりと打ち合わせしなければならないこともある。

しかし、すでに大事なアポイントメントが入っているなどして、相手が希望している日時に会って打ち合わせができないということもある。

そんなときに「その日は無理です。行けません」とストレートにいってしまうのはご法度だ。これでは、会おうという意志さえないように思われてしまうからだ。

もし、どうしても相手が提示した日程が無理なのであれば、「あいにくその日は別件で出かけなければなりません。来週に変更していただくことはできますか？」など、代案を示すようにしたい。

そうすれば、相手も納得できるし、不愉快にさせることもない。

また、その打ち合わせがわざわざ会って話すほどでないのであれば、「うかがうことはできませんが、電話とメールのやり取りでも確認できますので、お電話させていただきますが」と、自分の都合に合わせた方法に変えることもできる。

相手の意向に添えないのなら、代案を出して、さらに語尾をやわらかくすること。これさえ押さえておけば、言葉ひとつで悪い印象を与えることはなくなるのだ。

上司を「さすがですね！」と褒めるのはNG？

キャリアの長い先輩や上司と一緒に仕事をしていると、仕事の進め方や顧客への対応、的を射た言葉を選んで話すなど、さまざまなところでなるほどと思わず唸ってしまうことがある。

しかし、だからといって本人に向かって「部長、さすがですね」などというのはNGである。

たしかに、「さすが」は心から感心したときに出る言葉だ。「やっぱり！」とか「すごい！」などと同じような感覚で気軽に使っている人は多い。

辞書にも、「さすが、本場の味だ」などのように、「予想や評判にかなっているという気持ちを表す」とあるので、使い方としては間違いではない。

だが、この言葉には「予想通りに」とか「なるほど」、「たいしたものだ」という意味も含まれる。

いくら丁寧にいったとしても、部下が上司に向かって「たいしたものですね」などというのはあり得ないことがわかるだろう。

上司の仕事ぶりに心が打たれたときには、やはり「素晴らしいですね」というのがいいだろう。

そして、さらに「頭が下がります」とか「とても勉強になります」などとつけ加えれば、尊敬の気持ちがストレートに伝わるはずである。

上司に呼ばれたときは「何かご用でしょうか」でOK？

上司に呼ばれたとき、開口一番「何かご用でしょうか」といってしまってはいないだろうか。よくある光景なのだが、これは明らかにおかしな発言だということに気づいたほうがいい。

上司は用があるから呼んだのであって、それをわざわざ「何かご用でしょうか」と確認するのはまったく意味のないことなのである。

同じような場面で使われる「お呼びでしょうか」というフレーズも使うべきではないだろう。言葉遣いに厳しい上司であれば、「呼ばれたから来たのだろう」と叱責されかねない。

これらの2つのケースはつい反射的にいってしまいそうなフレーズなのだが、良く考えればわざわざ口に出すのはおかしいというのがわかるはずだ。

この場合、「どのようなご用件でしょうか」や「ご用は何でしょうか」というのが正解である。

これは、決まり文句のように使っているフレーズでも、マナーという点からみるとおかしいことや失礼になってしまうことがあるという好例だ。今一度、日頃の言動を振り返ってみたい。

口に出す前にいったん考える癖をつけておけば、失言するリスクも減らせて一石二鳥といえるだろう。

見積もりを尋ねるのに「いくらでしょうか」は失礼？

お金の話というのは、何となくストレートに言い出しにくいものだ。とくに、まだほとんど仕事をしたことのない相手だとなおさらだろう。

たとえば、新製品の試作品をつくってもらう場合や、イベントなどの見積もりをもらいたい場合などに、どのようなプランにしたいのか意向を伝えるところまではいい。だが、いざそれがどれくらいの予算になるのかを聞こうとすると、切り出し方に悩むという人もいるだろう。

たとえば「で、おいくらになりますか？」という聞き方だと、あまりにもストレート過ぎるような気がする。

だからといって「だいたいどれくらいになりますか？」だと、概算しか教えてもらえないような気にもなる。

そんなときには、「いかほどになりますか？」と聞いてみるといい。

普段あまり使わない言い回しではあるが、その分丁寧な印象を与えるし、いかにもお金の話をしているという感じにはならないのだ。

もちろん、金額に納得できなければ、「検討させていただきます」といって保留にすればいい。

ちなみに、プライベートで買い物をしているときに、店員に「これ、いくらでしょうか？」と尋ねるのは失礼でも何でもない。

長電話を失礼なく切り上げたいとき、どうすればいい？

プライベートな時間であれば友人との長電話も楽しいものだが、ビジネスシーンでは少々困ってしまうことがある。

電話の相手が取引先ならば、むげに切ることもできない。しかたなく長話につき合う羽目になることも多いだろう。

先方の気分を害さずに話を切り上げてもらうためには、ちょっとしたコツがある。相手の話をその都度要約することだ。

たとえば「つまり、〇〇ということですね」というように、話の要点をどんどんまとめてしまうのである。そうすることで同じ話の繰り返しを防ぐことができる。

また、その場で結論が出ない内容の場合は、意味もなく話が長引きやすい。そんなときは、「〇〇ということであれば、上司と相談してから今一度ご報告します」と、話を一回収束させてしまおう。暗にこのまま話していても進展がないことを示せば、話を切り上げるしかないはずだ。

それでも電話を切らないようであれば、「申し訳ありません。外線が入ってしまいましたので、改めてこちらから連絡させていただきます」という強硬手段もありだろう。「不意の外線」などという不可抗力の出来事を引き合いに出せば、気分を害するリスクも少ない。

顔の見えない電話だからこそ、いつも以上に慎重な言葉選びが大切なのである。

クレームでは相手に非があっても非難してはいけない？

トラブルなどが起きて、取引先などにクレームを入れなければならないときは、どのように伝えたらいいのか悩むところだ。ストレートにいいすぎてしまうと反感を買ってしまい、その後の関係が悪化してしまう可能性がある。

まず、絶対やってはいけないのは頭ごなしに責める言い方だ。「これはそちらが間違っていますよね?」「連絡していただけるはずでしたよね?」と、詰問するような言い方は最悪だ。たとえ100パーセント非があっても、こんな言い方をされたらカチンときてしまう。

完全に相手のミスであるときほど、「何かの手違いだと思いますが」「ご連絡をいただくようお願いしていたと思ったのですが」というように、逃げ場を残したソフトな言葉を選びたい。

日頃から信頼関係ができている相手であるほど、婉曲に伝える方が素直に心に響くものだ。ミスはお互いさまということを忘れてはいけない。

大切なのは非難することではなく迅速にトラブルを処理することだ。責任の所在を明らかにすることも大切だが、人間関係は白黒はっきりつけるだけではうまくいかないことも多いのである。

大人の対応ができれば自分の株も上がり、信頼関係を強めることができるのである。

休暇をもらいたいとき、まずすべきことって？

有給休暇が労働者に保障されている権利である以上、堂々と休みたいものだ。

とはいえ、会社で働くということは、チームで行動しているということを忘れてはいけない。誰かが休めば、ほかの誰かが何らかのフォローをすることになるからだ。

有給休暇をとる場合は、チームメイトに配慮したやり方をするのが最低限のマナーであり、事前にわかっている場合は、なるべく早くそのことを上司に伝えておきたい。

その際も単に「○月△日は休みます」といってしまうのは避けたい。上司と部下という間柄で、部下が「休みます」と断定的に伝えてしまうと、一方的で尊大な印象を与えてしまうからだ。

「ご相談があるのですが、○月△日に親戚の結婚式がありまして、お休みさせていただきたいのですがよろしいでしょうか？」というように、相談という形を取るのがベストだ。

「よろしいでしょうか？」という疑問形で伝えることで上司の顔を立てることになり、スムーズに有給休暇をとることができるだろう。

当然の権利であっても、やり方を間違えると周囲の反感を買ってしまいかねない。上司を立てて、上手く立ち回ることで人間関係はよりスムーズにすることができるのである。

頼みごとがさくっと通る謙譲のフレーズとは？

どうしても頼みたい仕事があっても、先方からなかなか色よい返事がもらえないことがある。メールや電話などではなく直接出向いて頼み込むのは当然としても、頼み方には工夫が必要だ。

「お願いします。なんとかならないでしょうか」とやみくもに頼んでみても、あまり意味のあるやり方とはいえない。相手の心を動かすためにはポイントがあるのだ。

まず、とにかくへりくだり、相手を立てよう。「お知恵を拝借したい」「お力添えいただきたい」などというフレーズで、「他の誰でもなくあなたにしか頼めない、あなただからこそ頼みたいのだ」という気持ちを伝えるのがいいだろう。

また、「無理を承知でうかがいました」「身が縮む思いでお願いに上がりました」などと、相手の情に訴えるフレーズも効果がある。とくに役職が上の人間には、頼られると断れない親分肌の人も多いものだ。

頼みたい仕事が厄介であるほど、じつはこれらのフレーズが効果を発揮する。相手の自尊心をうまくくすぐることができれば、「それほどいわれてはしかたがない」と思わせることができるのだ。

とうてい無理な状況と感じてもあきらめるのは早い。言葉ひとつで相手の心を動かして、難しい局面を乗り切ることができるのである。

クレーム対応では「わかりません」は禁句？

クレームの対応というのは、ビジネスシーンで最も神経を使う場面だろう。ささいな言い方や言葉ひとつで、火に油を注いでしまうこともある。

相手の言い分を聞きつつも、必要以上におもねることなくクレームを収めてこそ、できるビジネスパーソンといえる。

しかし、クレームの内容が自分で判断できないような内容だったり、相手の主張が理解できないようなときはどうすればいいのだろうか。

馬鹿正直に「私にはわかりません」といってしまったら、不信感を与えてしまうだけだ。しかも、どこか他人ごとのようにとらえているような印象を与えてしまうので、状況がさらに悪化しかねない。

そんなときは、「わたくしの一存では判断できかねます」という言い方をするとい い。そして「上司と相談しましてお返事いたします」「至急、お調べしてお返事を差し上げます」といったフォローを加えよう。

わからないことを言い繕って事態を悪化させるより、一度事態を預かったうえで、早急に対応するということを伝えるのである。しかも、謙譲表現を使うことで、とにかく低姿勢をアピールできるのだ。

クレーム対応では、低姿勢と素早い対応がカギになる。クレームを受けるという第一関門ではその2点を肝に銘じておきたい。

来客を「お連れする」って言い方、間違い？

来客を案内する際、つい口にしてしまいがちなのが「○○様をお連れしました」というフレーズだ。

どこが悪いのかと思うほどよく使われている言い方なのだが、これはあまりおすすめできないのである。

この場合の正解フレーズである「○○様をご案内いたしました」という言い方と比べてみよう。

「連れていく」と「案内する」という言葉を比べれば、客側が受ける印象がだいぶ違ってくるのが理解できるだろう。

「連れていく」のほうは、連行されるとか連れまわされるといった印象を受ける。一方で、「案内する」には丁寧にもてなされているようなイメージが湧くだろう。

「お連れする」というのも絶対悪いというわけではないのだが、受け手の印象をよりよくするためという観点から考えれば、どちらの言い方がいいのかは明白だ。

ケースバイケースで正解は違うものだし、その正解もひとつではないところが、敬語の使い方の難しいところだ。

ただひとついえるのは、相手の気持ちや立場に立って考えれば、おのずと正解が見えてくるということだろう。

ビジネスシーンであってもプライベートであっても、人間関係の基本は想像力と思いやりということにつきるのである。

「ちょっと無理」を誤解のないように伝えるには？

ビジネスでもっとも大切なことのひとつが、納期や締め切りなどの約束を守ることだ。これがしっかりできていなければ信頼関係を築くことができず、業務に支障をきたしてしまうことになる。

ただ、自分の能力以上の案件を抱えて、どうしても期日に間に合いそうもないということもある。そんなときは早急に上司に報告して指示を仰がなければならない。

ついやりがちなのが、次のような報告だ。

「この件ですが、今週中に仕上げるのはちょっと無理みたいなので……」

間に合わないということを伝えなければならない気まずさから、「ちょっと無理」という少々ぼかした言い方をしたくなるのもうなずけるのだが、これではお話にならない。

仕事である以上、重要な点はごまかさずにはっきり伝える必要がある。

「申し訳ないのですが、期日には間に合いそうにありません。期限を延長していただくことはできないでしょうか」というように、問題点ははっきりと伝えて指示を仰がなければならない。

また、「みたい」というあいまいな表現も使わないほうがいい。ビジネスシーンでは正確に状況を伝えることが重要で、ほとんどの場合において、あいまいさはまったく必要がない要素なのだ。

添えるだけで好感度が上がるお断り言葉って?

たとえば、「○○さんも、コーヒーいかがですか?」と聞かれたとしよう。「あ、けっこうです」で終わってしまったら、ちょっとぶっきらぼうな感じを与えてしまうはずだ。せっかくの好意で聞いてくれたのに、不愉快な思いをさせてしまいかねないだろう。

そんなとき「今はけっこうです。どうもありがとう」といえば、ずいぶん印象が違うはずだ。ありがとうという感謝の言葉をひと言添えるだけで、受け手の印象は天と地ほども違ってくるのである。

とくに上司や取引先などの誘いを断るときは、「ぜひご一緒したいのですが」「せっかくの機会なのに残念です」という残念な気持ちを表わす言葉を添えるといいだろう。

加えて、「また機会があったら誘ってください」などといっておけば、不快感を与えることも少なくなるはずだ。

相手の問いに対してイエスかノーだけで返答するのではなく、ひと言添えるというやり方は、さまざまな場面に応用できる。

「あの件はどうなりましたか?」と問われたとき、「知りません」だけではなく、「私ではわからないのですが、○○さんに確認してみます」というように、質問の意図をくんでひと言添えることを心がけておけば、コミュニケーションのスキルはぐっとアップするのである。

うろ覚えの情報をすんなり確認できる言い回しとは？

うろ覚えなことや、度忘れしてしまったことを再確認しなければならないというのは気まずいものである。

それが身内や同僚であればまだましだが、確認をする人が上司や取引先などであれば、聞き方にも注意が必要だ。

たとえば、部署や役職がわからないときは「部署名を教えてください」などと聞くのはNGである。「そんなことも知らないのか！」と怒らせてしまう可能性がある。

こんなときに便利なのが、「念のため」という言葉だ。「もちろん知っているのですが、もう一度確認させてください」というニュアンスを加えることができる。

たとえば「念のため、○○様の部署名を教えていただけますか」といえば、自然と「間違いを防ぐためだな」という印象を与えられるのだ。

あとはケースバイケースで、「漢字を教えてください」「数字はこれで合っていますか」というようなフレーズを使えば、聞きたいことをすんなり聞き出すことができるだろう。

ただし、「念のため」と似たような言葉でも、「一応」は使ってはいけない。一応という言葉からは、あいまいさでごまかそうとするニュアンスしか伝わらないからだ。学生気分が抜けていないとしてお叱りを受けてしまうので気をつけたい。

午後のあいさつを使い分けるってどういうこと？

誰かと会ったらあいさつをするということは、集団生活をはじめた幼稚園児も教わるコミュニケーションの初歩の初歩だ。実際、笑顔で元気にあいさつをされると気分がいいし、それだけでその人に対する評価がぐっと上がってしまう。

あいさつするのは当然として、会った時間にふさわしいあいさつはできているだろうか。

朝、出社したときは「おはようございます」だし、早朝でなくとも、午前中なら「おはようございます」でいいだろう。

では、午後のあいさつはどうだろう。「こんにちは」でいいのかとも思うが、これは友人やプライベートでのあいさつで、ビジネスシーンには軽すぎてあまりふさわしいとはいえない。

午後のあいさつは、社内の人なら「お疲れさまです」、社外の人なら「お世話さまです」が無難だ。

そこで気をつけてほしいのが、「ご苦労さま」は絶対に使ってはいけないということだ。似たような言葉にも思えるのだが、「ご苦労さま」は目上の人が目下の人に使う言葉なのだ。同僚や上司、ましてや取引先の人に対して使ってしまったら、失礼極まりないということになってしまう。

気持ちのいいあいさつをするために、この使い分け方は頭に叩き込んでおきたい。

「ご参加」「ご来臨」はどうやって使い分ける？

会議やパーティなどのかしこまった席であいさつをする際、よく使われるフレーズに「ご参加くださった皆様」「ご参集いただきまして」というものがある。

これのどこがいけないのかと思うのだが、じつは「参」という漢字の意味に落とし穴があるのだ。

「参」は参るという意味があり、もともと謙譲の意味を持つ言葉だ。つまり、相手を敬って使う場面で「参加」や「参集」という言葉を使うのは、本来ならば適切とはいえないのである。

理想的なのは「ご臨席《りんせき》」や「ご来臨《らいりん》」だ。

とくに、年配の来賓《らいひん》や明らかに格上のゲストを呼んでいるような会合であれば、敬語の使い方にも神経を使う必要がある。

さり気なくこのフレーズを使えれば、敬語をしっかりと使うことができることをアピールできて評価も上がるはずだ。

ただし、「ご参加いただく」というのが明らかな間違いというわけではない。それほどあらたまった集まりでなければ、問題ないというのが現実的だろう。

逆に、若い世代が多い比較的カジュアルな集まりで「ご来臨」などという言葉を使うと、少々堅苦しすぎるかもしれない。

つまり、参加しているメンバーの年齢層や肩書などのバランスを考えて使い分けるのがベストといえるのだ。

常識その3

しきたり

そもそも「床の間」は
何のためにある？

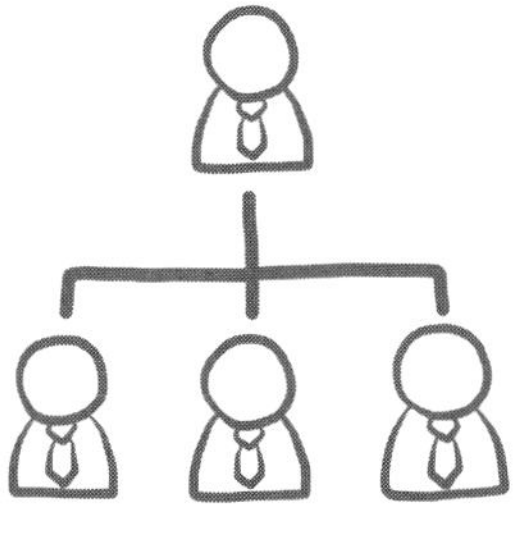

お正月にやってくる〝年神様〟の重大任務って？

あまりにも普段の暮らしに根づいているために気づきにくいが、日本の年中行事には神様・仏様とかかわりのあるものが多い。年末年始の風景のなかにも、そんな要素がいくつも含まれている。

まず、大晦日の夜には各地の寺院で除夜の鐘をつく。その回数は108回だが、これは人間の煩悩が108あることにちなんでいる。

この煩悩の数は108であることが定説となっているが、そもそもなぜ108という数になったのだろうか。

人間の目、耳、鼻、舌、身体、そして意識には合わせて36の煩悩があるといわれている。この煩悩が過去・現在・未来に生じるということで、36×3＝108という数になっているのだ。もっとも煩悩の数え方には何種類もあり、これは諸説あるうちのひとつである。

除夜の鐘にはまた、1年の反省をしながら煩悩を消し去るという意味がある。

さて、年越しのカウントダウンも終われば正月となる。正月の行事はもともと神様のために行われていたものだ。

1年の始まりには穀物をつかさどる新しい年神様がやってくる。古代の人々にとって豊かな収穫を得られるかどうかは死活問題で、年神様はとても重要な神様だったのだ。

豊穣を叶えてもらうためには、年神様に快適に過ごしてもらわなければならない。大掃除をするのも、鏡餅や門松で家を飾るのも年神様をもてなすためだった。鏡餅は神様への捧げ物、門松は神様を迎える依代《よりしろ》としての意味をもっていた。

鏡餅は、1月11日頃に鏡開きをする。お汁粉や雑煮などにして食べるのが一般的だが、神様への供物《くもつ》を包丁で切るのは縁起が悪いという理由で、かつては木づちで割ることが多かった。

また、現在でも大勢の人が初詣に出かけるが、これも本来は神様に豊穣を祈るためだった。したがって、地元の神社に参拝するのが習わしだったのである。

さまざまな年中行事は、単なるイベントではなく、深い意味をもっていたのだ。

参拝前に手と口をすすぐのは、なんのため？

「禊《みそぎ》」という言葉をご存じだろうか。スキャンダルを起こした政治家が選挙で再選したときなど「禊がすんだ」といっているのをしばしば耳にする。

しかし本来、禊とは川や海に浸かって身体を洗い清めることである。この行為によって、心身の罪や穢《けが》れを洗い流すのだ。

禊は、『古事記』に登場する伊邪那岐命《いざなきのみこと》のエピソードに由来するといわれている。それはこんな物語だ。

妻を亡くした伊邪那岐命は、黄泉《よみ》の国まで彼女を連れ戻しに行く。妻は黄泉の国の神と相談するので、その間はけっして自分の姿を見てはいけないと夫に告げた。だが伊邪那岐命は約束を破ってしまう。

するとそこにいたのは体中にウジがわき、雷神までとりついているという恐ろしい姿をした妻だった。驚いた彼は慌てて黄泉の国を逃げ出す。

怒りに燃えて追いかけてくる妻を何とか振り切って地上に戻ったものの、死の国を訪れたことで伊邪那岐命は穢れてしまった。そこで、着ていた衣服をすべて脱ぎ捨て、川に入って身を清めたのである。

この禊を行った際に多くの神が生まれているが、最後には有名な三神が誕生している。左目を洗うと天照大神《あまてらすおおみかみ》が、右目を洗うと月読命《つくよみのみこと》が、そして鼻からは素戔嗚尊《すさのおのみこと》が生まれたのである。

これは、禊で穢れを落とすことによって新たなパワーが得られたとも解釈できる。

ところで、穢れを清める行為には「祓《はら》え」もある。いわゆるお祓いだ。禊と祓えは混同されることも多いが、本来は別物である。

祓えは水を必要としないかわりに、人形や護符を使う。これらに穢れを移すことで、心身を清めるわけだ。

お祓いをするときに神主が御幣《ごへい》を振るのも、御幣に穢れを移す意味合いがあるようである。

全身を水に浸ける禊を行うことはあまりないとはいえ、普段の生活にも禊の名残はある。

神社で参拝をする前に手や口をすすいだり、葬儀から帰ってきたときに塩をまくなどは禊の簡易版なのだ。

正しい参拝の仕方「二礼二拍手一礼」ってどんなの？

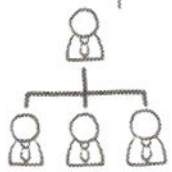

神社にお参りする際には、正しい作法がある。

まず、神社の鳥居は聖域への入り口なので、軽く一礼してからくぐる。また参道の真ん中は神様の通り道なので、端を歩いて境内に入る。

そして境内に入ったら、まず手水舎《ちょうずや》の水で穢れを洗い清めるのだが、柄杓《ひしゃく》で水を汲んだら左手→右手→口の順に清める。このとき、柄杓に直接口をつけないこと、水は最初に汲んだ分ですませるようにすること。

拝殿に着いたら、魔除けと神様を呼ぶ合図を兼ねた鈴を鳴らし、お供え物として賽《さい》銭箱《せんばこ》に賽銭を入れる。ここまでが拝礼する前のお清めの儀式になるのだ。

次に拝礼の作法だが、まず姿勢を正してから、腰を90度に曲げる深いおじきを2回する。それから胸の高さで柏手《かしわで》を2回打ち、手を合わせてお願いごとを伝える。

このとき、神様には自分の名前だけではなく、「○○市△△町□番地の○○です」と住所も省略せずに正確に伝えること。名前だけでは誰なのか神様がわからないからだ。

また、拝礼の最後に礼をするが、しばらくそのまま頭を下げ続けると、不意に願いをかなえる方法を思いつくことがあるといわれている。これは神様から頂くありがたい「ひらめき」だといわれている。

え？ お年玉はお金ではなくお餅だった？

正月の子どもたちの一番の楽しみといえば、お年玉だろう。親戚や両親など、大人たちから一年に一度もらえるお年玉で何を買おうかとワクワクしている子どもも多いはずだ。

現在は子どもにあげるお小遣いとしての意味が濃いお年玉も、本来は正月の神様にまつわる大切な年中行事だったのだ。

もともとお年玉はお金ではなく、お餅だった。正月の松の内が開けたら行われる鏡開きで小さくした鏡餅を、家長が家族それぞれに「御年魂《おとしだま》」として分け与えたのだ。これには、「年神様のパワーが宿った餅」を家族に与えるという意味がある。

では、お餅がお金に変わったのはなぜかといえば、江戸時代の商家などで、主が奉公人にお小遣いを与えたことが始まりといわれている。

高度経済成長期には、都市部を中心にお年玉をお金で渡すことが一般的になり、「大人が子どもに渡すお小遣い」としての意味合いが強くなっていった。そうなってくると、金額の相場や何歳まで渡すのかといった悩みも生まれてくる。

とはいえ、子どもにお年玉を渡すという風習が、「新年の幸せを願う」という庶民の願いからはじまったことを知っていれば、おのずと気持ちのいいやり取りができるはずである。

正月に飾る鏡餅、なぜ丸い？

正月の風物詩のひとつとして、雑煮などに入れてお餅を食べるのが当たり前のようになってはいるが、これにはれっきとした由来がある。

正月に食べる餅といえば、丸い形をした鏡餅だ。地方によって期日は異なるが、正月の松がとれた（松の内が明けた）時期に鏡開きを行って、小さくした餅を雑煮や汁粉にして食べるのがポピュラーだろう。

鏡餅の丸い形は、神聖な存在だった鏡を象徴しているといわれ、正月の餅が特別なものであることを物語っている。

鏡餅には、新年を司る「年神様」の魂が宿るとされている。

年神様とは、新しい年に万物に新しい力を与えるために現れる神様だ。年神様が宿った鏡餅を食べることで、一年を無事に過ごすためのパワーをいただくことができると考えられたのである。

また、歯固めの儀という正月行事にも餅は欠かせないものだった。平安時代からはじまったこの行事は、正月の三が日に行われ、鏡餅や大根、大豆、ごまめ、イノシシの肉などの硬いものを食べて長寿を願う目的がある。

今でこそパックの餅が売られているが、昔は餅を食べるためには餅つきが必要だった。力を合わせてついた餅には、人々のさまざまな祈りが込められていたのである。

「七五三」はなぜ、3歳と5歳と7歳？

毎年11月になると、晴れ着や羽織袴の子どもの姿をよく見かけるようになる。おなじみの「七五三」の光景だ。

七五三は、男の子が3歳と5歳、女の子は3歳と7歳のときに神社に参拝をし、子どもの成長を祝う行事である。

地方によってはこの年齢と性別の組み合わせに違いがあるものの、3歳、5歳、7歳のいずれかでお祝いをするという基本は同じだ。

七五三は生活に密着した行事なので、あまりその意味を考えたことはないかもしれないが、これは神事のひとつである。

まだ体力的にも弱い子どもを神様の力で守ってもらえるように祈り、同時に健やかに育っていることを感謝する意味がある。

では、なぜ3歳と5歳と7歳に限定されているのだろうか。

かつては、この年頃の子どもが病気になりやすいといわれていたため、わが子の無事を祈ったというのが理由のひとつだ。また、この年齢は古くから重要な節目とされ、儀式が行われてきた。

3歳は「髪置《かみおき》」といって、短かった髪を伸ばしはじめる年齢に当たり、長寿を願い、白髪に見立てた綿帽子をかぶせた。

5歳になると「袴着《はかまぎ》」が行われる。これは男子のお祝いで、初めて袴を着ける儀式だ。7歳には女の子が「帯解《おびとき》」の儀式を行い、これにより女の子は大人と同じ帯を締めるようになる。

そして、男の子も女の子も7歳から神社の氏子《うじこ》に登録され、正式に社会の一員として認められることになるのだ。

現在も受け継がれている七五三の形式は江戸時代に成立したものだが、髪置、袴着、帯解などの儀式自体は平安時代から存在していたという。

また、七五三より前に、子どもの成長を祝う行事として「お宮参り」がある。近代以前は乳児の死亡率が高かったため、子どもが無事に生まれたことを神様に感謝し、今後の健やかな成長を願ったわけだ。

ちなみに、江戸時代に七五三を行っていたのは武家社会だけで、一般に浸透したのは明治以降のことである。

神様が一番好きな“お供え”って？

神社やお寺でおなじみの賽銭箱。現在では神様に願いごとをするときに捧げるものとしては賽銭が最もポピュラーだが、金銭を奉納するようになったのは、貨幣経済が発達してからのことだ。

もともとは穀物や酒、布、武具などを奉納したのがはじまりだという。

季節ごとの行事や祭りを思い出してもらえばわかるとおり、神様にはさまざまな食べ物を供える。米、野菜、果物、魚介類、菓子、酒……と、その内容はバラエティ豊かだ。

こうした食べもののなかで、最も重要視されているのが米である。

米は神様とかかわりのある行事の際には姿形を変えて登場し、大切な役割を果たしている。

たとえば、正月に飾る鏡餅、祭りや神前結婚式で使われるお神酒《みき》、彼岸《ひがん》のときにつくるおはぎなど、みな米を原料とした食品だ。

しかも、弁当の定番になっているおむすびにしても、もとは神様に供えるための食べものだったというから驚きだ。

古代の人々は米を神から授けられた穀物だとみなしていた。それゆえ大きなパワーを秘めた神聖な食べものとして扱ったわけである。

とくに、その年、最初に収穫した稲には強い力が宿ると考え、最も大切な供物とされた。

ところで神様に供えた食べものは、行事が終わったあとで人間がいただくが、これを「直会《なおらい》」と呼ぶ。

祭りのあとの直会というとまるで打ち上げのように思っているかもしれないが、これもまた神事の一部なのだ。

神様が召し上がった食事には、神様の力が宿ると信じられていた。直会にはその神のエネルギーを体に取り込むという意味がある。

供物は神と人とをつなぐような存在だといえるだろう。

おむすびも餅も、今では日常生活になじんでいるが、じつはありがたい食べものだったのである。

そもそも神社にある“御神体”って何？

仏教寺院では多くの仏像や仏画を目にする。複数の仏像が安置されている場合もあるが、仏殿の中央に安置されている仏様が御本尊《ごほんぞん》だ。人々はこれらの仏像に向かって手を合わせるわけである。

ところが、神社ではどこを見回しても仏像のように神様の姿をかたどったものがないことが多い。といっても、仏教の御本尊に相当するものはある。それが御神体《ごしんたい》だ。

御神体は拝殿の奥にある本殿に納められている。周期的に御開帳がある御本尊とは違って、一般の参拝者はほとんど目にすることができない。宮司《ぐうじ》ですら、めったに見ることはないともいわれている。

御神体として最も一般的に祀られているのは鏡だ。ただ、剣、勾玉《まがたま》、石、御幣、弓矢など種類はさまざまで、アワビの殻やサメの歯が御神体という神社もある。

ときには神の姿を描いた絵画や彫刻が御神体とされているところもあるが、これは仏教の影響を受けて造られたものである。

そのほか、山や滝、木などの自然物を御神体としている場合もある。

たとえば、奈良県の大神神社は三輪山《みわやま》が、和歌山県の熊野那智大社では滝が御神体となっている。

もちろん、こうした自然物が御神体であれば容易に目にすることができるとはいえ、本殿と同じように自然物それ自体が神域であるといえる。

そもそも、もとは御神体といえば自然物が主体だった。やがて神社の社殿が建てられるようになると、その寸法に合った大きさの御神体が増えてきたというわけである。

ところで、重要かつ神聖なものである御神体は、つい神様そのものに思えてしまうことがある。しかし、それは神様そのものではなく、あくまでも神様が宿る器なのだ。したがって、御神体は「依代《よりしろ》」「御霊代《みたましろ》」とも呼ばれている。

ちなみに御神体ではなくても、神木や霊石として神聖視されている自然物もある。

たとえば、鹿島神宮の境内にある要石《かなめいし》は見た目は小さいものの、地中に埋まっている部分が巨大で、大地震を起こすナマズをおさえているという伝説があるのだ。

日本の神社ではなぜ火を使う行事が多い？

今でも東京の下町などでは、冬になると町内会の人々がそろいの法被《はっぴ》を着て「火の用心」と叫びながら練り歩く姿が見られ、どこか懐かしい感じがする。

ところで、日本の神社信仰には火に関するものが多いが、これは火の威力によって悪霊が祓われるとされているからである。

いわゆる浄化のための火祭りで、神社信仰から修験道《しゅげんどう》の信仰になると護摩《ごま》焚き、火渡りというように展開した。それに加えて、「火を共同に持つことは魂を共通させる」という信仰もできあがった。

京都祇園《ぎおん》八坂神社のおけら祭りや、奈良県桜井市にある大神神社の繞道祭《にょうどうさい》は聖火の分火信仰である。ひとつの聖火を分けることが、共同体や血縁の象徴となったのだ。

分けた火を持ち帰って灯《あか》りや煮炊きに使えば、家が浄化されるだけでなく、村社会の共同体意識を確認することにもなる。

やがてこうした火を献火することが習慣となり、神仏の前の灯明となった。

しかし、焼き畑農業の火はいっとき生産をもたらすものの、放置すれば何も生み出さなくなってしまう。それは扱い方を誤ると、すべてを焼き尽くして失ってしまう危険が伴うことを意味している。

農耕民族である日本人は、実際に火が持つ威力に畏敬の念を抱きつつ、同時にそれを神として敬っていたのだ。

“夏祭り”は何のためにある？

1年を通して、日本各地ではいろいろな祭りが行われる。全国的に有名な祭りもあれば、地元の人しか知らないようなごく小規模な祭りもある。もちろん、そのスタイルもさまざまだ。

ところで、祭りといえば神輿《みこし》を見物したり屋台をのぞいたりと楽しいイメージがあるが、祭りそのものの原点はそもそも神への信仰にある。

昔の人たちにとって、もっとも切実な願いは豊作だった。

しかし、天候不順や病害虫の発生などは

人の力でどうすることもできないために、神の加護を得ようとしたのである。

そこで、春には作物が順調に生育することを祈る祭りが、秋には収穫を感謝する祭りが行われるようになった。「新嘗祭《にいなめさい》」や「祈年祭《きねんさい》」など、稲作に関連した祭りが多いのはこうした背景からである。

もちろん人々はただ祈っただけではない。願いを聞き届けてもらうためには、神様に喜んでもらう必要があると考えた。そこでごちそうや酒を供え、神楽《かぐら》を演じて、神様をもてなしたのである。

そもそも「祭り」の言葉自体が、神にまつわる言葉から生まれたと考えられている。神様に供物を「奉《たてまつ》る」が転じたという説や、神様を「祀る」ことを示しているという説、あるいは神様に従うことを意味する「まつらう」が語源など諸説あり、いずれも神様とかかわりのある言葉に由来している。

このように五穀豊穰に関係した祭りは春と秋に多いが、それでは夏に行われる祭りにはいったいどんな意味があるのだろうか。

夏は猛暑の影響などでひとたび疫病が発生しようものならそれがいっぺんに広まり、命を落としてしまう危険が高かった。そんなわけで、夏の祭りは疫病の撲滅と無《む》病《びょう》息《そく》災《さい》を祈願するのが主な目的だったのだ。

豪華な山鉾《やまぼこ》巡行で有名な京都の「祇園祭」も、疫病の撲滅を願って行われた「御霊会」がもとになっている。

祭りは神様に捧げる行事だが、参加する人もまた楽しいものだ。それが明日への活力につながり、人々も元気に暮らすことができたのだろう。

神社の鳥居や狛犬…何の意味がある？

神社で必ず目にするものといえば鳥居だ。地図で神社を表すときにも⛩の記号が使われる。

基本的に鳥居は2本の柱と2本の横木によって構成されるシンプルな構造になっているが、ベースとなっているのは神明鳥《しんめいとり》居《い》と、明神鳥《みょうじんとり》居《い》と呼ばれる2種類だ。

直線的で質素なスタイルが神明鳥居で、曲線を用いているのが明神鳥居である。

普段は、何気なくその下をくぐり抜けているかもしれないが、鳥居は俗世界と聖域を分ける神社の門だ。「ここから先は神聖な場所ですよ」というサインなのだ。

さて、もうひとつ神社でおなじみのものといえば、狛犬がある。参道や拝殿の前に一対で置かれている神獣の像で、片方が「阿《あ》」の形に口を開き、もう一方は「吽《うん》」と口を引き結んでいる。

その狛犬には魔除けの意味があるというが、しかし、最初から神社にいたわけではない。

当初は宮中の魔除けのために使われていたものが、平安末期になって神社を守るようになったのだ。

狛犬のルーツははるか遠く、インドやオリエントにまで遡《さかのぼ》ることができる。これらの地域では、王を守護するためにライオンの像を置く風習があった。

それが中国へ渡って獅子に変化し、朝鮮

半島を経由して日本にも伝わったとみられている。

ただし、獅子になじみのなかった日本では、この神獣をイヌととらえたらしく、狛犬という名になった。

ところで、神社で願いごとを書いた絵馬を奉納した経験のある人も多いだろう。今では干支や縁起物などが描かれることもあり、絵柄はウマだけではないのになぜ絵馬と呼ぶのだろうか。

じつは、古代には生きたウマを神社に奉納していたのだ。それが木製や紙製の馬になり、やがて板に描いたウマに変化していったのである。

つまり、絵馬は生きたウマの代わりに神へ捧げる品という意味を持っているわけである。

お稲荷さんにはなぜキツネがいる？

サッカーの日本代表のユニフォームについているエンブレムには、カラスが描かれている。といっても、普段街中で見かけるカラスとはワケが違う。足が3本ある八咫《やた》烏《がらす》だ。

この八咫烏は神様の使いとして熊野では神聖な鳥とみなされ、神社の護符などにも使われている。

八咫烏に限らず、神様の使いになっている動物は多い。こうした動物は眷族《けんぞく》と呼ばれ、人間に神意を伝える役割を果たすと考えられた。そのため信仰の対象にもなっている。

ところで、神の使いとしてもっともよく知られているのはキツネではないだろうか。稲荷社には必ずといっていいほどキツネが祀られている。

これは、一説によると豊穣の神である稲荷神が春先にやってきて収穫が終わると山に帰っていくといわれており、それがキツネの習性と似ていたからだという。

また、キツネが田畑のネズミをエサとするので神の使いと見なされるようになったという説もある。

こうして稲荷信仰と深く結びついていったキツネは神秘性を増し、やがては稲荷神の化身とまで考えられるようになったのだ。

ただし、霊力の高いキツネは怒らせると祟《たた》るといわれ、人々はキツネに対する畏れももっていたのである。

また、奈良の春日大社にいる多くのシカも神の使いだ。祭神である武甕槌命《たけみかづちのみこと》が白いシカに乗ってやって来たという伝説に由来する。そのほか、北野天満宮のウシ、日吉大社のサルをはじめ、ワシ、カメ、イノシシ、ネズミなど、神社によっていろいろな動物が神の使いとみなされている。

ちょっと珍しいところでは、奈良県の大神神社ではヘビが神聖な生き物とされている。これは神の使いというより、神様そのものなのだ。

ここの祭神は大物主神《おおものぬしのかみ》だが、『日本書紀』によれば大物主神の本来の姿はヘビだったという。ヘビは嫌われることも多いが、この神社の境内では敬われる存在として今も大切に扱われている。

神様はこだわり派？　神棚の〝立地条件〟とは？

家のなかで仏様を祀るところは仏壇で、神様が祀られている場所は神棚だ。ところで神棚のほうをよく見ると、神社の社殿そのものである。

それもそのはずで、「宮形《みやがた》」とも呼ばれる神棚の様式には、神明型、箱宮型、片屋根型の3つのタイプがあり、みな神社をかたどっている。神明型は伊勢神宮を模したもので、家のなかであっても神様を祀っている場所は神域なので、神聖な神社と同じ形をとっているわけだ。

神棚を新たに設けるときにはいくつかのルールがある。家のなかがよく見通せる清浄で明るい場所を選び、東向きか南向きにする。高さも目よりも高い位置にする。

神棚には扉がついており、このなかにお札を納めるのだが、複数のお札があるときには注意が必要だ。扉がひとつの「一社造」と、3つの扉をもつ「三社造」では納め方も違ってくる。

まず、扉が3つある三社造の場合は、中央に神宮大麻《じんぐうたいま》を納める。神宮大麻は伊勢神宮から頒布《はんぷ》される護符で、「天照皇大神《てんしょうこうたいじん》宮《ぐう》」と書かれているお札だ。そして向かって右の扉には氏神のお札を、左には崇敬《すうけい》神社のお札を納める。

崇敬神社とは、とくに敬っている神様を祀った神社のことを指す。商売繁盛や学業成就《じょうじゅ》など、それぞれの御利益に合った神社のお札を祀ればいいのである。

一方、一社造では複数のお札を一緒に納めることになるが、奥から順に、崇敬神社のお札、氏神のお札と重ね、そしていちばん手前が神宮大麻という順番になる。

お札を祀る期間は1年間だ。1年の間、家を守ってもらったお札は年末に神社に納めて、新しいお札を神棚に納めるのである。

神棚は榊《さかき》、灯明《とうみょう》、紙垂《しで》を挟んだ注連縄《しめなわ》などで飾り、さまざまな供え物もする。供え物の基本は米・塩・水だが、祭りのときや正月には酒、魚、乾物、果物といったものも供える。

ちなみに、神棚がなくても神様を祀ることができる。お札を置いておけばそこは神域となり、神棚と同じ機能をもつことになるのだ。

箒に宿る神様「ハハキガミ」って？

神棚に祀られている神だけでなく、日本では古来から家のなかに多くの神様がいると考えられてきた。もちろん、私たちが日常生活で使うものにまで神は宿っている。

たとえば、最近では見かけることが少なくなってしまったが、かつては掃除の主役だった箒《ほうき》には「ハハキガミ」という神が宿っているとされている。ハハキは箒の古典的な読み方である。

しかし、箒の神なら整理整頓とか清潔などをつかさどるのかと思いきや、このハハキガミはなんと出産の神様だ。

いったいなぜ、掃除用具の箒と出産が結びつけられたのだろうか。

箒はものを集めたり、掃き出したりするときに使うものである。そこから赤ん坊の魂をかき集めて肉体に収め、さらにはその体を母親の胎内から出すという意味が込められたようだ。

したがって箒は、出産の際にはとくに大切に扱われた。

たとえば、箒を逆さに立てておくと安産になるといわれ、箒をまたぐと難産になるという言い伝えがある。

また、妊婦のお腹を箒でなでる、枕元や足元に箒を祀る、妊婦の髪に箒の毛先の一部をさすなども安産を願う風習だ。時代や地域によっては箒のかわりに藁束《わらたば》を使うこともあったという。

祝い事は「紅白」、弔事は「白黒」は日本だけ？

結婚式や正月などのめでたいときには紅白、葬式には黒と白、というのは日本人にとってはあまりにも当たり前の配色だ。

この紅白あるいは黒白の2色が、祝い事と弔事《ちょうじ》を表すのは日本独自のことのようである。

我が国では、白は清浄な神の世界の色として最高の格づけがされている。そのため、祝い事にも弔事にもふさわしいとされる。

そこで、祝い事と弔事を区別する意味で、他の色と組み合わせなければならなくなったわけだが、なぜ祝い事は赤なのか。

これには中国が本家である陰陽説が深く関わっているらしい。

中国では赤は陽とされ、婚礼や誕生祝いなどの祝い事を「ホンジー（紅事）」という。日本においても陽はすなわち吉とされ、めでたい色として扱われているのだ。

一方、弔事の黒は、欧米に倣って取り入れた。我が国における喪の色は、古くは薄墨色だったのだが、それが黒に変わったのは、文明開化の風潮により洋服が流行し始めてからである。

黒は欧米に代表されるキリスト教圏内では、暗黒の煉獄《れんごく》を象徴することから喪の色となり、開化後の日本でも弔事に取り入れられるようになったのだ。

これらを白と組み合わせることによって日本独自のしきたりができたのだ。

日本人はどうして「尾頭付き」にこだわるの？

日本で祝い席にふさわしい魚といえば、やはり鯛だ。

いうまでもなく「めでたい」の「たい」と「鯛」をかけているわけだが、とりわけ「尾頭付きの鯛」には祝いの気持ちが込められているように感じる人は多い。

鯛に限らず、日本人は「尾頭付き」にこだわる。

頭の先から尻尾の先まできちんと揃っていることを「よし」とする性分だ。

なぜなら、頭から尻尾まで全部揃っていることが「人生をまっとうする」ことのすばらしさにつながるととらえているからだ。

途中で切れていたり、一部分だけになっているのは縁起が悪いというわけだ。

ところが、このように魚の見た目と人の人生を結びつけるのは、どうやら日本人独特の発想のようだ。

海辺以外の欧米社会では、店先に魚がそのままの姿で並んでいるのを見ると、グロテスクな感じを受ける人のほうが一般的なのだ。

考えてみれば日本人も、牛や豚が一頭丸々ぶら下げられている場面に出会ってギョッとしたり、「かわいそう」と感じることがある。それと同じ感覚なのかもしれない。

いずれにしても「尾頭付き」の魚を見て「おめでたい」「ありがたい」と感じるのは、日本人ぐらいかもしれない。

そもそも「床の間」って何のためにある？

床の間とは、日本建築独自の様式だが、最近の家ではすっかり目にすることも少なくなった。

床の間は、それまで全面板張りだった床に、畳を敷きつめた室町時代につくられた。

それ以前は寝具として置畳を使用していたので、その枚数やへりの色で身分の差を示していたのだ。

全面畳敷きになると、その誇示が不可能になったので新たな格付け区分として一段高い板張りの床をつくった。それが床の間である。

床の間は悟りを開くための神聖な空間とも考えられていたので、掛軸や花などが飾られ、鑑賞空間でもあった。

当時、鑑賞用の襖絵《ふすまえ》に代わって、神仏を描いた掛軸形式の絵画が中国から流入したため、飾る場所も必要だったのだ。

一段高い場所に設けた床の間が設置された部屋は大切に扱われ、客人はこの大切な場所で眠らせるという風習があった。

この発想は、主君に奉仕するという表向きの生活を重視するという考え方で、茶の間や寝室などという住生活とは、はっきり区別したものである。

このような住宅様式は、富裕層から徐々に一般庶民にも影響を与えていき、住宅改築が進んだ明治後期には床の間は一般化したのである。

国旗の上に必ずある金の玉って何？

国旗が掲げられたとき、シンプルさゆえにかえって目を引く日の丸に気をとられて、つい見落としがちなのが旗竿の最頂部にくっついている金の玉だ。

『古事記』や『日本書紀』によると、神武天皇東征の際、熊野から大和に抜ける山中で神武天皇の持つ旗がついた弓の先に八咫烏《やたがらす》が止まったと言い伝えられていて、金の玉はこの烏を象徴しているとされている。

天照大神から道案内として遣わされたとされる八咫烏とは、熊野の神々の遣いである。『神道集』第二巻「熊野権現の事」に、ある伝承が記されている。『熊野の本地 5』の現代語訳を引用して紹介しよう。

「千代包《ちよかね》という猟師がイノシシを追いかけているうちに道が途絶えてどこへ行くことも出来なくなった。そのとき八咫烏が出てきた。八咫烏が先に立って静かに歩き始めたので猟師が怪しんでついていくと、この鳥は大平野（未詳）という所で色を変え、金色に見えたという。」

のちに、ある人がこのことについて、「金の鳥は太陽である。外典(仏典以外の書籍)にも、『金の鳥は天上に遊ぶ』とあるがそれがこの鳥である」といった。

ちなみに、金の玉の正式名称は「頂華《ちょうげ》」という。今では一般家庭で国旗を飾る風習はほとんどなくなったが、通信販売では「日の丸3点セット」として売られている。

建物を建てる前に行う「地鎮祭」って？

平安京が風水に基づいてつくられた都だというのは、よく知られた話だ。風水では東西南北を霊獣が守っているといわれ、それぞれの霊獣は川、道、池、山などに象徴される。

比叡山にある延暦寺もまた重要で、ここは鬼門を守っている。

鬼門とは丑寅《うしとら》の方向、すなわち北東を指す言葉で、この方位から魔物や邪気が入りやすいと考えられていた。鬼門の位置にお寺を築くことで仏の加護を仰ぎ、魔物の侵入を防ごうとしたわけだ。

こういった鬼門の考え方は、普通の暮らしにも取り入れられてきた。

古くからの農家などでは、敷地のなかに小さな祠が建てられているのを見かけることがある。この祠に祀られているのは屋敷神と呼ばれる神々だ。屋敷神は稲荷神、八幡神、熊野神など、それぞれの家によって異なっている。

ただし、祠が設置されている方位はどこも一緒で、家の北側だ。平安京と同じように、屋敷神の力によって鬼門をガードしてもらっているのである。

ところで鬼門の守護に限らず、家と神様とは深く結びついている。

家やビルなどの建物を建てる前には、たいてい「地鎮祭」を行う。地ならしをした土地に青竹や注連縄を飾り、神職を招いて工事の安全を願う光景は多くの人が目にしたことがあるだろう。

地鎮祭のときには、土地や田畑の守り神である大地主神《おおとこぬしのかみ》や、その土地の神様を祀る。土地に手を加えることの許しを請い、工事が安全に進められるよう力を貸してくださいとお願いするわけだ。いわば神様への最初のあいさつのようなものである。

そして基礎部分ができあがり、棟木《むなぎ》を上げるときに行われるのが「棟上祭」だ。このときには建築にかかわる神々や地域の神様を祀る。ここでは引き続き工事の無事を祈るとともに、完成した建物が長持ちすることも願う。

棟木を固定する曳綱《ひきつな》や槌打《つちうち》の儀式が行われることが特徴で、地域によっては、梁《はり》の上から餅や硬貨をまく風習も見られる。

三本締め、一本締め、一丁締め…どう使い分ける?

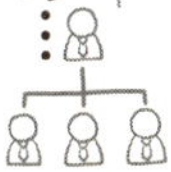

宴会や会合などが終わったとき、「手締め」と呼ばれる拍手を行うことがある。「お手を拝借!」といった掛け声に合わせて何気なくやっていることだが、古くは『古事記』にその由来らしき表現が登場する由緒正しい動作なのだ。

『古事記』のなかに、大国主命《おおくにぬしのみこと》が国譲りを行う際に「柏手を打って国譲りを承諾した」という記述が出てくる。ここでは、承諾の意味を持つ柏手だが、それが転じて「物事をうまくまとめて手を打つ」という手締めになったという説がある。

手締めには、「三本締め」「一本締め」「一丁締め」の3種類がある。

一番正式なものは三本締めで、3回、3回、3回、1回と手を叩くことを3セット行うものだ。これには、3+3+3で9、9+1で、丸になり、「丸く収まりました」という意味があるという。

一本締めは、3回、3回、3回、1回の拍手を1セットだけ行う。宴会の中締めや、会社内での内々の集まりなどで使う少しカジュアルなスタイルだ。

一丁締めは、「いよー、ポン!」と1回だけ打つ簡略化されたやり方だ。この一丁締めのことを一本締めと表現する場合も多く、音頭を取る場合は拍手は3回、3回、3回、1回の10回なのか、1回だけなのかを伝えるとわかりやすいだろう。

結婚式や葬式の「水引」、どう選ぶ?

冠婚葬祭に欠かせないものといえばのし袋だ。結婚式などの〝ハレ〟の日に使うものと、お葬式などの〝ケ〟のときに使うのし袋の大きな違いは水引だが、その色と形にはそれぞれ意味がある。

まず、水引は結び方に特徴があり、大きく「結び切り」か「蝶結び」のふたつに分けられる。

結び切りは結び目が固くほどけないため「二度と繰り返さない」という意味を持つ。したがって結婚や葬儀、お見舞いにはこちらを使う。ちなみに真ん中に輪をふたつつ

水引の種類と意味

結び切り(あわじ結び)	蝶結び
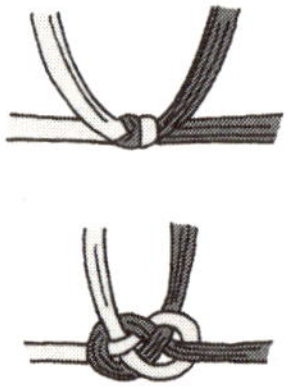	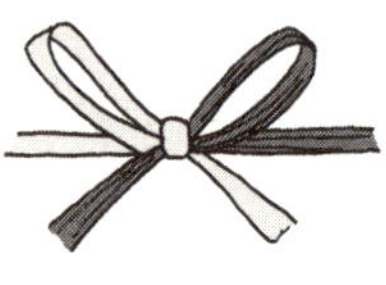
「二度と繰り返すことのないように」との願いが込められている	「何度繰り返してもよい」という意味が込められている
結婚祝い、葬儀、お見舞いなど	結婚以外の慶事

くり、結び目を固くした「あわじ結び」も結び切りの一種である。

色は結婚祝いが紅白か金、香典は白黒や銀になる。お見舞いの場合は紅白でもいいが、抵抗があれば水引は省略してもいい。火事や災害のお見舞いに関しては、水引はつけずに白無地の封筒のみを用意しよう。

一方、蝶結びは結び目が簡単にほどけるため、何度あってもうれしいお祝い事に使われる。たとえば出産祝いや七五三のお祝い、新築祝いなどで、ほかにお中元やお歳暮といった一般的な贈答にも適しており、色は基本的に紅白のみとなる。

地方によって冠婚葬祭の儀式に違いがあるように、水引にも地域ごとの風習があったりもするが、結婚と葬儀に関しては結び切りを選べば間違いはない。

お祝いのお金、2万円だと偶数だからNG?

昔からのしきたりには縁起を担いでいるものが多い。たとえば、祝儀・不祝儀の数字などもそれに当てはまる。

日本では昔から慶事は奇数、弔事には偶数の金額を贈るのが一般的だといわれている。

ところが、なかにはいくつかの例外もある。

たとえば2万円は偶数だが、夫婦一対になぞらえて結婚祝いにはよしとされている。

8万円も同じ偶数ながら、末広がりでしだいに栄えていくことを意味するのでおめでたいとされている。

逆に、奇数でも9万円は「苦」を連想させる忌み嫌われる数字なので、お祝い事にはタブーだ。

ちなみに、友人や知人の結婚披露宴に招待されたら、だいたい2~3万円を包むと相場が決まっている。

ただし、2万円の場合は2で割り切れないように1万円と五千円札2枚を包む地域もある。

関東と関西ではしきたりが違っているほか、北海道の披露宴などは会費制が一般的になっているなど地域によっても相場はさまざまだ。

最終的にいくら包めばいいかは、なるべく地域の知人に確認をとり、それに沿ったほうが無難だろう。

代理で葬儀に参列するときの手順とは?

役職のあるビジネスパーソンほど、常に職場に数珠や香典袋といった弔事の用意をしているものだ。しかし、ときにはやむを得ない理由で上司が参列できず、部下が代理を命じられることがあるかもしれない。

その場合は、上司や会社を代表して行くことになるので、社会人として恥ずかしくないよう振る舞いたいものだ。

参列するのが通夜であれば喪服でなくてもかまわないが、派手なネクタイをしているときは外して地味なものに替えるようにしたい。

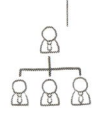

受付では「このたびはご愁傷様です。○○社の△△の代理で参りました」と告げてから、香典と一緒に上司の名刺を渡すと相手にもわかりやすい。

このとき、自分の名刺は求められない限りは渡さなくていい。

芳名帳《ほうめい》には会社の住所と上司の役職・名前を書き、その左側に小さめに「代」あるいは「代理」と書いた上で自分の氏名を書き入れよう。

通夜振る舞いを受けるかどうかは、相手とのつき合いの深さによっても変わってくるので、あらかじめ上司の指示をあおぐべきである。

また、当日いただく香典返しはお金を包んだ上司のものなので、参列の報告をするときに手渡すようにする。

代理で葬儀に参列するときの注意点

香典を渡すとき

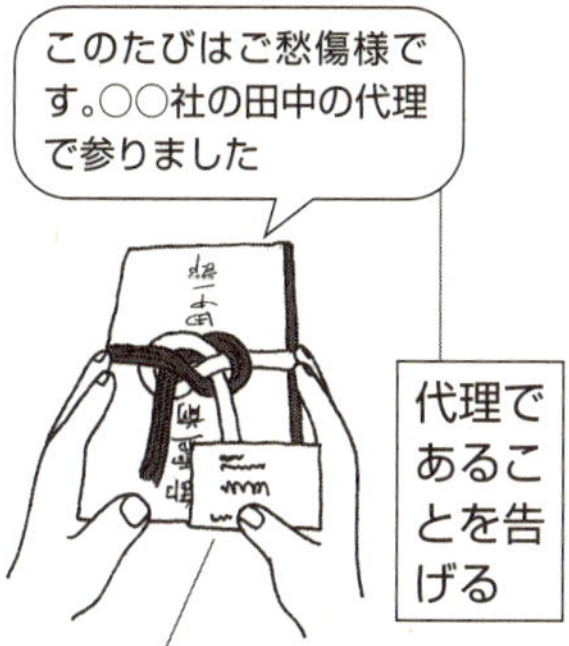
上司の名刺を添えて渡す

芳名帳の書き方

小さく「代理」と書き、その下に自分の名前を書く

結婚式と葬式が重なったらどっちに出席すればいい？

人生には予期せぬ事態がつきものだが、結婚式とお葬式が重なってしまうというハプニングもあるかもしれない。

結婚式はあらかじめ日時が決まっており、いつ行うか連絡があるものだが、当然のことながら訃報《ふほう》はある日突然やってくる。

こんなときはいったいどちらを優先すればいいのだろうか。

原則として慶弔が重なった場合は、一般的に弔事を優先するのが常識である。

ただし、結婚式の場合は、事前に出欠の連絡をしていて、すでに準備がされているので、お葬式の日程がわかったらすぐに新郎か新婦に欠席の連絡をしなくてはならない。

とはいえ、これから結婚というおめでたい式を控える相手にここで正直に理由を話す必要はない。

「やむをえない事情で」とか「仕事の都合でどうしても」というように、やんわりと理由をぼかして伝えるようにしたい。

ただし、これは家族など身近に不幸があった場合の対応であって、それ以外の場合は通夜か告別式どちらかに参列し、間に合うようであれば結婚式にも出席して問題ない。

逆に、身内の結婚式と知人の弔事が重なった場合は慶事を優先し、後日弔問するようにすればいい。

通夜前に故人と対面するときの作法とは？

あまり想像をしたくはないが、親しい人との間にも突然の別れが訪れる日は必ずある。

そんなときは一も二もなく駆けつけるべきだが、もしも遺族から通夜の前に「故人と対面してほしい」といわれたら遠慮せずに受けるのが礼儀だ。

故人と対面するのにも、もちろんマナーはある。

最近では、故人がベッドに寝かされていることもあるが、布団の場合なら次のようになる。

まず、故人の枕元に近づき、正座をしたら両手をついて一礼する。続いて遺族にも一礼する。

次に、故人の顔にかけられた白布を遺族が上げたら対面となるが、このとき両手はひざに置いておく。そうして拝顔したら合掌したのちに、深く一礼する。

そしてそのまま後ろに下がり、最後に遺族に一礼して静かに退席する。

大切なのは冥福を祈る気持ちなので、礼の順序などは多少間違ったところで問題はない。

しかし、ふたつのタブーは覚えておきたい。それはこちらから対面を要求しないことと、自分で白布を上げないことである。

あくまで尊重すべきは遺族の意思であるということだけは肝に銘じておこう。

故人と対面するときのマナー

両手をついて故人に一礼する

遺族に一礼する

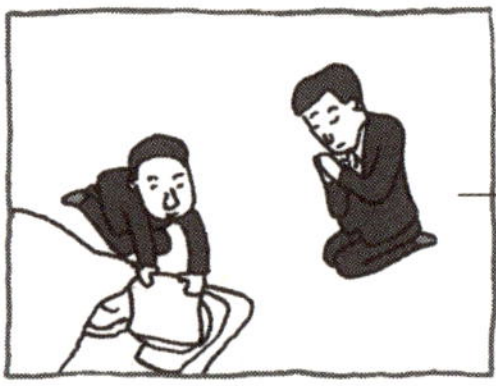

遺族が白布を上げたら拝顔し、合掌してから深く一礼する

もう一度、遺族に一礼して退席する

これはタブー

× 自分から対面を申し出る
× 自ら白布を上げる

絶対いってはいけない お悔やみの言葉って？

悲しい知らせは前触れなく突然訪れるものだ。

親しくしていた人やお世話になった人の訃報を聞いたときは、誰だって動揺するのが当たり前だ。

お通夜やお葬式に参列すれば、さしあたって遺族の人にお悔やみを述べなくてはならないが、いざとなると何をいえばいいのか戸惑ってしまう。

こんなときは無理して饒舌にしゃべろうとしないことだ。「このたびはご愁傷様です。突然のことで……」「なんと申し上げればいいのか……」など、語尾はあいまいなままでいい。

急な知らせで言葉に詰まってしまうのはごく自然なことで、むしろ心からの弔意を表すことになるからだ。

むしろ、こういうときにへたに励まそうとするほうがよくない。

「天寿をまっとうされたのだし、おめでたいと思ったほうがいいですよ」とか「大丈夫！　きっとあなたならひとりでも頑張れる」というような声かけは絶対にタブーである。

相手の気持ちを考えれば、どちらも他人が軽々しくいうべきことではないので絶対に口にしてはならない。

お悔やみは、相手を思うほど言葉少なになるものと心得ておくことだ。

神前結婚式を日本で最初に行ったカップルとは？

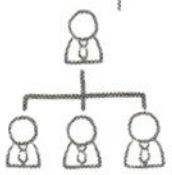

最近では挙式も披露宴も行わずに入籍だけですませる、あるいは友人や親しい人を招いてレストランで食事会をする……といった具合に、結婚式のありようもそれぞれのライフスタイルに変化してきている。

もちろん、挙式を行う人も少なくないが、その場合には教会式か神前式というケースが多いはずだ。ところで、一見すると神前結婚式は古くからの習わしだと思いがちだが、じつは意外に新しい習慣なのである。

近代以前、結婚は私的な行事と考えられていたため、結婚といえば新郎の家に親戚や友人が集まって祝った。江戸時代の末期には神職を招くこともあったらしいが、基本的には媒酌人が仕切る人前結婚式だった。

もっとも人前ではあっても、床の間に伊邪那岐命と伊邪那美命《いざなみのみこと》の名を書いた掛け軸をかけるという風習は昔から行われていた。

神前で結婚式を挙げるというスタイルが初めて一般の人の前に登場したのは、明治34年である。

前年に皇太子（のちの大正天皇）が宮中の賢所《かしこどころ》で皇室初の神前結婚式を挙げて、この様子が日比谷大神宮（現・東京大神宮）で再現され、全国の神社が神前結婚式をアピールするに至ったというわけだ。

神前結婚式ではお祓い、祝詞《のりと》の奏上、玉《たま》串奉奠《ぐしほうてん》などさまざまな儀式が執り行われ、新郎新婦は三三九度の杯を交わす。

三三九度という名のとおり、これは三と九を重視した儀式だ。まず杯が大・中・小と3つあり、お神酒は3回に分けて注がれる。新郎新婦が飲む回数も3回で、これを3つの杯で繰り返す。

つまり、3×3＝9で三三九度になるのである。三三九度は、めでたさをいくつも重ねた祝福の儀式なのだ。ちなみに、三と九にはちゃんと意味がある。

もともと奇数は縁起がいい陽数だとされているのだが、とりわけ三は「天」「地」「人」を表すおめでたい数字だという。そして九は一～九までの陽数のうち最大で、最もおめでたいと尊ばれてきた数字なのだ。

そのため、新しい家族の誕生を祝い、繁栄を願う席で用いられるようになったとみられている。

日本ではなぜ自筆のサインよりもハンコを重視する？

重要な書類には役所に届けた実印が必要なのは日本では当たり前のことだが、世界を見渡すと中国の一部を除いて印鑑を押す習慣がある国は日本だけだ。

外国では自筆のサインが最も重要視されていて、印鑑というものの存在や重要性は、来日した外国人が最初に戸惑うことのひとつである。

自筆のサインは本人にしか書けないが、自分と同じ名前の印鑑が100円ショップに置かれていたりするのは、かなり危険なことに思えるのだそうだ。

たしかに、どう考えてもサインに比べて安全性の劣る印鑑にこだわるのは、日本には「印鑑文化」が残っているせいだ。

印鑑の起源は、約5500年前のメソポタミア地方にある。当時はまだ紙などなかったので、石などに絵や文字を刻んで使っていた。

やがてそれが中国を経由して日本に入り、大化の改新以後、捺印のある文書に権威が生じて印そのものが重んじられるようになったのだ。

やがて、文化の発展とともに武士、文人、僧侶なども印鑑を持つようになり、江戸時代になると庶民にも浸透する。

そして明治6年（1873年）、太政官《だじょうかん》布告《ふこく》よって印鑑は日本人の社会生活に定着したのだ。

北枕・北玄関を嫌うのは日本だけ？

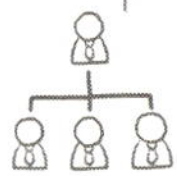

昔から日本では「北枕で寝てはいけない」といわれている。これは、お通夜のときに遺体を北枕で寝かせるために縁起が悪いという発想からきた迷信だ。

しかし遺体を北枕で寝かせるのは、お釈《しゃ》迦《か》様が涅槃《ねはん》に入ったとき、つまり亡くなる際に頭を北側に向けてふせったのにあやかっている。

「故人も極楽浄土に行けますように」という願いをこめて行っていることで、むしろ縁起のいい方角といえるかもしれない。

ところが、北枕にこだわっているのは日

本人だけで、風水の本場である中国では、北枕は「頭寒足熱」といって健康に良いとされ奨励しているくらいである。

なるほどこれは理にかなっている。のぼせるとよくない頭を北側で冷やし、冷えると血液の循環が悪くなる足を温かい南側に向けるというわけだ。

同様に、北玄関を忌み嫌うのも日本だけだという。

日本で家相といえば「鬼門」がすぐに思い浮かぶ。もっとも鬼門には北東の表鬼門と南西の裏鬼門があり、北側＝鬼門というわけでもない。

鬼門の方位はもともと中国から伝わったものだが、そういった吉凶の問題を解消するために中国では風水学が盛んになったのだ。

マイ箸、マイ茶碗…があるのは日本人だけって本当？

日本には昔から「夫婦茶碗」というものが存在する。ひとまわり大きいのがお父さん用で少し小ぶりなのがお母さん用というように、その食器を使う人はあらかじめ決まっているのが普通だ。

このように毎日使う箸やご飯茶碗、湯飲み茶碗などは、たいてい自分専用の食器が決まっている場合が多く、たとえ家族であっても他の人に自分専用の食器を使われるとあまりいい気分はしないものである。

しかし、この個人専用の食器にこだわる習慣は世界でも珍しく、日本以外ではあまりみられないという。その思い入れの強さはどこからきているのだろうか。

古くは奈良時代にさかのぼる。平城京跡から出土した土器には、裏にその使用者が明記されたものや「他人は使わないように」という注意書きがされた器があることから、すでに個人専用の食器を使っていたとされている。

また、床に直に座って食事をする文化だったため、椅子やテーブルを持たなかったが、そのかわりに持ち運びが可能な「お膳」が食卓テーブルの役割を果たしてきた。

そしてこの「お膳」の上に、ご飯やおかず、汁物などがそれぞれの食器に盛りつけられる。

ここから、おのずと自分専用の箸や食器を使うという習慣が生まれたのだ。

日本人がお辞儀をせずにいられないのはなぜ？

外国人が日本人の真似をするときによくやるのが、お辞儀だ。

たしかに日本人はよくお辞儀をする。きちんとした挨拶のときはもちろん、とくに親しくない相手でも丁寧に頭を下げて相手への敬意を示す。

なかには、握手をしながらお辞儀をする人がいる。「丁寧すぎて、かえって奇妙だ」と受け取る外国人もいるようだが、日本人にとっては、それほど不自然ではない。

そもそも日本人がお辞儀をするようになったのは、６４５年の大化の改新の頃からでかなり古い習慣だ。

お辞儀はもともと中国の立礼という挨拶を真似たもので、相手に「攻撃の意思はありませんよ」ということを伝えるうえで、頭を下げるという行為は都合がよかった。そこで、お辞儀が取り入れられたといわれている。

それまでの日本人は、挨拶のときに土下座をしていた。特に下々の者が身分の高い者にする挨拶として土下座が一般的だった。

土下座に慣れていたためか、最初はなかなかお辞儀の習慣が広まらなかった。天武天皇がわざわざ「立礼に統一する」というおふれを出したほどだ。

これほど古くからある習慣なのだから、何かにつけて頭を下げるのも無理はないのかもしれない。

欧米では目上から、日本では目下の人から紹介する？

郷に入れば郷に従え、というが、我が国と欧米とのビジネス環境には思いがけぬ違いがある。国際化を果たしたとはいえ、まだまだ戸惑う日本人は多いようだ。

日本のビジネスマナーの指南書ばかりを頭や体に叩き込んできた人は、驚くような場面にも遭遇することになる。

けれども世界中どこへ行こうが、まずは初対面の挨拶から始まるのだから、最初の印象さえきちんとしておけば、その先は何とかなるはずだ。

初対面で挨拶するとき、日本では目下の

ほうから紹介するのが通例だが、欧米では目上のほうから紹介するのが常識だ。

そもそもなぜ日本では目下から紹介するのか。これは、昔の日本の挨拶の形式がそのまま残っているためである。

昔は格式ある家を訪問すると、最初に一番格下の取次ぎという者が出てきて、次に門番、玄関番、諸大夫という使用人、さらに側近の奉仕者が続き、最後にようやく家の主が出てくるという仕組みだった。

つまり、下の者からすぐ上の者へと順に名前を告げていくということが、日常生活の中にも当たり前のように取り入れられていたのだ。

日本でも最近では欧米式の挨拶になってきているが、たとえば芝居の出演者紹介名簿や相撲の取り組み表は、格上になるほど最後に書くようになっている。

このことからもわかるように、いまだにその名残はあらゆる場面で多く見られるのである。

欧米の一般的な挨拶方法である握手は、自分の素手を相手に見せることによって武器を所持していない、つまり「あなたに害を与えません」という表現であり、目上の者から積極的にコミュニケーションをとろうとする意思の現われなのだ。

ちなみに、名刺を重要視するのも日本人だけで、欧米人は細かな肩書きなどあまり気にしない。

あくまでも便宜上の物として扱うので、日本人のように大切に扱われることも少ない。放り投げるように渡す人もいるくらいなのである。

日本人ならではのコーヒーカップのおもてなしって？

喫茶店などで「お待たせしました」と運ばれてきたコーヒー。ウエイトレスがカップの取っ手をわざわざ左側にしてくれると、店員教育の行き届いた店だなという気がする。なんとなく気持ちのいいものだ。

気持ちの問題だけではない。じつは「コーヒーカップの取っ手を左側にする」というのは日本で生まれたひとつの作法で、正式なマナーなのだ。

その元になったのは茶道である。茶道では客に茶碗を出すとき、茶碗の正面を客に向ける。客は茶碗をぐるりと半回転させ、正面が相手側を向くようにして飲む。「茶碗を回す」というのが正式な茶道の作法なのだ。

日本で明治時代にコーヒーを飲む習慣が根づいたとき、これを元にしてコーヒーのマナーが考え出された。右利きの人は右手でカップを持つのが自然である。だから、取っ手を左側にして出されたカップを、右手で半回転させ、そのまま右手で持って飲む、というのが作法とされたのだ。

ちなみに、スプーンは右側に持つほうを向けて置く。右手でスプーンを持つ人が多いからだ。

ただし最近では、取っ手は右側を向ける、とするマナーもある。そのほうがすぐに持てるからだ。マナーも時代とともに変化しているのである。

常識その4

食

紅茶はソーサーごと
持って飲むべき？

「ライスはフォークの背にのせる」は本当に正しい？

洋食を前にして、右手にナイフ、左手にフォークを持つのは基本だが、ライスを食べるときにフォークの背にライスを乗せて口に運ぶ人がいる。

それが正式な洋食のマナーだと信じている人が少なくないが、じつは誤り。こんな面倒な食べ方をするのは日本人だけなのだ。

日本人が洋食に接するようになったのは明治時代になってからだが、テーブルマナーも同じ時期に入ってきた。

当然、フォークは背を上に向けて持つと学んだはずで、肉や魚を切るときはたしかにそのほうが便利だ。

では、ライスを食べるときはどうだろうか。フォークの腹のほうに乗せたほうが食べやすいのはちょっと考えればわかることだが、しかし日本人の生真面目さゆえか、フォークをひっくり返すなどマナーに反するとされた。そこで「フォークの背にライスを乗せて口に運ぶ」という奇妙な流儀が生まれたといわれている。

しかし本来、正式なマナーが要求される正式な洋食にはライスは出てこない。だから、正式なライスの食べ方というものは世界中どこにいっても存在しないのだ。

つまり、フォークの背にライスを乗せる食べ方は、正式なテーブルマナーにとらわれた日本人が苦しまぎれに考え出した、誤ったマナーなのだ。

そもそも食事中、箸をどこに置けばいい？

何人かのグループで居酒屋に行くと、みんなで注文した料理を取り皿に取り分けて食べるのが普通だ。

食べて飲んで、しゃべって、また食べて……。そうしている途中に何度も箸を置くことになるが、このとき箸はどこに置いているだろうか。

無意識のうちに取り皿の上に置いているという人が多いのではないだろうか。

じつは、これは宴席では問題ないが、懐石料理などのようなきちんとした席では、「渡し箸」というマナー違反になる。

まず、食器の上に箸を置くと汚れた箸先を人に見せることになる。

また、料理の上を箸がまたぐという意味でも不作法といわれる。

とはいえ、酒の席では例外とされているので、みんなでワイワイ楽しむ居酒屋などでは、この渡し箸に関してはそこまで気を遣うこともない。

ただし、箸を手に持ったまま人のほうを指したり、「そうそう！」などといいながら箸を振り回したりするのは、たとえ無礼講な席でもやってはならない行為だ。

また、箸を取り皿の上に置くにしても、箸先を向かい側の人の方に向けるのは、相手にとってあまり気持ちのいいものではない。なるべく自分の体の向きと平行になるように横に向けて置くことを心がけたい。

和食でのマナー違反「袖越し」って何？

温泉旅館などに泊まったときの楽しみといえば、やはり豪華な夕食だ。テーブルに美しく並べられた料理の数々は、見るだけで心が躍るものだ。

小鉢や刺身、煮物、焼き物などがずらりと並んでいると、つい好きな料理から食べたくなるが、和食は左にある料理から箸をつけるのがマナーだ。

そのため、料理の味も左側から右側に向かって、徐々に味が濃くなるように配膳されているのである。

また、和食には「袖越し」というマナー違反がある。

これは、たとえば右側にある器に左手を伸ばしたり、逆に右手で左側の料理を取るという動作だ。こうして腕を伸ばすことは、料理の上を腕がまたぐことになるので、不作法な行為だとされている。

右側にある器は右手で、左にある器は左手で取るのが正解なのだ。

夕食の前に温泉に入り、浴衣を着ているときに腕をクロスさせるのは見苦しいので、とくに気をつけたい。

また、空間を妨げるという意味では先述したように、料理の器に箸を渡して置くのもマナー違反だ。

とにかく、料理で美しく整えられた空間を汚さないように気をつければ、悪い印象を与えることはない。

汁物を食べるとき、箸はどうすればいい？

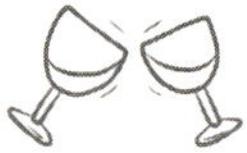

定食や和食のセットメニューには、味噌汁や澄まし汁などの汁物がついてくる。

サブ的な料理なのでなんとなく最後まで残ってしまい、最後に一気に片づけるという人もいるだろう。

だが、一品だけを集中して食べる、いわゆる〝ばっかり食べ〟は和食の作法に反している。

和食はごはんとおかず、ごはんと汁物など、2品の味のハーモニーを楽しむのが基本だ。だから、あれこれバランスよく食べるように心がけたい。

また、汁物を食べるときに、箸を持った手をテーブルに置いたままにして飲み物でも飲むように流し込む人がいるが、これも作法としては失格だ。

汁物をいただく際は、箸先は椀のなかに入れておき、箸先はできるだけ人に見せないようにするのがマナーだからだ。

ちなみに、汁を飲むときには箸で具を押さえるといい。

くれぐれも大きな具を汁と一緒に口に流し込んだり、具をすすったりしないように注意したい。

また、椀にふたがついていたら、外したふたは椀のそばに持ち手を下にして置き、食べ終わったらふたを戻す。

ふたの裏側についている水滴は、椀のなかに落とすようにするといい。

紅茶はソーサーごと持って飲むべき？

湯飲み茶わんを持つときは、利き手で茶碗を持ち上げて、もう一方の指をそろえて底に添える――。

和のシーンではこれが美しい所作だが、コーヒーカップやティーカップを持つときに、同じようにして片手をカップの底に添えるのはマナーとして誤りだ。

コーヒーカップやティーカップは片手で持つのが正しく、さらに持ち手を親指と人差し指、中指でつまんで持ち上げるのが品の良い持ち方とされる。いくら安定するからといって、カップの持ち手に指を通して握るように持つのは美しくないのだ。

また、映画やドラマなどを観ていると、ティーカップを口元に持っていくときに、一緒にソーサーを持ちあげるシーンを見かけることがある。

このようにソーサーをカップに添えて持つのは、ソファーの席などに座っていて、テーブルと口元に距離がある場合だけだ。

ダイニングテーブルのように高さのあるテーブルに置いてある場合は、ソーサーは持ち上げない。

もちろん、これらはフォーマルな席でのカップの扱い方であって、カジュアルな席やアウトドアではここまで気を使う必要はない。両手で大きなマグカップを持ち上げても、持ち手に指を通しても、けっしてマナー違反ではないのだ。

小さなバッグならテーブルの上に置いてもいい？

カフェやレストランでよく見かけるのが、持っていたバッグを平気でテーブルの上に置く光景だ。

だが、バッグをテーブルの上に置くのはタブーである。

というのは、テーブルは飲食をする場所だからだ。床に置くこともあるバッグをテーブルに乗せるのは衛生面でも不潔なのである。それがどんなに小さくても、おしゃれなバッグでも周囲は快く思わないのだ。

では、どこに置くかといえば、バッグは右の足元に置くのがマナーである。

どうして右側かといえば、レストランなどでの食事のサービスは基本的に左側から行われるからだ。左側にバッグを置いてしまうと、給仕をする人の邪魔になってしまうのである。

床に置くのに抵抗ある人は、空いている椅子があればその上に置かせてもらってもいいし、イスの下に専用の籠がある場合もある。また、テーブルにバッグを吊るすためのフックも市販されているからそれを持参してもいいだろう。

ビジネスシーンでも打ち合わせをするテーブルにカバンを置いてしまいがちだが、これもやはりNGだ。テーブルの上に置いたほうが資料やノートパソコンなどを取り出しやすいと思うだろうが、それもマナー違反に変わりはないのだ。

土瓶蒸しを品よくおいしく食べるには？

マツタケの土瓶蒸しといえば、秋限定の季節料理だ。

普段から食べ慣れているものではないので、どうやって食べればいいのか戸惑うこともあるだろう。

土瓶蒸しは、マツタケや野菜を入れた土瓶のなかに出汁を張って、土瓶ごと蒸し上げたもので、主役であるマツタケの味と香りが移った出汁を楽しむ料理といえる。

食べ方に厳格なルールがあるわけではないが、品よく、そして楽しく味わえる手順があるので、覚えておくといざというときに困らない。

まず、土瓶蒸しが出てきたら、おちょこに出汁を注いで香りを十分に楽しんでから味わってみる。

そうしてから、土瓶のなかのマツタケや野菜などの具を箸でつまみあげ、おちょこに取ってから食べるといいだろう。

さらに、おちょこに出汁を入れて、今度はスダチを少し絞ってまた違った味と香りを楽しむ。好みで、スダチは直接土瓶に絞ってもかまわない。

このように、基本的に「出汁を飲む」と「具を食べる」を交互に繰り返すだけである。

すべて食べ終わったら、エビのしっぽや絞ったあとのスダチなどを土瓶のなかに入れ、土瓶のふたをしておちょこを元通りにかぶせておくといい。

花のように盛りつけられたフグ刺し、どこから食べる？

「フグ刺し」や「てっさ」ともいわれるフグの刺身は、ほかの刺身と違い、身が透き通るくらいの薄造りにされる。

これは、繊維質な身にかなりの弾力があるからで、厚く切ってしまうと噛み切るのが大変だからだ。

その白い身は専用の包丁で薄く引き、大皿に一枚一枚並べられていく。

すると、まるで大輪の花を描いたようになり、あまりの美しさにどこから箸をつけていいのか迷ってしまうほどだ。

なかには、大胆にも皿の端と中央に縦に箸を差し入れて、そのまま一度に何枚もすくって食べる人もいるが、フグ刺は中心部分から手をつけるのが正解だ。

じつは、刺身や天ぷらのように、繊細に盛りつけられた料理は、できるだけその盛りつけを崩さないこともマナーのひとつだ。

そこで、料理人が最後に盛りつけた部分から逆の手順で食べていく。こうすると、料理が皿の上で無残な姿になることがないのだ。

フグの刺身の場合は、皿の縁から円を描きながら中心に向かって盛りつけられるため、中央の部分から食べるのである。

そして、一度に取るのは2～3枚くらいにしたい。これを取り皿に取り、ネギをまいてポン酢につけると、おいしく品よく食べることができる。

「ちゃんちゃん焼き」の「ちゃん」って？

北海道ご自慢の味覚といえば鮭。その鮭と野菜を鉄板で焼き、味噌やバターで味つけしたものを「ちゃんちゃん焼き」という。

元は漁師料理といわれており、ホットプレートや鉄板があれば簡単につくれることから、最近では家庭だけでなく、アウトドア料理としてもおなじみだ。

ところで、この「ちゃんちゃん」とはいったい何のことなのだろうか。

「ちゃちゃっとすぐに焼ける」「鮭の焼ける音がちゃんちゃんと聞こえる」「漁師が料理をするときに身につけていたのがちゃんちゃんこ」、あるいは「アイヌ語で混ぜるという意味がある」など、さまざまな説がある。

結論からいうと明確な答えはないのだが、もっともポピュラーなのは「ちゃん（お父さん）が料理するから」というもの。じつはこれとよく似た語源を持つ料理があるのだが、おわかりになるだろうか。

正解は「ちゃんこ鍋」。こちらは父ともいうべき師匠（ちゃん）が弟子（子）と食べるから「ちゃんこ」になった。ただし、やはり名前の由来は諸説あって、真相は謎のままらしい。

最近では鮭だけでなく、ホッケなどの魚類やラム肉などを鉄板で野菜と一緒に炒めればなんでも「ちゃんちゃん焼き」と呼ぶようになってきている。

「男爵いも」の「男爵」ってどこの誰？

「男爵いも」は、ポテトサラダやコロッケ、あるいは丸ごとふかしても美味しい、じゃがいものエース的存在だ。

ところで、改めて考えてみると男爵いもとはずいぶんと気高い名前だが、どうしてこんな名前がつけられているのだろうか。

じつは、この男爵とは「川田龍吉男爵」のことなのである。

龍吉は江戸時代に土佐藩士・川田小一郎の長男として生まれ、のちに函館ドック会社の専務取締役として活躍、北海道にやってきてからは仕事のかたわら現在の七飯《ななえ》町《ちょう》に農場を開いた。

彼は若い頃にスコットランドでの留学経験があり、そこで出会ったじゃがいも（当時は馬鈴薯《ばれいしょ》と呼ばれていた）を生産すべくさまざまな品種を試作している。そして、アメリカから輸入したアイリッシュ・コブラーという品種が、病害に強く北海道の自然条件に適していることを発見した。

それまで不作だった北海道のじゃがいも栽培は、これ以降どんどん活気づき、北海道を代表する農作物になっていく。そして、その功労者である龍吉にちなみ「男爵いも」と呼ばれるようになったのだ。

もうひとつの代表品種「メークイン」が本格的に流通しだしたのは戦後で、現在では「きたあかり」や「北海こがね」といった北海道産の新種も注目されている。

「鮭とば」って何？

北海道の味覚のひとつに「鮭とば」がある。鮭を干したもので「鮭冬葉」と書いたりもする。身はカチカチに硬いが、そのまま食べてもいいし、軽く火で炙《あぶ》って脂が出てきたところをいただくのもいい。

好きな人にとってはなんともたまらない味だそうで、道内だけでなく日本全国、とくに酒飲みにはファンが多いようだ。

北海道の文化に欠かせないのは先住民族のアイヌの存在だが、鮭とばも、もともとそのアイヌにルーツがある。

鮭は熊や鹿と同様に彼らの主食で、単に食べるだけでなく、皮を靴や衣類に活用したりできる貴重な生活の糧のひとつだ。もちろん、厳しい冬を乗り切る重要な保存食でもある。作り方は秋に川に戻ってきた鮭を確保し、日干しするだけだ。

鮭とばという名前の由来にもいくつか説があり、そのひとつが「とば＝群れ」というアイヌ語からきたというもの。

ちなみに鮭は、アイヌ語で「カムイチェップ」と呼ばれ、「神魚」を意味する。鮭冬葉という漢字があてられたのは、細長く切った鮭を冬場に干している様子が葉のように見えるという理由からだ。

他にもアイヌにルーツがあるとされる鮭料理はいくつかあり、腎臓を塩蔵した「メフン」や、刺身を半冷凍のまま食べる「ルイベ」などが有名だ。

「南部せんべい」はなんで鉄で焼かれるようになった？

一般にせんべいといえば原料は米だ。だが、なかには小麦を使った〝小麦粉せんべい〟も多く存在する。なかでも、代表的なのが岩手の名産「南部せんべい」だ。

つくり方は何通りかあるが、一般的なのは小麦粉と塩と膨らし粉のみでつくるもので、それにゴマやピーナッツを入れ、南部鉄でつくった型で焼き上げる。その際に生地がはみ出すため、薄くパリパリとした〝みみ〟ができるのが特徴だ。

じつはこの南部せんべい、誕生のきっかけは14世紀後半に長慶《ちょうけい》天皇が陸奥《むつ》の国を訪れたときに始まる。

このとき腹を空かせた天皇を見かねて、家臣の赤松という者が、近くの民家からそば粉と米を手に入れてきた。

それを赤松が鉄のかぶとを使って、せんべいのように焼いて差し出したところ、長慶天皇はたいそう気に入られたという。

その後、領民たちの間では食事やおやつ代わりにつくられるようになり、南部藩では野戦食として重宝された。

そして、明治時代になると原料が小麦粉に変わり、現在に至るのである。

ちなみに、旧南部藩のあった青森県の八戸市には、肉や野菜などでとっただし汁に割った南部せんべいを入れて食べる「せんべい汁」という料理が存在する。

これはこれで、人気のアレンジメニューなのである。

「きりたんぽ」の「たんぽ」とはいったい何？

お国柄がよく出る料理に鍋がある。材料さえ揃えば自宅でも簡単にできるとあって、郷土色豊かな鍋を冬の食卓の楽しみにしている家庭も多いことだろう。なかでも人気の鍋といえば「きりたんぽ」だ。

ご存じのように秋田の郷土料理で、すりつぶして少し粘り気が出たご飯を杉の木や竹に塗り丸めて、炭火で焦げ目がつくまで焼く。それを鶏でとった出汁の鍋に入れ、セリやキノコなどと一緒に味わうのだ。

このきりたんぽが生まれたのは秋田県の鹿角《かづの》という地域である。

伝承によれば、かつて鹿角の山中でさまよった南部藩の藩主がマタギにご馳走になったのが、木の串に塗り丸められて焼かれたご飯だったという。マタギとは、古くから北の山岳地帯で狩猟で生活をしてきた集団のことである。

そして、そのご飯から木の串を抜いた形がたんぽ槍(布で包んだ稽古用の槍のこと)に似ていたことから藩主が「たんぽ」と命名し、食べるときにはそれをひと口大に切ったことから「きりたんぽ」と呼ばれるようになったという。

マタギが殿様に出した食事が、今や秋田を代表する名物料理となったわけだが、カレーや味噌汁同様、きりたんぽは鹿角周辺の人々にとって各家庭で味が異なる「おふくろの味」なのである。

稲庭うどんはなぜ「幻のうどん」と呼ばれる?

同じ名物うどんなのに讃岐《さぬき》に比べるとやや地味な感もあるものの、人によっては一度食べたらヤミツキになるのが秋田県湯沢市の名物「稲庭うどん」である。

だが、稲庭うどんはしばしば〝幻のうどん〟ともいわれるのだ。別に生産中止になったわけでもないのに、なぜなのだろうか。

稲庭うどんが誕生したのは江戸時代初期のこと。湯沢市の稲庭小沢という地区に住む佐藤市兵衛が、地元の小麦を使って干したうどんなどの麺類をつくっていたことに始まる。やがて、その技術を佐藤吉佐衛門

（のちに稲庭姓に改名）が受け継ぎ、試行錯誤の末に現在の稲庭うどんの原型を完成させたのである。

しかし、残念ながらこのうどんは庶民が気安く食べられるものではなかった。というのも、1752年には南部藩主に献上する「御用うどん」に命ぜられたからである。

しかも当時の製法といえば、一子相伝の門外不出だった。誕生から300年以上経った今でも、生地の練りから干すところまですべて手作業でつくられているのである。

近年、稲庭うどんを製造する店は増えたが、現在16代目吉左衛門が後を継いでいる稲庭家のそれは、昔ながらの製法を守っているためほとんど市場に出回ることはない。〝幻のうどん〟と呼ばれるのは、そうした希少性ゆえのことなのである。

「だだちゃ豆」の「だだちゃ」ってどんな意味？

夏になると、ビールといっしょにつまみたくなるのが枝豆だ。茹でたてにパパッと塩をふり、口に含めば緑の鞘からプリッとした豆が飛び出してくる。ビール党のサラリーマンのみならず、万人に人気の食材だ。なかでも近頃、スーパーや居酒屋などでよく見かけるのが「だだちゃ豆」だ。山形県鶴岡市の名産品である。

だだちゃ豆とは枝豆の品種のひとつで、江戸時代から鶴岡周辺でつくられてきたもの。通常の枝豆はひとつの鞘に3粒入っているが、だだちゃ豆は基本的に2粒入りで

ある。鞘を覆う産毛が茶色なのも特徴的で、味は濃く、甘みも強い。

そして、何よりも珍しいのは「だだちゃ」という名前だ。じつは、地元の方言で「お父さん」という意味なのである。

きっかけは江戸時代、枝豆好きだった鶴岡の殿様が、毎日献上される枝豆に「どこのだだちゃ（農家の主人のこと）の枝豆か？」とたずねたことから。

以来、この界隈でつくられる枝豆は「だだちゃ豆」と呼ばれるようになったというのである。

この変わった名前のおかげで昨今、知名度は急上昇している。生産量はさほど多くないために市場に出回る数は限られるが、それがいっそうブランド枝豆としての価値を押し上げているのだろう。

「佐藤錦」は砂糖と佐藤さんをかけた名前って本当？

贈答品としても有名な山形の高級さくらんぼ「佐藤錦」。

まるでルビーのように艶やかな赤色で、ひとくち含めばジューシーな果汁が口いっぱいに広がる。

しかし、そのお値段はひと粒ウン百円、高いものだと1000円を越す。そのため、収穫期になると出没する〝さくらんぼ泥棒〟の対策に生産農家が頭を悩ませているというニュースもちょくちょく聞こえてくるほどだ。

佐藤錦のふるさとは山形県の東根《ひがしね》市だ。

県の中央部にあり、桃やぶどうなどの名産地としても知られる〝果樹王国〟である。

佐藤錦の佐藤というのは、もちろん人名で、開発者の佐藤栄助の名からとられている。

おいしさの秘訣は、乱川扇状地《みだれがわせんじょうち》と呼ばれる水はけの良い地形もおおいに関係しているが、なんといっても手間を惜しまずに丹念に育て上げた栄助の努力抜きには語れない。

栄助は研究に10年を越す歳月をかけ、日持ちが悪く地方への出荷が難しいといわれたさくらんぼづくりに挑み、黄玉とナポレオンの2種の交配で、昭和3年に佐藤錦を完成させている。

じつは佐藤錦の名前には、そんな彼の人柄がしのばれるエピソードがある。

本来、栄助は完成させたさくらんぼに「出羽錦」と命名するつもりだった。

だが、共同開発者であり、彼の努力する姿を間近でずっと見てきた苗木商の友人・岡田東作が、「砂糖のように甘いという意味にも引っ掛けて、佐藤という生みの親の名を入れるべきだ」と提案したのだ。

難色を示す本人を説き伏せ、とうとう「佐藤錦」という名で売りはじめたというのである。

山形の旧国名である〝出羽〟というネーミングも、なかなかのセンスではある。だが、今となってはあの宝石のような果実は「佐藤錦」という名前以外は考えられない。

それほど、この果物はみちのくの初夏の風物詩として定着しているのである。

「水戸納豆」はほかの納豆よりなぜ小粒？

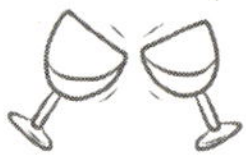

骨粗鬆症やがんの予防に効果のあるイソフラボンが大量に含まれていることから、注目されているのが納豆だ。これを特産品としているのが茨城県の水戸市である。

ところで、この水戸の納豆は他の県の納豆と比べて小粒である。それゆえ、しょう油を入れて混ぜるときにもかき回しやすく、ごはんにかけても食べやすい。

水戸の納豆は消費者の心をつかむために、はじめからこれを狙って大豆の粒を小さくしていたのだろうか。

じつは、意外にも水戸の納豆が小粒なのは天候と関係しているのである。

茨城県では古くから大豆の生産が行われていたが、夏になると毎年のように台風に襲われて那珂川《なかがわ》などの河川が氾濫し、収穫期を目前に甚大な被害が出ていた。

そこで、種を蒔《ま》いてから3カ月程度で実る早生《わせ》の「小粒大豆」を育て、台風が襲来する前に収穫するようにしたのである。そのまま食べると味は大粒の大豆よりも劣ったが、納豆に加工すると小粒のほうが格段においしかった。

ちなみに、水戸の納豆は、納豆売りの女性が一軒ずつ家を回るなどして売り歩くスタイルが一般的だった。しかし重労働だったため、多くの人が集まる駅前広場で販売したところ大当たりし、やがて駅の構内でも売られるようになったという。

冬の味覚「アンコウ」の七つ道具って何?

食通に人気のある冬の味覚のひとつに茨城県の「アンコウ鍋」がある。

新鮮なアンコウを旬の野菜とともに味噌仕立てのだし汁で食べる鍋料理で、脂肪分の多いまったりとした濃厚な味は格別である。それゆえ「東のアンコウ、西のフグ」とさえいわれている。

この魚は水深100メートル前後の深海の海底に生息する深海魚で、その捕獲方法は漁船の底引き網にたまたまかかるのを待つしかない。ただし、いったん網にかかればフグのように毒を持っていないため、余すところなくすべてを食べ尽くすことができる。

鍋料理ではアンコウの「7つ道具」を入れるという。7つ道具とは〝一揃い〟のことで、そもそもは武士に必要な鎧、太刀、弓、矢など基本的な装備一式のことを指しているが、アンコウのそれは何かというと、身、皮、肝臓、ヒレ、エラ、卵巣、胃袋のことを指している。まな板の上にこれらを並べてみればわかるが、そこにはアンコウの大半の部分が含まれており、ほとんど捨てるところがないのである。

茨城県産のアンコウは太平洋の荒波にもまれているためか、国産のなかでもことに人気があり、冬ともなればその鍋料理に舌鼓を打とうと全国から多くの観光客が訪れている。

なぜ銚子で「醤油」づくりが盛んになった？

日本の食卓に欠かせない調味料のひとつである醤油。

その醤油の醸造で有名なところといえば、千葉県銚子市である。大手醤油メーカーのヒゲタ醤油やヤマサ醤油の工場もこの銚子市にある。

醤油の発祥は、一説によると鎌倉時代の紀州（現在の和歌山県と三重県南部）だといわれている。

しかも、江戸時代の初期にはほとんどの醤油が関西からの「下りもの」だったという。下りものというのは、上方で生産されて江戸へ輸送され、消費されるもののことである。

それなのに、なぜ遠い関東の、それも銚子で醤油づくりが盛んになったのだろうか。

銚子の醤油醸造の歴史は古く、銚子ではじめて醤油がつくられたのは「大坂夏の陣」の翌年の1616年からだ。

銚子の有力者だった田中玄蕃《げんば》が西の宮の真宜九郎右衛門《さなぎくろうえもん》という人にすすめられ、関東では初となる醤油の醸造を始めた。

続いて1700年になると、紀州から濱口儀兵衛がやって来て、醤油づくりを始める。

この両家がのちのヒゲタ醤油とヤマサ醤油になるのだが、ふたつの家を中心として銚子に醤油の醸造が広がっていったのである。

そして何より、そもそも銚子の気候風土

は醤油づくりが盛んになる条件を満たしていた。

太平洋に面した銚子は、沖合いに黒潮が流れていて比較的温暖で多湿な海洋性気候の土地柄だ。

この気候が麹菌や酵母が繁殖するのに合っていて、おいしい醤油をつくるのに最適だったのである。

そのうえ、銚子は利根川と江戸川という2つの水路に恵まれている。

水運を利用して関東平野から大豆や小麦などの物資を大量に運び入れることができるうえ、醸造した醤油を江戸に運搬することができたのだ。

こうした地理的好条件のなかで銚子は醤油の町として発展していき、今に至っているというわけだ。

浅草で海苔が名物になったのはなぜ？

浅草の名物といえば雷おこしや人形焼きなどいろいろあるが、そのなかのひとつが「浅草海苔」だ。昔から海苔といえば江戸前浅草海苔といわれるほど、江戸の名物として知られている海苔である。

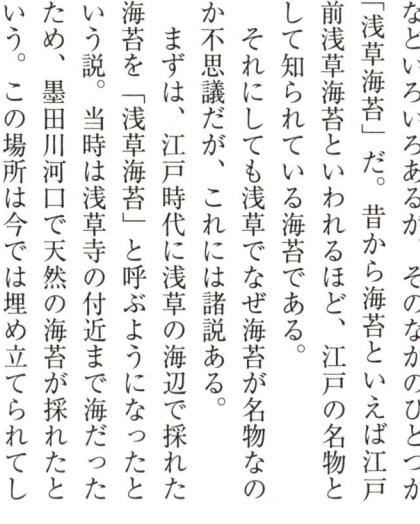

それにしても浅草でなぜ海苔が名物なのか不思議だが、これには諸説ある。

まずは、江戸時代に浅草の海辺で採れた海苔を「浅草海苔」と呼ぶようになったという説。当時は浅草寺の付近まで海だったため、墨田川河口で天然の海苔が採れたという。この場所は今では埋め立てられてしまったが、浅草海苔という名称だけは残ったというのだ。

また、徳川家康が江戸幕府を開いて以降、隅田川河口にある浅草は物資の集散地として栄えていたため、浅草寺の門前市にも多くの人が集まり、そこで売られていた海苔が評判となって浅草海苔という名前になったという説もある。

ただし、かつての浅草海苔は品種名もアサクサノリという海藻でつくられていた。これは1960年代まで全国各地に分布し養殖されていたもので、今では収穫量が減り、環境省の絶滅危惧種にも指定されている稀少な海苔の品種だ。

現在では収穫量の多いスサビノリでつくられているが、品種名になっているくらい浅草と浅草海苔は深いつながりがあるのだ。

べったら漬けの「べったら」って何?

東京の日本橋小伝馬町で毎年10月19日に立つのが「べったら市」だ。これはその名前からもわかるように「べったら漬け」を売る市のことで、江戸時代から続く東京の名物市のひとつである。

漬物を売る屋台からは「べったら、べったら」と威勢のいいかけ声があがり、市は大勢の人で賑わうのだ。

ところで、この市の主役ともいえるべったら漬け。べったらとは不思議な名前だがいったいなんのことなのだろうか。答えは、「麹で漬けたダイコン」のことだ。

べったら漬けとは、塩で浅漬けにしたダイコンを米麹で本漬けにした漬け物なのだ。べったらという変わった名前がついたのは、麹がべったりとついているから。

かつてのべったら市では、「べったりつくぞ」と叫んで参拝客の着物の袖にべったら漬けをつけてからかったというくらいである。

東京はダイコンの産地でもあり、べったら漬けは東京特産の漬物の代表的な存在だった。

べったら市にしても、もともとは宝田恵比寿神社の近隣の商家が商売繁盛を願って催す「恵比寿講」のために立てられた市だったのが、市で売られていたべったら漬けの美味しさが評判となって、いつしかべったら漬けを売る市として有名になったのだ。

え？ 関サバにも匹敵する幻のサバが東京湾に？

サバの高級品といえば大分県の佐賀関で水揚げされる関サバが有名だが、じつは東京湾にも関サバに勝るとも劣らない高級サバが存在している。

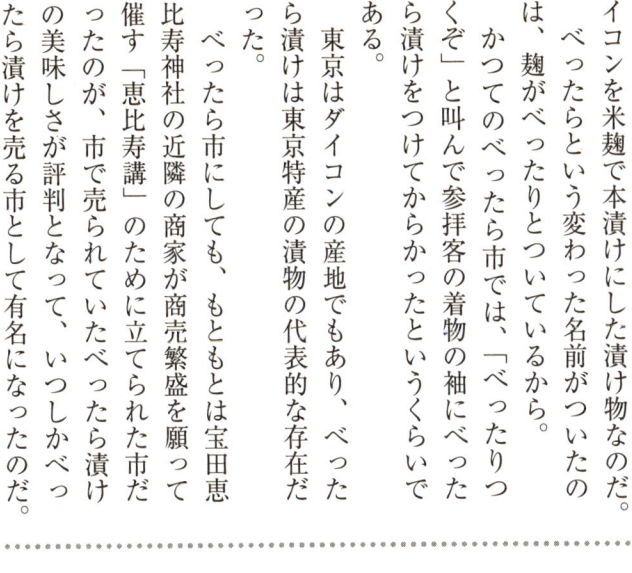

そのサバの名前は「松輪サバ」。西の関サバ、東の松輪サバと並び称される逸品である。東京湾を回遊し、6月から11月の漁期にかけて神奈川県の三浦半島南部の松輪漁港で水揚げされるマサバだ。

マサバは春に産卵し、夏の間は産卵の疲れを癒すために栄養を補うのだが、松輪サバが来遊する沿岸域にはシラエビなどの甲殻類が多く分布していてそれをよく食べる。その脂の乗った魚体は普通のマサバとは明らかに異なるのだ。

しかも、松輪サバは沿岸域に来遊するマサバを1本ずつ釣り上げる「1本釣り漁法」で大切に取り扱われている。

また、サバは「サバの生き腐れ」という言葉があるほど鮮度が落ちやすい魚だが、松輪サバは釣ってすぐに氷漬けにされる。そのままその日のうちに築地市場や高級料亭などに出荷されるので、鮮度が抜群にいいのだ。

近年ではマサバの漁獲量が減少しているため、幻のサバとの声もあるくらいである。地元の市場にもほとんど出回らないということから、今後はますますお目にかかるのが難しくなるかもしれない。

関東にも高級「ご当地ビーフ」ってあるの？

国産牛肉といえば、松阪牛や神戸牛、近江牛といったブランド牛は全国的に有名で、高級和牛の代名詞にもなっている。

一方、知名度は劣るものの関東にも美味しいご当地ビーフが数多くあるのをご存知だろうか。

まずは「葉山牛」。神奈川県の三浦半島で生産されている葉山牛は、厳選された但馬系黒毛和牛を米やおから、大麦などを加熱処理した独特の飼料で飼育したものだ。

その肉はとろけるような舌ざわりと旨みが絶品だと評判で、日本食肉格付協会での格付けも5段階のうち最上級である5と4にランクされている。

これだけ高評価なのに全国的にはあまり知られていないのは、年間で出荷されるのがわずか150頭ほどという稀少な牛で、東京にもほとんど出回らず、神奈川県内でも食べられるところは数少ないからだ。

また、房総半島にもご当地ビーフはある。千葉県の「かずさ和牛」は半世紀もの間、但馬牛を中心とした和牛をかけ合わせてつくられたもので、大麦を中心とした抗生物質などを使わない飼料で育てられ、牛肉は上質で旨みも濃厚と評判である。

そのほか茨城県の「常陸《ひたち》牛」や群馬県の「上州牛」、栃木県の「とちぎ和牛」、埼玉県の「深谷牛」など、それぞれの土地でこだわりのご当地ビーフが生産されている。

関東の桜餅と関西の桜餅、形が違うって本当？

関東の桜餅といえば「長命寺桜餅」である。小麦粉の生地を薄く延ばしてからクレープ風に焼き、それで餡《あん》を包んだ和菓子だ。その名が示すように塩漬けにしたサクラの葉が巻いてあり、表面もサクラ色をしていて豊かな香りを放っている。

ところが、関西の桜餅は「道明寺桜餅」と呼ばれ、関東のそれとはまったく別のものなのである。

道明寺桜餅は、もち米をまんじゅうのように丸め、そのなかに餡を入れ、それを塩漬けしたサクラの葉で包んでいる。

どうしてこんな違いがあるかというと、その理由は桜餅が誕生した背景にある。

関東の長命寺桜餅は、長命寺の門番の山本新六が享保2年（1717年）に隅田川の土手に植えられていたサクラの葉を塩漬けにし、それを巻いた餅を寺の前で売ったのが始まりだ。

一方の道明寺桜餅は、その餅の材料となる粗挽きのもち米をつくった道明寺が発祥の地となっている。

この寺は、戦乱の世に非常食としてもち米を蒸して乾燥させる「糒《ほしいい》」をつくっており、それを食べやすくするために粗挽きにしていた。これが道明寺粉といわれ、のちに平和な時代になると和菓子の材料になり、これから桜餅がつくられるようになったのである。

「野沢菜」はじつは蕪だって知ってた？

長野県の野沢温泉といえば、温泉やスキー場で有名だ。そして、もうひとつ忘れてはならない名物が「野沢菜漬け」である。

この野沢菜漬けに使われるのは野沢菜と呼ばれる蕪《かぶ》なのだが、その背丈は1メートル近くにまで成長する。

どうして、こんなに大きくなるのかというと、それは野沢菜が生み出されたエピソードに答えがある。

1756年に、健命寺八代住職である晃《こう》天園瑞《てんえんずい》大和尚が、京から天王寺蕪の種を持ち帰ったのが野沢菜漬けのはじまりだ。

和尚が寺の敷地内に種をまいたところ、実よりも茎と葉が巨大化したのである。

京育ちの天王寺蕪が、1月の平均気温は零下6度で、1年の3分の1は雪に埋もれるという冷涼な野沢温泉の気候により、突然変異したのが原因だといわれている。

その後、この寺の畑は種を収穫するための「原種畑」になり、この畑は今でも使われていて種も販売されている。

ちなみに野沢菜漬けのつくり方は、まずこれらを並べることから始まる。野沢菜の葉や茎を水洗いして、樽のなかに塩と唐辛子を樽に入れて、重石を乗せてからしばらく待てばできあがり。次に、

樽に漬け込む時期によって味は変わるが、1カ月少々漬け込んだ「本漬け」と呼ばれるものが一番人気が高い。

伊勢でとれなくても なぜ「伊勢海老」？

神奈川県の鎌倉を訪れると、レストランなどで「鎌倉海老」というエビを出す店がある。

あまり聞きなれない名前のエビだが、見た目や味は伊勢海老にそっくり。いったいどこが伊勢海老と違うのかよくわからないくらいだ。

それもそのはずで、じつは鎌倉海老と伊勢海老とはまったく同じ種類のエビである。それが鎌倉で鎌倉海老と呼ばれているのは昔の名残なのだ。

かつて鎌倉沖では伊勢海老がよく獲れ、

江戸時代の関東近辺では鎌倉で獲れた伊勢海老のことを鎌倉海老と呼んでいたのである。

同様に三重県の志摩半島に行くと「志摩海老」と呼ばれるエビにお目にかかることができるが、この志摩海老も伊勢海老とまったく同じ種類のエビだ。

かつては志摩で獲れるエビは志摩海老と呼ばれていたのだが、それが江戸時代に伊勢を経て江戸や京などに運ばれたことから「伊勢海老」と呼ばれるようになっていったのだ。

もともと伊勢海老という呼び名は伊勢地方から来たエビを指しており、この呼び名は室町時代からあったという。

ご存じのように、伊勢といえば有名な伊勢神宮がある。

昔の人にとってお伊勢参りは憧れの旅で、とくに遠く離れた東日本の人々にとっては、一生に一度行けるかどうかの念願でもあった。

そんなことから、江戸などで伊勢海老と呼ばれるようになったのは、伊勢という地名がついたほうがご利益のあるエビのように聞こえ、商売になると考えられたからのようだ。

また、伊勢海老のエビの種類は「イセエビ」（和名）というため、現在はどこで獲れたものでもイセエビという名で流通している。

日本ではお祝い事には欠かせない高級食材として昔から重宝されてきた伊勢海老。呼び名が違ってもプリプリと引き締まった身と甘い旨みに変わりはないのだ。

「鮒寿司」をつまみに酒を飲むと悪酔いしない?

滋賀県と聞いて真っ先に思い浮かぶのが琵琶湖だ。そこで獲れるフナを使った伝統料理が鮒寿司である。ただし寿司といっても、見た目もつくり方も一般的な寿司とは大きく異なる。

鮒寿司はフナ(ニゴロブナやゲンゴロウブナなど)をご飯と一緒に塩で半年~2年ほど漬け込み、熟成させたものだ。

この地域では保存食として昔から親しまれており、現在の寿司の原型になったともいわれている。

しかし、ご飯は発酵して形がなくなり、ブルーチーズやくさや以上ともいわれる強烈な匂いを発する。このため、地元の人の間でも好き嫌いがはっきりわかれるという。

とはいえ、珍味好きにはたまらない逸品で、鮒寿司は酒の肴やお茶漬けなどでも食されている。

この鮒寿司を食べることで悪酔いをしないとなれば、お酒好きには捨て置けない福《ふく》音《いん》になるかもしれない。

まず、悪酔いのメカニズムを簡単に説明しよう。体内に入ったアルコールは、肝臓でアセトアルデヒドから酢酸へと分解され、最終的に水と二酸化炭素へと変わる。アセトアルデヒドは毒性が高く、大量にアルコールを摂取した場合に分解処理が追いつかなくなり、これが二日酔いや悪酔いとなる。

つまり、アセトアルデヒドが速やかに分

解されれば悪酔いしないということだ。そこで鮒寿司に目を転じてみよう。

発酵食品である鮒寿司は、熟成の過程でタンパク質がアミノ酸に分解され、それがうま味となっている食品である。

じつは、このうま味成分のひとつであるグルタミンは、アルコールの分解酵素であるアルコール脱水素酵素（ＡＤＨ）やアセトアルデヒド脱水素酵素（ＡＬＤＨ）の働きを高めるものとして研究が進められているのだ。このほか、同じくアルコールの分解を補助するビタミンB_1も含まれているという。

酒の肴にもってこいの鮒寿司だが、アルコールの分解には体質が大きく影響する。度を超える飲酒をしてしまっては元も子もない。やはりお酒はほどほどに。

「松坂牛」って本当にビールを飲んで育つの？

松阪牛は三重県の中部、松阪市周辺で飼育されているブランド牛だ。

やわらかい霜降り肉が特長のこの牛、よくえさに「ビールを与えている」といわれるが、これは本当である。

理由は食欲増進のためだ。

松阪牛は三重県の肥育農家によって3年間ほど育てられるが、出荷の6〜8カ月前になると肥育末期の食い止まりという現象が起きる。

これを防止するためビールを与え、食欲増進を図っているのだ。

さらに、食欲の落ちる夏場にも栄養剤としてビールを飲ませることもある。夏場にビールを飲むと食欲が湧くようになるのは人間も牛も同じなのかもしれない。

それだけではない。松阪牛は焼酎で体をマッサージされる牛としても知られている。これは、毛並みをよくすると同時に、体の血行を促し皮下脂肪を均一にするためのようだ。

このように、松阪牛の飼育には細心の注意が払われる。

健康状態をチェックし、暑い夏は扇風機を使って涼しくしたり、冬は囲いをつくって暖かくしたりして一頭一頭丹精込めて育てているのだ。

こうして育てられた牛は、「松阪肉牛共進会」でせりにかけられ、ニュースなどでも話題になる。

毎年、チャンピオンには1000万円以上の値がつくのだが、過去最高落札価格は2002年のチャンピオンについた5000万円というから、さすが「肉の芸術品」と称されるだけのことはある。

ちなみに、松阪牛とは松阪市周辺で生まれた牛ではない。

全国の産地で産まれた生後7～8カ月の黒毛和種の雌牛を肥育農家が買いつけ、個体識別管理システムのもと、松阪牛生産区域内で育てられたものがそう呼ばれている。

古くは、但馬地方から役牛《えきぎゅう》（田畑などを耕す牛）を導入したことがはじまりのようで、「但馬牛」の雌牛を育てたものは松阪牛のなかでも「特選松阪牛」として区別されている。

「神戸牛」っていう牛は存在しないって本当？

和牛といえば赤身の中にこまかい脂肪の「サシ」が入った霜降りが特徴だ。そのなかでも「神戸牛」は最高級にランクされるブランドだが、そもそも「神戸牛」という名前の牛はいない。とろけるような舌触りの牛肉の正体はじつは「但馬牛」なのだ。

但馬牛は兵庫県の日本海側で育てられている黒毛和牛だが、この和牛を兵庫県の食肉センターで牛肉にし、そのなかでも厳しい基準をクリアしたものを「神戸牛」や「神戸ビーフ」と呼んでいる。つまり、牛の名前ではなく肉質の名称なのである。

神戸牛の条件はまず、兵庫県で生まれ、戸籍簿に登録された但馬牛であること。その由緒正しい子牛を指定生産者が兵庫県内の牛舎で飼育し、兵庫県の食肉センターに出荷し牛肉とする。

ただし、この時点ではまだ「但馬牛」だ。そのなかでも霜降りの度合い、肉の色、きめ、さらに脂肪の色などを判定し、合格したものだけが「神戸牛」と認定されるのだ。

神戸牛のもととなる但馬牛だが、その起源は古く、平安時代の『続日本紀《しょくにほんぎ》』に紹介の記述がある。もともと日本では牛肉を食べる習慣がなかったので、但馬牛も他の和牛と同じく農耕に使われていたようだ。

ただ但馬地方は平野の少ない山間部であるため、厳しい環境で役牛として活躍したことが引き締まった肉質の土台となったといえる。

また、この地域は昼夜の寒暖差が激しく、夜露が降りるためにやわらかい草がよく生える。ミネラルたっぷりの草を食料としていたため、肉質がやわらかくなったようだ。

もちろん血統を守るため、他府県の牛との交配を避け、優秀な品種をつくりあげていった先人の努力も大きい。

さて、「神戸牛」という名前の由来は諸説ある。

江戸時代の末期、神戸港開港後に、外国人居留地に住む外国人たちがたまたま但馬牛を口にし、あまりのおいしさに「神戸ビーフ」と呼ぶようになったのが始まりだとも、日本で初めて牛肉を輸出したのが神戸港だったのでそう呼ばれ始めたともいわれている。

いかなごの佃煮をなぜ「釘煮」と呼ぶのか？

神戸の人たちはイカナゴの「釘煮《くぎに》」を見かけると、「そろそろ春だなぁ」と感じるそうだが、しかしなぜ、佃煮のことを釘煮というのだろうか。
イカナゴという魚は細長く、ウナギのような形をしている。成長すると全長25センチぐらいにまでなる魚だが、釘煮に使われるのはこの稚魚だ。ちりめんじゃこの少し大きなものだと想像してほしい。
だいたい2～6センチ前後のイカナゴの稚魚を、醤油と砂糖、しょうがなどで煮詰めたものがイカナゴの釘煮である。甘辛く煮つけているために見た目は茶色くなり、クニャっと曲がって錆びた釘のように見えることからこの名前がつけられたそうだ。

しかしこの釘煮、昔ながらの神戸の伝統料理というわけではない。昔のイカナゴは、釜揚げやちりめんにされるだけだったのである。

昭和10年のあるとき、一人の客が神戸市垂水区《たるみく》の鮮魚店に「イカナゴの佃煮をつくってくれ」と頼んだ。そこで店主は醤油などを加えて、イカナゴを炊いてみたところ、これが大評判となり、商品として店頭に並べるようになったのだ。

昭和40年代に入って、垂水漁協の組合長がこの佃煮を「くぎ煮」と命名。その頃にはすでに釘煮は地元ではごく一般的な食品であり、春になると各家庭でイカナゴを煮るようになっていたという。

現在では神戸市だけでなく関西の広い地域で釘煮がつくられているが、発祥の地ということで、神戸市垂水区のJR垂水駅東口には、イカナゴのモニュメントが建てられている。

また、イカナゴを題材とした「いかなごGO!GO!」という歌がつくられ、それに合わせて「くぎ煮ダンス」もあるという力の入れようだ。

イカナゴ漁は3月に解禁されるため、春の風物詩となった釘煮だが、イカナゴ漁の船のエンジン音や威勢のいい掛け声、網のなかで無数のイカナゴが元気に跳ねる音などは春の訪れを知らせるものとして、環境省の「残したい日本の音風景100選」にも選ばれている。

黒豆といえば「丹波」といわれる理由とは？

味、香り、つやともに抜群で、黒豆のなかでも最高級品といわれる「丹波の黒豆」。そのふるさとは兵庫県篠山《ささやま》市だ。

ここは以前は多紀郡と呼ばれた地域で、多紀連山や高城山に囲まれた盆地なのだが、貝類の化石が出土することからも明らかなように、太古の昔は大きな湖だったそうだ。その土壌と盆地特有の風土が、おいしい黒豆を生み出しているのだ。

そのひとつが栄養分の多い粘土質の土だ。この土地特有の黒い土で、これは昔、湖だったことに由来しているといわれている。

しかも盆地であるため、冬は寒く、夏は暑いというように季節による寒暖の差が激しい。1日のうちの気温差も大きく、これが作物の糖度を増すのに適しているのだ。

こうした土壌でつくられる丹波の黒豆は、大きくふっくらとしているうえ、煮つめても皮がむけないのが特徴だ。

その皮には「アントシアニン」という色素が含まれ、これは疲れ目などに効果があり、さらに抗酸化作用も期待できる物質だ。煮崩れず、栄養を丸ごと食することができる丹波の黒豆はまさに最高の黒豆といえる。

最近は「丹波の黒豆の枝豆」も人気で、この豆は大豆の枝豆よりも粒が大きく、甘み、コクともにまさに最高というが、収穫は2週間程度と短い。食したい人は絶品の時期を逃さぬようにしたい。

「すだち」と「かぼす」の違いって？

居酒屋や料理店でなんとなく目にする「すだち」と「かぼす」。緑色をした柑橘類は、見た目にはあまり変わりがないように思えるのだが、その違いはなんだろうか。

じつは、すだちとかぼすを並べてみれば一目瞭然である。すだちの大きさは25～50グラムほど、かぼすは１００～１２０グラムほどと、大きさが全然違うのである。

実をつける木を見てもまったく違うものだとわかる。かぼすの木には枝に鋭いトゲがあるのだが、すだちにはそれがない。どちらもユズの近縁種であり、強い酸味と香りに特徴がある。そのため果実自体は食用にはされず、レモンのように汁を絞って使用されることが多いのだ。

すだちは、果汁を酢の代わりに使用したことから「酢橘《すだち》」と名づけられたという。

これだけでピンとくる人も少なくないだろう。四国で有名なポン酢のつくり方は柑橘系の果汁に醤油などを加えるというものだ。今では広く「柑橘系」とされているが、そもそもの果汁はすだちなのである。

すだちの原木は、徳島県の大麻町（現鳴《なる》門《と》市）にあるとされ、「大麻山の見える所でないとすだちは育たない」とまでいわれていた。そのこともあって栽培範囲はあまり広くない。また、すだちは日本独特の植物で、大正時代には「シトラス・スダチ・ホート」という学名がつき、「すだち」という名が学名にまで用いられている。

さて、このすだちの香りだが、他の柑橘系には一切含まれないスダチチンとデメトキシスダチチンという香料が発見されている。この、ほかにはない成分がすだち独特の爽やかな香りの元となっているのだ。

一方のかぼすは、昔、その木の周りを飛ぶ蚊などをいぶすために使用されたため、「かいぶし→かぶし→かぼす」という名になったといわれる。

大分県で生産量の9割以上を占め、一部は宮崎県で生産されている。香りだけでなくその成分も注目されており、かぼすに含まれるヘスペリジンが一時話題になった「エコノミークラス症候群」などの血栓症予防に高い効果があるとされており、現在も研究が進められている。

「鰹節」は門外不出だったって本当?

高知県の名産といえば、鰹節だ。黒潮に乗って南方の海からやって来る鰹の一本釣りでも有名だ。

その鰹節だが、じつは発祥の地は高知ではなく紀州（現在の和歌山県）なのである。江戸時代初期には鰹節といえば「熊野節（熊節）」だったのだ。

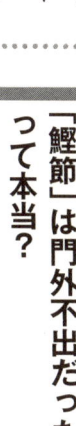

鰹節の起源は室町時代といわれるが、当時は加工する技術もなく日持ちのする食材ではなかった。

これを長期にわたって保存できるようにしたのが、江戸時代に登場した、いぶして乾燥させる熊野の燻乾法《ばいかんほう》だった。

この手法を応用してカビづけする製法も考案され、やがて紀州全域にも広まることになる。

ところが、紀州のあるひとりの漁師が土佐（現在の高知県）に流れ着いたことから鰹節の製法が広まることになる。

1674年（延宝2年）、紀州は熊の浦の漁師・甚太郎が、漁の最中に流され土佐清水に上陸した。

そのときに、甚太郎が紀州の秘伝である鰹の燻乾法を土佐の播磨屋佐之助という人物に伝授する。これが高知の鰹節の始まりなのである。

そして、この鰹節の製法を関東に伝えたのが、土佐与一（与市という説もあり）という男だ。名前は「土佐」だが紀州の出身である。

甚太郎が土佐に漂着してからほぼ100年後の1700年代後半に若くして地元を飛び出した与一は、伊豆、安房（千葉）へと渡り、そこで鰹節の製法を伝授した。

そうして、そのまま安房《あわ》に住み着いた与一だったが、やがて郷愁の念に駆られるようになり紀州に帰ろうと思い立った。

ところが、紀州では門外不出とされていた鰹節の製法を他国に伝えたという罪で里帰りを許されず、結局は安房国《あわのくに》で生涯を閉じることになる。

与一の墓は千葉県南房総市（旧千倉町）の東仙寺にある。

鰹節で名声を手にした与一だったが、故郷の土を踏めなかったのは心残りだったかもしれない。

松葉ガニと越前ガニの違いっていったい何？

日本人がよく食べるカニといえば、ケガニ、タラバガニ、ズワイガニだ。見分け方も簡単で、ケガニは全身を短毛で覆われており、タラバガニは体の表面にとがった突起物があり、体も大きい。ズワイガニは、ケガニやタラバガニと比べると表面がつるつるしていて、脚が長い。

しかし日本には、これらのカニ以外に、「越前ガニ」や「松葉ガニ」などと水揚げされる土地の名前で呼ばれるカニもある。どちらも見た目はズワイガニと瓜ふたつ。どこか違いがあるのだろうか。

じつは松葉ガニは、山陰地方でのズワイガニの呼び方で、島根県、鳥取県、兵庫県、京都府産などが該当する。ところが、福井県や石川県の越前地方では、ズワイガニは越前ガニという名前になるのだ。

なお、ズワイガニの味を決めるのは、産地よりも他の要因によるところが大きいという。それはセリの時期や漁師や仲買人によるカニの扱い方などである。

カニの保存方法も重要な要因であり、温度の管理や、水槽のサイズも味の良し悪しに大いに関係してくるという。

ちなみにズワイガニはオスの呼び方で、メスはセコガニ、コウバコガニなどと呼ばれており、クモガニ科に属している。

水揚げされた場所によって、また雌雄の違いで名前が違うというのはおもしろい。

ふぐは毒があるのになぜ食べられた？

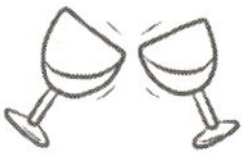

「ふぐ」といえば、盛り込んである絵皿の柄が透けて見えるほど薄く、まるで花びらのように造られた刺身が一番に思い浮かぶ。

その一方で、「ふぐ」といえば毒のイメージも強い。「当たると死ぬ」ということから「てっぽう」などともいわれるほど猛毒を持っているのだ。

ふぐが食べられていた痕跡は6000年も前の縄文時代からあるらしい。当時の貝塚からふぐの骨が多数出土しているという。

命を危険にさらしながらも、ふぐを食べる人が後を絶たないため、長い歴史のなかでは「河豚食禁止令」の類が幾度となく発令されている。

安土・桃山時代には、豊臣秀吉が下関を訪れた際、引き連れた武士たちのふぐ中毒を恐れて「河豚食禁止令」を出している。

それにもかかわらず、明治時代になってもふぐ中毒者はいっこうに減る気配はなかったようだ。そのため、時の新政府が「ふぐ食う者は拘置科料に処する」という御達しを出した。これが効いたのか、以来、ふぐ料理は一気に下火になり、世の中から消えかけていた。それを救ったのが、かの伊藤博文といわれている。

明治27年、総理大臣であった伊藤博文は、下関の料亭・春帆楼《しゅんぱんろう》で清の全権大使と日清戦争講和会談を開いていた。しかし、その日は天候が悪く、魚が入ってこなかったため、困った女将は禁じられているふぐ料理を、ふぐといわずに黙って出した。

打ち首覚悟のその行為が、一発逆転劇を生んだのだ。伊藤博文は、ひと口でそのうまさに感動し、秀吉以来禁止されていたふぐ料理を解禁したという。

昭和22年になって「食品衛生法」が制定され、ふぐは免許のある者でなければ処理・調理をしてはならないという決まりができたのはご存じの通り。

ふぐの体重の4割は毒の部分として捨てられる。残りの4割は骨身で、刺身にできるのは2割のみ。しかも布に巻き、一昼夜の時間をかけて水分を取り除いたものが刺身となるのだ。

そんなふぐ料理を我々でも口にできるのは、伊藤博文のおかげといえよう。

胡椒が入っていないのに、なぜ「ゆず胡椒」？

そばやうどん、鍋や焼き肉など、さまざまな料理に合う万能調味料としてすっかり認知度を高めた「柚子胡椒」だが、「胡椒」と名乗りながら胡椒がいっさい入っていないことをご存じだろうか。

じつは、あの辛みの正体は「唐辛子」なのである。

よく見かけるのは、青唐辛子と柚子の青い皮でできた全体に緑がかったもので、九州は大分県日田《ひた》郡天瀬町（現在の日田町）で保存用の香辛料としてつくられたといわれている。

本来ならば、柚子唐辛子となるべき名前だが、柚子胡椒の発祥の地では唐辛子のことを胡椒と呼ぶため、この名前になったようだ。

そもそも胡椒と唐辛子はまったくの別物で、見た目も違えば辛みの傾向もまるで似ていない。

それなのになぜ、唐辛子を胡椒と呼ぶようになったのかというと、一説には九州と中国の関係が大きく影響しているという。

江戸時代、九州は中国との貿易が盛んで、中国には多大な恩恵を受けていた。

しかし唐辛子は「唐枯らし」と同じ音だったことから、唐（中国）を枯らすとは縁起が悪い、と唐辛子という言葉を忌み嫌い、辛い物つながりで胡椒と呼ぶようになったといわれている。

江戸時代「殿様魚」と呼ばれた魚って何？

「左ヒラメに、右カレイ」という言葉は、ヒラメとカレイを区別するための慣用句だが、カレイにもさまざまな種類がある。

たとえば大分県の「城下カレイ」は、関サバ、関アジと同じくらいの有名ブランドで、しかもそのブランド力は、関サバ、関アジよりもはるかに歴史の古いものなのだ。

そもそも城下カレイとは、大分県の日出《ひじ》町にあった日出城（現在は暘谷《ようこく》城趾）の南側、つまり別府湾の城下海岸の海底を中心に棲むマコガレイのことをさす。

その海底には真水が湧き、そこで生息す

る城下カレイは、尾びれが角張ることなく広めで、全体が丸々として頭が小さいうえに、泥臭くないという特徴を持っている。

刺身にすると純白で美しい光沢を放ち、コリコリとした食感があり、淡泊ながら上品で味わい深い。

江戸時代には、そのおいしさと希少性から珍重され、庶民は食べることが禁じられ、食べたことがわかれば罰せられたという。このため、別名「殿様魚」と呼ばれていたのだ。

ちなみに昔の中国では、カレイを「王余魚」と記していたことから、カレイ全般が珍重されていたことがうかがえるが、城下カレイはそのなかでも特別な存在だったといえるだろう。

そのおいしさの秘密は餌にあるといわれている。

城下の海底に湧く真水には、海藻類やプランクトンが多く発生する。2~3月頃は海藻類を、4~5月頃には藻エビを餌にするため、他の地域のカレイとは違って、むっちりと肉厚で甘みのある身になるというのだ。

その城下カレイを食べるなら断然初夏である。しかし、その多くは地元で消費されてしまい、他の地域に出回ることはほとんどない。

東京でも城下カレイを扱う店は数えるほどといわれ、値段のほうも高級魚といわれるにふさわしいものである。

時代は変わり、食べても罰せられることはなくなったが、今でも「殿様魚」であることに変わりないようだ。

なぜ、たらの子なのに「明太子」？

たらこをキムチ風に味つけした福岡県博多の名産として知られる「明太子」。ごはんのお供として日本人には馴染み深い珍味のひとつだ。

ところで、この明太子、昔からある日本の郷土食品と思っている人も多いと思うが、たらこを加工して食べるのは17世紀頃に朝鮮半島で広まった食文化のひとつである。キムチに代表される唐辛子を使った朝鮮半島独特の食べ物のひとつだったのだ。

明太子が日本に入ってきたのは意外にも最近で、昭和初期のこと。その頃は、唐辛子やニンニクなどをまぶした韓国風の辛子明太子だった。朝鮮半島と交流のあった福岡を中心とする北九州、そして下関などではその頃から日常的に明太子を食べるようになったのである。

ところで、たらの子なのになぜ「明太子」なのかというと、そもそも韓国食品であることに由来する。

日本の明太子には「すけとうだらの卵巣に唐辛子を主原料とする調味液などで味つけしたもの」という定義がある。

このすけとうだらのことを韓国語で「明太」（ミョンテ）といい、福岡あたりでは昔から「たら」のことも「たらこ」のことも一緒くたにして「めんたい」と呼んでいたという。

明太の子だから「明太子」（めんたいこ）

と名づけたのは、今や明太子メーカーの老舗（株）ふくやの創業者河原俊夫氏である。

第二次世界大戦後、朝鮮で育った河原氏が日本に引き揚げてきた際、明太子を日本中に広めたいと昭和24年頃から日本人の味覚に合うよう独自に調味し、博多の中洲で販売したところ、これが大好評を得た。

明太子を普及させるためにとレシピを秘密にしなかった河原氏の太っ腹さが功を奏して、福岡を中心に明太子メーカーが続出したのである。

競争が激化するなかでますます味に磨きがかけられ、博多を代表する味にまで上り詰めたというわけだ。

また、昭和51年の新幹線の博多乗り入れをきっかけに全国に博多土産として広がり、今に至っているのである。

うどんじゃないのに、どうして「皿うどん」？

パリパリに揚げたそばの上に、野菜や魚介類が入ったとろみあんがかかっている「皿うどん」は、ちゃんぽんと並び称される長崎名物である。

しかし、あれはどう見てもうどんではなく〝揚げ麺〟だろうと思う人もいるだろう。

「皿うどん」の発祥の地は、長崎で今も営業している「四海楼」という中華料理店である。その初代店主、陳平順が生みの親だ。

明治25年、19歳で中国大陸から長崎に渡ってきた平順青年は、苦労の末、32歳で中華菜館「四海楼」をオープンした。

その彼が、当時の中国人留学生のために安くて栄養のある料理をとつくったのが「支那《しな》饂飩《うどん》」、つまり今のちゃんぽんのルーツといわれている。

材料に、野菜や魚介類を使っているにもかかわらず、値段が安く、ちゃんぽんの評判は瞬く間に広まったといわれている。その別バージョンが「皿うどん」なのだ。

皿うどんは、汁なしちゃんぽんといえるくらい使われている食材に違いはない。

しかし、当時はパリパリに揚げた麺ではなく、両面を焼きあげたちゃんぽん麺に少し濃い目のスープや具を加え、汁気がなくなるまで炒め込んだものだったようだ。

スープを吸って少し太った「うどん」状のものが「皿」にのっていることから、「皿うどん」と呼ぶようになったというのが、名前の由来の真相といわれている。

しかし、麺が香ばしくなるまで焼くには時間がかかる。そこで油で揚げるようになっていったのである。

麺は揚げると細くなるため、かた焼きそばと混同されるようになった。しまいには、皿うどん人気の下で、炒麺もかた焼きそばも総称して「皿うどん」と呼ばれるようになっていったようだ。

その証拠に「皿うどん」には、たいてい太麺と細麺の2種類がある。

太麺は炒めた柔らかめの麺、細麺は油で揚げたパリパリの麺である。

注文の際、何もいわなければ細麺で出てくる店が多いため、観光客には皿うどん＝揚げた麺と思われているが、地元では太麺派、細麺派それぞれに熱いファンがいる。

馬肉はなぜ「桜肉」と呼ばれるの?

ヒモ、クラシタ、タテガミといって、すぐに肉の部位だとわかるのはかなりの馬肉通かもしれない。そう、これらの言葉は馬肉の部位を表しているのだ。

ヒモはあばら骨の骨と骨の間、クラシタはいわゆる肩ロース、タテガミは文字通りタテガミにあたる部分の肉のことである。

馬肉のなかでも「馬刺し」を食べる地域は限られており、長野や山梨、福島、岡山でも食べる習慣があるが、最も有名なのは熊本である。

そもそも日本における馬肉の歴史をひも解くと、675年、天武天皇の時代に発令された食肉禁止令にたどりつく。そこには「牛馬犬猿鶏の肉を食うことなかれ」と記されているというのだ。これから考えると、この頃にはすでに人々は馬肉を食べていたと推測できる。

ところが、馬刺しとして歴史に登場するのは、今から400年ほど前のことといわれている。熊本県の俗説だが、400年前に馬刺しを世に知らしめたのは、あの戦国武将の加藤清正だという。

それは清正が文禄元年（1592年）に朝鮮出兵に出た際、大陸で補給線を断たれ食べるものがなくなり、やむを得ず、共に戦う大切な馬を食糧としたのが始まりといわれる。その味がたいそう旨かったとみえ、帰国後も馬刺しを好んで食べ続け、領地である熊本に馬刺しの評判が広まったという。

これが江戸時代になると、風邪に効く薬膳料理として広まっていき、今では低カロリー、低脂肪、低コレステロール、低アレルギー、高タンパクの健康食材として注目を浴びている。

ちなみに馬肉は別名を「桜肉」というのだが、この由来には諸説がある。

たとえば、切って空気に触れるときれいな桜色になるという肉の色の説や、桜の咲く頃が一番おいしくなるからという旬の説。江戸時代に肉食が禁止されていたときに猪を牡丹、鹿を紅葉と隠語を使ったなかで馬が桜だったからという隠語説などである。

どれが真相かはもはや藪の中だが、馬刺しの栄養やおいしさは加藤清正の時代となんら変わらないのである。

「辛子レンコン」はなぜわざわざレンコンに辛子を詰めた？

なかに空洞があるその形状から、昔も今も見通しがきく縁起のいい食べ物といわれるレンコン。このレンコンを使った代表的な郷土料理が熊本の「辛子レンコン」だ。シャキシャキした歯ごたえと鼻にツンとくる辛子の風味が特徴で、酒のつまみに絶妙な一品である。

その歴史は意外と古く、誕生は約350年前、寛永9年（1632年）にさかのぼる。そもそもは、時の熊本藩主・細川忠利公のためにつくられたものだったのだ。

忠利公は体が弱く、食も細かった。それ

を案じた禅僧の玄宅和尚が、レンコンを食べさせることをすすめたのがきっかけで編み出された料理だという。

和尚の話を聞いて、レンコン料理に取り組んだのが当時の料理番だ。城の外堀に非常食として栽培していたレンコンを使い、穴に和辛子粉を混ぜた麦味噌を詰め、麦粉と空豆粉、卵黄の衣をつけて揚げたものを忠利公に献上した。

これが思いのほか好評で、忠利公は順調に食欲を増してメキメキと健康になっていったという。

ちなみにレンコンは、ビタミンCや食物繊維、カリウムなどを含み、疲れ気味の人にはうってつけの食材である。また辛子には食欲増進作用があるので、和尚のアドバイスは現代の科学にも符合しているといえるだろう。

また、レンコンの断面が細川家の家紋「九曜《くよう》」に限りなく似ているという不可思議な縁も手伝って、辛子レンコンは藩の栄養食とされ、長い間門外不出の料理として城内だけで扱われたという。

その禁が解かれたのは、明治維新以後のことだ。

藩の料理番をしていた森平五郎という人物が、明治10年になって辛子レンコンの店を創業したことが始まりで、一般に製法が広がり、熊本名物となっていった。

かつては殿様しか口にできなかった高貴な食べ物も、今やすっかり庶民の味となった。辛さは、穴に詰まった辛子を箸などで適度に突き出す方法で調節するのが地元の人たちの常識のようだ。

アメリカでは牡蠣の代名詞が「KUMAMOTO」って本当?

牡蠣の産地といえば、真っ先に思い浮かぶのが宮城県と広島県だ。他にも北海道の厚岸《あっけし》や三重の的矢《まとや》、岡山の日生《ひなせ》など、さまざまな場所が挙げられる。

しかし、これがアメリカへ行くと日本の牡蠣の代名詞は「KUMAMOTO」になる。すなわち熊本産の牡蠣だというからオドロキだ。

しかも、その橋渡しをしたのはかの有名なマッカーサー元帥なのである。

アメリカは当時から牡蠣の一大消費国で、戦前も日本から輸入していた実績があったため、マッカーサーはそれを再開するよう

求めたのだ。

ところが、牡蠣の産地である広島市は被爆し、それどころではない。宮城産ではとうてい数が足りなくなり、そこで目をつけたのが牡蠣の養殖が盛んに行われていた熊本県だったのである。

熊本からアメリカに牡蠣が送られたのは、終戦から6年あまりたった1951年のこと。その味に惚れ込んだアメリカ人が、自国でその種牡蠣を使い、みごと養殖に成功したのである。

それからというもの、熊本生まれの牡蠣はアメリカで「KUMAMOTO」の名で人気を博しているのだ。

小ぶりだがクリーミーで濃厚な味は、マッカーサーもお気に入りだったといわれている。

鹿児島には「さつま揚げ」がないって本当？

冷蔵庫で冷たくなっていても、サッとあぶっただけで立派な酒の肴になるのが「さつま揚げ」である。ショウガやネギがあれば、このうえないご馳走にもなる。

ちなみにさつま揚げの「さつま」は、南九州「薩摩藩」の「さつま」であり、鹿児島名物として名高い。

さつま揚げは、魚のすり身を調味して揚げたものだが、この手の料理は日本各地に存在する。

では、さつま揚げのさつま揚げたるゆえんはいったいなんだろうか。

それは薩摩地酒を練り込んでいるところにある。薩摩地酒は日本酒よりも甘く、みりんに近い風味がある。これが噛みしめるほどに感じる独特の甘みと、食欲をそそる揚げ色をつくり出しているのだ。

しかし、この「さつま揚げ」、地元では「さつま揚げ」ではなく、「つけ揚げ」と呼ばれているのだ。

一説によると、さつま揚げは1846年頃、琉球から伝わってきた料理といわれている。琉球には魚のすり身を油で揚げた料理「チキアーギ」という料理があり、これが「さつま揚げ」の前身であるという。

薩摩と琉球は昔から交流があったことは知られており、この「チキアーギ」と「つけ揚げ」の音の響きもかなり似ていることを考えれば、有力な説ではある。

また、さつま揚げが誕生した説として、11代薩摩藩主の島津斉彬《なりあきら》が魚の保存食としてかまぼこやはんぺんをヒントに考案したというものもある。

いずれにしても刺身や煮つけにならない小魚や骨の多い魚などをうまく利用したさつま揚げは、家庭料理として鹿児島に定着したのである。

使われる魚は、タラやイトヨリ、アジ、サバ、トビウオなどが一般的で、値段もリーズナブルである。これに対してハモ、グチ、マダイ、キンメダイ、メバルなどを使ったものは上物と呼ばれる。

ちなみに「さつま揚げ」と呼ぶのは東日本地域で、西日本や北海道などでは「てんぷら」であり、広島と中部地方では「はんぺん」と呼ぶのが一般的だ。

沖縄の「島豆腐」はなぜあんなに硬い？

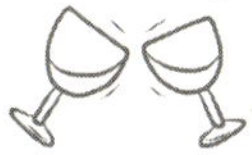

沖縄料理店などの豆腐のチャンプルーには、ちゃんと炒めてあるのにほとんど型崩れしていない豆腐が使われている。

冷奴や湯豆腐などから想像するやわらかさとはまったく別物の、しっかりした歯ごたえと大豆の味が感じられる豆腐だ。

常夏のような沖縄では炒め物や揚げ物が料理の中心であることから、硬い豆腐（島豆腐）が望まれるようになったのだが、そもそも製法が違うのだ。

沖縄に豆腐が伝わったのは、14世紀頃、中国からの使者が連れてきた料理人たちがその製法を伝授したといわれている。

実際、中国でつくられていた近世以前の豆腐の製法とほぼ同じことから、信ぴょう性は高い。

その製法は、題して「生しぼり法」。本土の一般的な豆腐の場合は、大豆を一晩水に漬け、挽いた呉汁《ごじる》（生豆乳）を煮立ててからしぼるのだが、島豆腐の場合は呉汁をしぼってから煮る。

生の段階でしぼるため、熱に弱いタンパク質がより多く豆腐のなかに残るのだ。

結局煮るのだから一緒じゃないかと思うかもしれないが、実際本土の木綿豆腐より約1・3倍の大豆たんぱく質を含んでいるという。

この煮た呉汁ににがりを加えると、本土の「おぼろ豆腐」にあたるふわふわした豆腐ができる。沖縄ではこれを「ゆし豆腐」といい、このゆし豆腐を、布を張った木枠に水分を抜きながら注ぎ、重石をして固めたのが島豆腐である。

本土の豆腐が1丁約300グラムなのに対し、島豆腐はその倍の重さがある。年間1人あたりの豆腐の消費量も全国平均の2倍というから、サイズは消費量に比例するようだ。

にがりはもちろん天然のものを使い、さらにミネラルを多く含む塩を入れるためにうっすらと塩味があるのも特徴である。

ちなみに、島豆腐のことを沖縄では「うちなーとうふ」という。

沖縄にはこのほかにも先述の「ゆし豆腐」や、豆腐を発酵させた珍味「豆腐よう」がある。

「泡盛」のルーツは、タイにあるって本当？

今も昔も沖縄で愛されている地酒といえば「泡盛」だ。

無色透明で、芳醇な香りと深いコクが特徴の泡盛は焼酎のルーツといわれているが、焼酎との決定的な違いは世界にも類をみない黒麹菌が使われている点である。

黒麹菌は、焼酎で使われる白麹菌よりもクエン酸を多く生成するため、殺菌力に富み、高温多湿の沖縄で、もろみを腐敗させることなく、独特な味を持つ泡盛を仕上げるのに重要なポイントとなっている。

もうひとつ特徴的なことは、もろみをつ

くる麹の原料にタイ米が使われている点だ。それは泡盛のルーツがタイであることを意味している。

沖縄で泡盛がつくられはじめたのは、沖縄がまだ琉球王国と呼ばれていた1470年頃といわれている。

琉球はその頃から中国や東南アジアと貿易を行っており、さまざまなものを輸入していた。そのなかのひとつにシャム王朝（現在のタイ）の蒸留酒があったのだ。

その蒸留法を習って国内でつくり出したのが、現在の泡盛の原型である。

やがて琉球で味に磨きがかかった泡盛は、琉球王国の貿易品として中国や日本にも運ばれたという。

琉球から当時の将軍家へ贈られた献上品の目録によると、天保元年（1644年）には、「焼酒」と記されていたが、寛文11年（1671年）には「泡盛酒」と記されている。

語源には「原料に粟を使っていたから」という説や、「薩摩藩が九州の焼酎と区別するために名づけた」などの説があるが、「泡」説が有力といわれている。

蒸留したてのアルコール度数を調べるために昔は器から器へ酒を落とし、その泡立ち具合を見たといわれ、強い酒ほどよく泡立つことから「泡盛」と名がついたというのだ。

沖縄では戦前まで100年、200年と守り続けた古酒があったが、戦争ですべてなくなってしまった。現存する最古の古酒は首里の酒造所に140年ものが残るのみとなっている。

常識その5

文化

「日本」の読み方は「ニホン」と
「ニッポン」どちらが正しい？

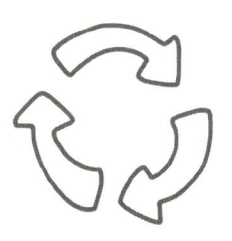

「日本」の読み方は「ニホン」と「ニッポン」どちらが正しい?

普段、当たり前のように口にしている我が国「日本」の国名。それなのに、これを「ニホン」と読むか「ニッポン」と読むかといざ聞かれると、いったいどちらが正しいのか答えに窮する人も多いだろう。

たとえば、日常の会話ではニホンといっていてもスポーツ観戦をするときは「ガンバレ　ニッポン!」と声援するなど、人によってその場の状況で両方を使い分けていたりする。

ちなみに、NHKでは正式な国号として使う場合は「ニッポン」と読み、そのほかの場合は「ニホン」といってもいいと方針を決めているようだ。また、日本銀行券(紙幣)には「NIPPON　GINKO」と印刷されている。

では、いったい「ニホン」と「ニッポン」どちらが正しいのだろうか。

答えは「どちらも正しい」のである。国名なのに公式な読み方がないというのは不思議な気もするが、1934年に文部省臨時国語調査会が統一の呼称を「ニッポン」とすることに決めたものの、それが政府で採択されなかったのだ。

その後、日本政府は正式な読み方を「ニッポン」としたが、正式な手続きを踏んでいないので何ら拘束力はない。

だから、どちらでも国民は好きな読み方をすればいいというわけである。

「日本」は、英語表記だとなぜ「Ｊａｐａｎ」？

日本のことを英語で「Ｊａｐａｎ」というが、なぜ発音が似ても似つかないこの表記になったのだろうか。この英語表記、じつは勘違いから生まれている。

日本を初めてヨーロッパに紹介したのは、冒険家のマルコ・ポーロであることはよく知られている。

ところが、マルコ・ポーロが『東方見聞録』を記す際、中国人が福建語で「ジペンクオ」といったのを「ジパング」と勘違いし、そのまま書いてしまったという。

そこから生まれたのが「Ｊａｐａｎ」という英語表記なのだ。

ほかにジャポン（イタリア語）やハポン（スペイン語）などもあるが、すべてマルコ・ポーロの勘違いから生まれた「Ｊａｐａｎ」が元になっている。

ところで、中国ではもともと日本を何と呼んでいたのだろうか。これには諸説あり、また時代や地域によっても異なる。

たとえば、単に日本を中国語で発音した「リーベン」または「ジーベン」と呼んでいた時代もあれば、「ジッポン」や「ジッパン」と呼んでいた時代もある。「ジッ」＝「日」、「ポン」＝「本」と考えるとわかりやすいだろう。

広い国土に多くの民族が住む中国だけに、いろいろな呼び方があり、マルコ・ポーロも混乱したのかもしれない。

海外にいる日本人のことをどうして「邦人」と呼ぶ？

海外で日本人が事件や事故に遭ったとき、ニュースなどでは「邦人が巻き込まれた」と報道する。そのため、「邦＝日本」だと思っている人もいるが、もちろん間違いだ。

この「邦」という漢字にはもともと「国」の意味があり、とくに「ほかの国」と区別する意味での「我が国」というニュアンスが強い。

だから「邦人」という言葉は「我が国の人」という意味になる。

それに、「海外で邦人が事故に遭った」という場合も、厳密には「海外で日本人が事故に遭った」ではなく、正確には「海外で我が国の人が事故に遭った」という意味になるのだ。

同じように「邦画」は「我が国の映画」という意味であり、「洋画」と区別するために「邦」の字が使われている。

ところで、「邦」と違って明確に「日本」を示しているのが「和」という字だ。

たとえば「和菓子」といえば「洋菓子」に対して「日本の菓子」を指し、また「和服」は「洋服」に対して「日本古来の着物」を指す言葉である。これらに「邦」の字を使うことはない。

一般的に「和」は、明らかに日本古来のものや日本伝統に根ざしたものなどに使われることが多い。そこが「邦」との大きな違いだ。

え？ 駄洒落って日本の文化なの？

ほとんどの日本人は、学校で何年も英語の授業を受けているのに英会話ができないとよくいわれる。

日本人にとって英語が難しい理由のひとつは音の種類の数にある。日本語の最小単位の音素数は約400で、これは英語の10分の1にすぎない。

つまり、英語には日本人が日常的にまったく使わない音が数多く使われているのだ。これでは日本人が英語になじめないのもしかたがないかもしれない。

しかし音の種類が少ないために、日本人には英語力の代わりに貴重な能力が備わっ

ている。それは駄洒落がうまいことだ。

同じ音なのに意味がまったく違う言葉や、発音が似ていて紛らわしい言葉が数多くあるから、それらをうまく組み合わせれば駄洒落をつくりやすいのである。

たとえば、有名な古典落語『火焔太鼓《かえんだいこ》』のオチは、太鼓を鳴らして大儲けした道具屋の主人が「今度は半鐘を鳴らしてやる」というと、細君が「半鐘はダメだよ、おジャンになっちまう」と引き止める。

半鐘の音「ジャン」と、物事がダメになる意味の「おじゃんになる」をかけた駄洒落だが、単純な音だからこそふたつの意味をかけた駄洒落として成り立つわけだ。

もっとも英語力のほうを身につけたいという人も多いだろうが、駄洒落も日本文化と思って楽しみたいものだ。

「BONSAI」はなぜ世界共通語になった？

日本では昔から、年寄りの趣味の定番のように思われている盆栽だが、「ジャパニーズカルチャー」として海外でも人気が高まっている。

「SUSHI」と同じように、今や世界で共通語となっている「BONSAI」だが、世界に広まったのは戦後のことだ。

きっかけは日本に駐留していた各国の兵士たちだった。彼らが任務を終えて祖国に帰り、盆栽の素晴らしさを伝えたことで、BONSAIが世界に広まったのだ。

その後、昭和45年（1970年）の大阪

万博で開催された盆栽展には、外国人が殺到したという。

今では各国に愛好者が急増していて、その認知度は「歌舞伎」や「能楽《のうがく》」と並ぶほどになっている。

ドイツやスペイン、ノルウェー、アメリカなどにはそれぞれ「盆栽協会」があり、イタリアには盆栽の専門学校まであるほどだ。

そもそも盆栽というのは中国で生まれ、遣隋使によって日本に伝えられたものである。

平安時代には宮廷人の間で流行したが、当時はまだ「盆栽」という言葉はなかった。今のように手を入れることもなく、あくまでも観賞用として小さな器に草木を植えて飾っていただけだった。

やがて明治に入ると、「自然美を追求す

る」という盆栽の定義が確立される。

盆栽の「盆」とは陶磁器でつくられた鉢を指し、「栽」とはその鉢に草木を植栽することを意味する。

盆のなかに植えた草木を育てながら姿を整え、小さな空間に天然の自然以上の自然美をつくり出して鑑賞するのが、盆栽の楽しみである。

種類として代表的なのは松類だが、かずらやサクランボのように実がなる実物や花がつく花物、草物なども人気がある。盆栽というのは手間ひまをかけてこそ価値があるのだ。

本物の自然が失われつつある昨今、我々日本人も改めて盆栽を見直して、「スローライフ」を実践してみるのもいいかもしれない。

なぜ日本の女子高生の制服は「セーラー服」？

最近の中学校や高校の女子の制服はブレザータイプが主流だが、まだまだセーラー服も人気である。

このセーラー服、いつ、どこで生まれたのだろうか。

セーラーとは英語で書くと「sailor」となり「水兵」を意味する。セーラー服とは本来、水兵が着る軍服のことだ。

とくに現在のようなセーラーカラーのあるデザインは、１８５７年にイギリス海軍で最初に正式な軍服となり、世界に広まった。そのとき、日本海軍でも水兵の一部が着るようになったのである。

そしてその後、イギリスで海軍幼年学校の制服としてセーラー服が採用されたのをきっかけに、子ども服として一般に愛用されるようになり、それがさらに女性のファッションとして欧米社会に広がっていく。

それが日本に入ってきたのは大正10年（1921年）のことだ。福岡と愛知の女子校で制服として採用されると、その後全国に広がり定着していった。

もとが軍服なので活動しやすく気軽に脱ぎ着ができる。その点が制服としてふさわしいとされたのだ。

もちろん当時は、現在のセーラー服人気は想像もできなかっただろう。軍服から生まれた制服と思うと、また見方も少し変わるかもしれない。

日本の「はっぴ」が海外で大人気になった理由って？

祭り好きの日本人に欠かせない法被だが、今は着る人も限られてきた。けれどもこの法被、意外にも外国人のお土産として大人気なのだ。

その理由は「はっぴ」という発音が英語の「ハッピー（幸福）」に似ているから。

人気に火がついたのはかなり古く大正時代の末頃で、「ハッピー・コート」として売り出されるとたちまち人気になった。

外国人にとって、日本の伝統的な着衣といえば「キモノ」や「ユカタ」であるが、そこにゲンのいい発音という付加価値がついたのだ。

たしかに着物や浴衣に比べると値段も手頃で、しかも気軽に羽織れる法被のほうが実用性も高い。

たとえば、お世話になった外国人にプレゼントとして贈っても喜ばれるだろうが、それには日本人として最低限、法被の歴史を知っておきたい。

法被とは、江戸時代に下級武士や中間(武家の奉公人)が着用した裾の短い上着のこと。また、能で男役が演じる唐人《からびと》や、武装した武士などが装束として着た。

武家社会で生まれ、伝えられてきたもので、庶民のなかで発展してきた半纏《はんてん》とは明らかに違うものであったが、今では印半纏《しるしばんてん》とも呼ばれ、その区別は曖昧になっている。

印半纏は江戸時代に職人が用いたが、その世界において責任の取れる者にしか着る資格はなく、着た者はその仕事の全責任を負うということを意味していた。

ほかにも火消しなどが着用し、お揃いで背中に所属団体名を入れた。時代劇で見る火消しの「め」組などがそうだ。

やがてこの仕事着として便宜上統一したデザインが、実用的なものから「自分たちだけが着ることのできる誇り」やその「組に属しているという絆」を表すという意味で精神的なものへと発展していった。

町内会の祭りで見かける法被姿の人たちがどこか誇らしげなのは、その集団に属していることを実感できるからだろう。

今でも伝統を重んじる法被姿の職人に「ハッピーコート」などといったら怒られてしまうだろうか。

なぜサクラが日本を代表する花になった？

その昔、サクラは農民の生活と共にあった。暦以前の季節のめぐりを動植物や自然が教えてくれていたからだ。

和歌の世界ではカッコウは田んぼの神の遣いであり、苗を植える時期を教えてくれた。それと同様に、種もみをまく時期はサクラの開花によって察知されていた。

つまりサクラは、田んぼの神様として稲作の開始を告知してくれるありがたい花だったのだ。これは農耕社会の民俗信仰といえるだろう。

花といえばサクラを指すほど日本人にとって大切だったサクラの木だが、大陸文化

が全盛時代には、いっとき梅に人気を奪われた。しかし、平安時代になるとサクラが再び人気を集める。

神様の依《よ》り代《しろ》と考えられていたサクラの木の開花は、「縁起のいいこと」とされ、花見という行事も始まった。花見は祓いのための宗教儀式でもあり、定められた期日になると、人々は野山に出かけていったという。

また、武士は自分の身に置きかえて、サクラの潔い散り際を愛でたとされる。

後年、戦争に出かけていく兵士が互いを励ましあうように歌った「同期の桜」にもサクラの散り際が登場する。

サクラは神様として敬われただけでなく、美しく潔いという日本的美徳をも満足させてくれた花でもあったのだ。

サクラはまた、さまざまな文化のモチーフにもなっている。

日本文学では、『万葉集』などで古くから詠われているし、平安時代の『源氏物語』「花の宴」の巻頭では、春鶯囀《しゅんのうてん》の舞が描かれている。

『古今和歌集』以来、盛んに詠まれたなかにも名歌が多くある。そのほか江戸時代の落語にも「長屋の花見」「花見の仇討ち」などがあり、庶民の花見がおもしろおかしく描かれている。

現在の日本でもサクラの人気は高く、天気予報でも「桜前線」などといって、サクラの開花を心待ちにする。

日本人の生活から切り離すことのできなかったサクラは、自然と国民から支持されて日本の花の代表選手になったのだ。

サッカー日本代表のエンブレムは、なぜカラス？

サッカー日本代表チームのユニフォームといえば、〝サムライブルー〟と呼ばれる青色でおなじみだが、その胸についているエンブレムには前述のとおりカラスが描かれている。

これは日本サッカー協会のシンボルマークでもある。

だが、今やカラスというと不吉な鳥や、ゴミ漁りをする迷惑な鳥というイメージを持たれていることが多い。

にもかかわらず、なぜあえてカラスなのだろうか。

じつはこのカラス、普通のカラスではない。よく見てみると、なんと足が３本あるのである。

２本の足で立ち、３本目の足でサッカーボールを押さえている。

この３本足のカラスは中国の古典に登場する日の神（太陽）をシンボル化した「八咫烏」という。

日本では神武天皇の東征のときに、この３本足の八咫烏が熊野灘の那智海岸に上陸した天皇の軍隊を、熊野から大和に入る険《けん》路《ろ》まで先導したといわれているのだ。

つまり、このカラスは日本代表の守り神であって、けっして不運をもたらす鳥ではないのだ。

この八咫烏に導かれて、日本代表チームが大活躍する姿をぜひ見たいものである。

江戸時代の単位「匁」は、なぜ世界中で使われる？

今では「匁《もんめ》」という漢字を見ても何のことかわからないという人のほうが多いだろう。ただし時代劇を見ていると、ときどき耳にするかもしれない。

「匁」とは江戸時代に使われていた重さの単位だ。当時のお金である開元通宝1枚分の重さが1匁だった。もちろん、現在は日常的には使われていない単位である。

ところが、日本では使われなくなった「匁」は、別のところで世界共通の単位として生かされている。じつは、真珠の重さを計る単位として今も世界中の真珠業界で「匁」が使われているのだ。

1匁は約3・75グラム。世界の真珠は、これを基準にして重さが計られ、価値が決められ、取り引きされている。

世界で最初に真珠の養殖に成功したのは、世界的な宝飾品企業である「ミキモト」の創業者である御木本幸吉だった。明治38年（1905年）のことである。

その御木本幸吉が真珠の重さを計るのに「匁」を用いていた。そのために、その後もこの単位が世界共通のものとして広がったというわけだ。

試しに英語の辞書を引くと、「momme」という綴りで掲載されているものもあるはずだ。ただし発音は「もんめ」ではなくて「もめ」。万国共通になった「匁」は、発音もやや英語っぽくなっているのだ。

海外で有名な日本人女性といえばなぜ「おしん」？

ＮＨＫの連続ドラマといえば、熱心なファンも多い。

なかでも驚異の視聴率を記録したのが、昭和58年（１９８３年）４月から1年間にわたって放送された『おしん』だ。

明治期の東北の貧しい農家に生まれた「おしん」という名の女性の波乱万丈の人生を描き、空前のブームを巻き起こしたこのドラマの最高視聴率は、なんと62・９パーセント。平均視聴率でも52・６パーセントというから驚きだ。

ＮＨＫの連続ドラマといえば、毎朝放送されて、さらに同じ日の昼に再放送される

しいたげられる
おじさんのドラマ
「おしん」
ってのはどうよ
!?

ますます
キラワれそうだよー

が、『おしん』が放送されていた頃は日に同じものを2回見て2回とも泣くという現象が起きたという。

そこまで人々を感動させた『おしん』は、その後間もなく世界に羽ばたいていった。

元シンガポール大統領のウイ・キムウイ氏の要望により、1984年9月からシンガポールで放送が開始されて以来、中国、イラン、タイ、ポーランドなどで放送され、その人気を買われてメキシコやペルーなど中南米諸国にまで普及した。

2001年の時点で世界57カ国で放映されて「世界の Oshin」となったのだ。

インドネシアでは放送が夕食の準備の時間と重なったため、抗議の電話がテレビ局に殺到した。エジプトでは「おしん」と名づけられた赤ん坊が写真入りで新聞記事になったり、イランでは日本女性を見かけると「オシン！」と声をかけたりと、その人気ぶりは日本人の想像以上だった。中国では約2億もの人々が『おしん』を見たという。

貧しさ、悲しみに耐えながらさまざまな苦難と闘い、たくましく生き抜く女性の姿に共感するのは、やはりその痛みを知っている人々だ。

戦争や不況、しいたげられた生活状況におかれた国で生きる人々、またはそういった体験をしたことのある女性たちには他人事とは思えないのかもしれない。

ドラマの舞台は明治から昭和だが、当時の日本の日常生活を視覚的に各国に伝えたこのドラマほど、文化交流に貢献した例はないという。

世界大会まであるオセロは、日本が生みの親ってホント？

スマートフォンなどのデジタルゲームが全盛の今、消えていったアナログゲームは多い。そんななかで、昔と変わらぬ姿のままでも人気を維持しているゲームといえばオセロゲームだ。なんといってもあの手軽さとルールのシンプルさがたまらない。

世界大会まで催されているオセロゲームだが、じつは生みの親は日本なのである。

オセロゲームを発案したのは、製薬会社のセールスマンだった長谷川五郎さんという人だ。当時、営業先の病院の先生と碁を打っていた長谷川さんは、薬の営業のために碁を打つ時間を短くしたいと思い、オセロゲームを考案した。

オセロゲームのヒントは源平碁だ。最初は試作品として、牛乳瓶のフタの片面に墨を塗ってオセロの石をつくったそうだ。

牛乳瓶のフタを3枚重ねて張り合わせ、碁石のような厚みも出したという。つまり、計192本分のフタを使ったことになる。

その試作品は、病院の先生からも「患者のリハビリにも最適」と太鼓判を押されたという。これを東京都台東区にある（株）ツクダオリジナルが商品化してブームを演出した。

昭和48年（1973年）に発売され、初年度の売り上げは30万個、翌年には約120万個を売り上げる大ヒットゲームになったという。

アロハシャツってハワイの伝統衣装じゃないの？

ハワイといえばアロハシャツを思い浮かべるが、ハワイの人たちは日常的にアロハシャツを着ているにちがいないと思い込んでいる人も多いだろう。

初めてハワイ旅行に行く人のなかには、張り切って日本からアロハシャツを着ていく人もいる。

だが、ハワイでアロハシャツを着ているのはごく一部の旅行者くらいで、じつは現地の人はアロハシャツなど着ていないから驚きだ。

「ハワイ＝アロハシャツ」というのは、じつは日本人の思い込みなのである。

もともとアロハシャツをつくったのは日本人であり、今でもアロハシャツを好んで着るのはほとんど日本人だけなのだ。

アロハシャツをつくったのは、ハワイで着物を売る店を開いていた移民第一世代の宮本孝一郎という人物だ。

ある日、白人の客が店の売り物である浴衣を見て、このきれいな生地でシャツをつくったらとても美しいものができるにちがいないと思いつき、宮本氏に注文した。

それがきっかけで生まれたのがアロハシャツなのだ。これは、1933年のことで、すぐに日本人社会に広がったという。

そんな人知れぬルーツがあるからこそ、今でも日本人の間で人気が高いというわけだ。

非常口の人間マークって世界共通？

駅やデパートなどでは、トイレやエレベーターなどの場所を示すのに、絵文字記号が使われている。

その国の言葉がわからなくても、その場所が何なのかが認識できるこの記号をピクトグラムという。

ピクトグラムは国によってデザインが異なっているが、緊急性が高い「非常口」のマークは国際基準となっている。

そんな非常口をデザインしたのが、じつは日本人であることはあまり知られていない。

非常口のマークは、1982年に全国からの公募で選ばれた作品をもとに、多摩美術大学教授の太田幸夫氏を中心とするグループがつくり上げた。

その後、1987年にISO（国際標準化機構）が日本の非常口マークを国際基準に指定して、世界各国で取り入れられるようになった。

そもそも日本でピクトグラムが発達したきっかけは、1964年の東京オリンピックにある。

海外から押し寄せる外国人や細かい文字が見えにくい人などが、遠くからでもひと目でわかるようにという目的で開発され、発達したのだ。

英語が苦手な日本人が考えた苦肉の策だったともいわれているが、この便利なツールは、今やなくてはならない存在だ。

この、世界に認められた非常口のマークだが、注意して見てみると2タイプあることがわかる。

人が走っている図柄は同じだが、ひとつは緑地に白い人のタイプで、もうひとつは白地に緑の人のタイプだ。

じつはこの2パターンには、それぞれ別の意味がある。

まず白地のものだが、これは「非常口がある方向」を示していて、緑地のものは「非常口そのもの」を示している。

つまり非常時に出口を探すときは、緑地の看板を目指したほうがいいということだ。

どこで何があってもおかしくない今日この頃、外出したらぜひとも確認してみてほしい。

日本の正式な座り方はあぐらだったってホント？

正座とは正しく行儀のいい座り方をいうが、現在、正座として認められている座り方は足にかなりの負担がかかる。

日本家屋が減ってきている昨今では畳の間も少なく、たまに正座をする場に行くとたいていの人は「なぜこんな座り方を……」と思うのではないだろうか。

現代の礼儀作法はすべて茶の作法からきていて、正座も約300年前に茶の作法とともに広がったのだが、それ以前の日本の正座は、なんと男性の場合はあぐらだったのだ。

だが狭い茶室では、あぐらだと膝がぶつかってしまうため必然的にコンパクトになれる現在の正座の姿勢に変わっていった。

一方の女性はというと、平安・鎌倉時代には片膝立てが正しい座り方だった。

これもあぐらの一種で、韓国の女性の正座は今でも片膝立てなのを見ると、奈良時代に百済《くだら》や新羅《しらぎ》などから伝わってきたものだと考えられるだろう。

やがて室町時代から桃山時代になると、スカートのような裳《も》の着用がすたれて着物の身幅が狭くなってきた。

すると、片膝立てでは前がはだけてしまうようになり、今の正座に変わっていった。

正座自体は、腹筋や背筋を使って背筋を伸ばし、姿勢を保つことで礼儀作法や精神統一の効用もあるとされている。

なぜフンドシはあの形になった?

「クラシックパンツ」という新しい名称を得て、デパートなどで再び売れ始めているのがフンドシだ。

人気が出てきたとはいえ、現代ではその愛好者はそれほど多くはないが、昭和初期頃までのニッポン男児の下着といえば、このフンドシしかなかった。

一説には、朝鮮や中国から伝来したものといわれている。

古来のフンドシといえば、長い帯状のいわゆる「六尺フンドシ」(約180センチメートル)が一般的で、寒いときには腹巻代わりにしたり、怪我をしたときには包帯がわりに巻かれたりしたともいうから、なんとも実用的だ。

また、長さ100センチメートル程度の越中フンドシは江戸時代に陸奥白川藩主の松平越中守が発明したとされる。

この頃は世の中も平和で大名たちが重装備する必要もないため、よりシンプルで装着も楽な越中フンドシが考案されたのだ。

フンドシは高温多湿の日本の気候にピッタリとマッチする。木綿でできているので通気性もよく吸水性もある。蒸れにくいから皮膚病予防にも最適だ。

さらに、「フンドシを締めてかかる」などともいうが、フンドシをすると気持ちがキリッと引き締まる感じもあり、生真面目な日本人の気質にも合っていたのだろう。

畳が昔ステータスグッズだったって本当？

和室には欠かせない畳だが、たいていの日本人は畳の部屋に入ると、どこかホッとするのではないだろうか。

だが、そんな畳も江戸時代までは誰もが手にできるものではなかった。

畳は日本固有のもので、古くは『古事記』のなかに記述が見られるが、当時の畳は「敷物」の意味合いが強く、現在の御座《ござ》やムシロのようなものであったと考えられる。

今のように厚みを持った畳が登場するのは平安時代になってからで、「厚畳《あつじょう》」と呼ばれて、ムシロのような畳とは区別されていた。

　この時代には、まだ「厚畳」は高級品で使用するのは身分の高い貴族に限られていた。ただ、規定のサイズや厚みが決まっていたわけでもなく、身分の等級によって大きさ、厚み、縁の生地や色をさまざまに変えていたという。

　いわば、畳はステータスシンボルのような存在だったといえる。


　ちなみに、天皇や上皇など最高位の人々が使っていたものには、幅九尺（２７３センチメートル）、長さ十六尺（４８５センチメートル）という巨大なものもあったという。縁取りも華麗な錦などが使われていたようだ。

　やがて鎌倉時代になると、床の間や違い棚などを座敷にしつらえた書院造が生まれ、寝所にも畳が持ち込まれるようになった。

しかし、まだその頃は部屋全体に敷き詰めるというスタイルではなかった。

室町時代に茶室がつくられるようになって、ようやく部屋全体に畳を敷き詰める様式が定着する。

この茶室の様式が武家の家屋に普及し、江戸時代には武家だけでなく町人の家にも畳が敷かれるようになっていったのだ。

だが、それでもまだ身分による差は残っていて、貧しい農民などはムシロやコモを用いていたようだ。

畳が国民全体に広まるのは、身分制度が廃止され、四民平等《しみんびょうどう》の世の中となった明治時代になってからのことなのである。

その畳も現在では、一家にひと部屋しか使われていないというところが増えてきた。

日本人の風呂はもともとサウナ風呂だったってホント？

熱さに耐えつつ、じりじりと汗を流すサウナ風呂だが、修行のような赴きがあってサウナ好きにはこたえられないものがあるらしい。

現在、我々が知っているこのサウナ風呂は、東京オリンピックの際にフィンランド選手団が選手村に持ち込んだことをきっかけに広まったものだ。

ところで、これとは趣が少し異なるが、じつは江戸時代の日本にもサウナがあった。

日本での入浴の習慣は仏教と共に渡来したといわれているが、この習慣が庶民の間に広まりをみせるのは江戸時代に銭湯ができてからである。

開業当初の銭湯は「戸棚風呂」といわれるもので、今日のように浴槽の湯につかるものではなくサウナのようなものだった。

戸棚のような空間に入って戸を閉め、膝下くらいしかない浴槽の湯に入って、湯の蒸気で上半身を蒸すのである。足湯とサウナが合わさったようなものだと想像してもらえればいいだろう。

この戸棚風呂は蒸気が非常に逃げやすい構造だったため、やがて蒸気を逃げにくくする「ザクロ口」と呼ばれる入り口が設けられた「ザクロ風呂」へと発展する。徐々に浴槽が深くなっていき「据え風呂」という浸かるタイプの風呂ができて、現在の入浴スタイルへと変わっていったという。

日本の住宅事情のルーツはなんとお城の天守閣？

首都圏の住宅街でよく見られるのが、狭い土地をさらに細分化するように軒を連ねて建てられている3階建て住宅だ。

普通の一軒家がちょうど2棟ぐらい建てられるスペースに、間口が狭く細長い3階建て住宅を3棟建ててしまうというもので、その形状から「ペンシルハウス」などと揶揄《や》《ゆ》されることもある。

この限られた土地を最大限に有効利用した住宅ともいえるペンシルハウスの階段は、多くの場合、人がやっとすれ違うことができるくらいの幅しかなく、その勾配も急である。

そこまで極端ではないにしろ、よほどの豪邸や地方の広い民家でない限り、日本の一般的な住宅では西洋建築のように、階段に緩やかな勾配をつけ、広い面積をもたせている家はそう多くない。

その一因が、じつは戦国大名たちが建てた「城」に起因しているというから興味深い。

当時、各地に建てられた城には、眼下に広がる城下町を見下ろす天守閣というものが設けられるようになった。

それは、高い位置から庶民を見守る役目と同時に、敵軍の襲撃を警戒する役割も果たすものだった。

大阪城の天守閣に登ってみるとわかるが、その階段は「ハシゴ」のように狭くかなり急で、一番上までたどり着くには非常に体力を消耗する。

つまり、戦国という時代背景を考えると、城の階段というのは敵が簡単に登ってこられないようにあえて狭くて急な勾配になっているのだ。

もともと城というのは生活するための「家」ではなく、その国を象徴する「建造物」という意味合いが強いので、敵に攻められた場合を考慮して多少不便に造られていた。そのため簡単にはずれるような細工がしてある階段もあったようだ。

もちろん、城と現代の家ではずいぶん外観も用途も違っている
だが、その名残が現在の住宅にも受け継がれていて、日本の住宅には狭くて急な階段が多いのである。

五重塔はなぜ地震でなかなか倒れない？

大都市では、今なお次々と高層ビルや高層マンションがつくられているが、人間が高い建築物をつくりたいと思うのは昔からのことのようだ。

キリスト教の『旧約聖書』のなかには傲慢な人間たちが天に届くほどの高い塔を造ろうとして、神に罰せられるバベルの塔の話が出てくるし、ヨーロッパ人たちもゴシックの尖塔《せんとう》やエッフェル塔のような高い建物を熱心につくり続けてきた。

高い建物への欲求は日本も負けてはいない。木造建築が基本であるため、石造りや鋼鉄製の建物に比べると高さという点では負けてしまうが、それでも高さへの挑戦は行われていたのである。

日本に現存するもっとも高い木造建築が京都の東寺（教王護国寺）にある五重塔だ。東寺境内の東南端に建つ五重塔の高さはなんと57メートルにもなる。

現在残っているのは、徳川家光の寄進によって正保元年（1644年）に重建された5代目の塔だ。少しでも上を目指したい、天に近づきたいと欲する権力者の思いが高い塔には込められているのだろう。

ところで、この五重塔という造り、地震に強いのも特徴だ。戦火や落雷で焼失することはあっても地震で倒壊したという例はほとんどない。

茨城県つくば市にある防災科学研究所が、

法隆寺五重塔と同様の飛鳥様式の縮尺モデルをつくって、実際に震度6程度の揺れを与えて塔がどのように揺れるのかを実験してみたところ、塔に揺れが加わった際、基《き》壇《だん》部分から相輪部分にかけてヘビが身をくねらせるようにしなって揺れることがわかっている。

五重塔の中心には心柱という太い柱が通っていて、塔の他の部分との間に若干のわずかな隙間があいている。そのため、心柱と他の構造部分とは共振せず、むしろ互いに揺れを打ち消しあうことになるのだという。

こうした地震に強い工法は、現代の超高層ビルにも応用されていて、高さ634メートルの東京スカイツリーにも心柱が採用されている。

究極のエコロジーの見本は江戸時代にあった?

ゴミを減らすためにリサイクルが注目されて久しいが、誰もがその必要性を認めているわりに、完全なリサイクル社会の実現にはまだまだほど遠い。

だが、かつて江戸時代の日本は今から考えも及ばないほど徹底したリサイクル社会だったというのだから驚く。

衣服や道具類については、それぞれ古着屋、研ぎ屋、古桶買い、下駄の歯入れ屋、古傘屋、箒屋といった修理屋がいて、傷んだり壊れたりしたものをできる限り修理して使いまわしていたという。

さらに、いよいよ使えなくなったものは別のものに転用して徹底的に使い尽くした。たとえば、履けなくなったわらじなどは裁断されて堆肥《たいひ》になるといった具合だ。紙屑については現在と同様、古紙回収業者がいて古紙をほぐして再利用する。

江戸の街から出る糞尿も、周辺の農民が買いにきて季節の野菜などと交換し、発酵させて有機肥料である「こやし」をつくっていたのだ。燃やされた薪や古物の灰まで、ちゃんと買い集める業者がいて肥料として使われていた。

すべてのものが徹底的に使い尽くされ、ゴミが出ない社会が成立していたのである。

また、そうしたリサイクル社会がさまざまな職業や雇用を生み出し、庶民の生活を形成する要となっていたのだ。

なぜ警察と救急は「110番」と「119番」？

警察への通報用電話である110番が日本に開設されたのは、戦後まもなくの昭和23年（1948年）のことだ。GHQの勧告によるものだった。

それは全国8大都市でスタートしたものの、おもしろいことにその通報番号は地域によってバラバラで、東京は最初から110番だったが、名古屋では「1110番」、大阪や神戸では「118番」などまったく統一されていなかった。

さすがにそれは不便ということで、日本全国どこにいても警察への通報電話は11

0番というように決まったのは昭和29年（1954年）になってからだ。しかし、なぜ「123」や「999」ではなく「110」番なのだろうか。

昔のダイヤル式の電話機を思い出してほしい。「1」はすべての番号のなかで一番早く回せる番号だ。緊急性の高い警察への通報という目的から、やはりその所要時間はできるだけ短く、そして覚えやすいことも大切なので、「1」を使うのが合理的というわけだ。

そして、あえて末尾を「0」という最も回す時間がかかる番号にしたのは、その間に本人のあせっている気持ちを落ち着かせるためだといわれている。

だから最短時間でかけられる「111」ではなく「110」番なのだ。

一方、火事や急病のときにかける119番の制度が始まったのは、110番より古く大正6年（1917年）のことだ。

当時はまだ交換手が電話をつないでくれる時代で、電話口で「火事だ」と叫ぶと交換手が消防署につなぐという段取りだったという。

当時はおそらく地元の消防団や住民たちによる初期消火活動が活発で、消防署と共に火災による被害を最小限に抑える働きをしていたのだろう。

ちなみに、毎年1月10日は「110番の日」で、11月9日が「119番の日」となっている。

両者ともあまりお世話になりたくないが、もしものときは慌てず騒がず冷静に対処したいものだ。

日本が自動販売機天国だって、どういうこと？

たまに海外旅行へ行くと、日本の快適さや便利さをあらためて実感することがある。たとえば、コンビニエンスストアやスーパーマーケット、ガソリンスタンドなどは日本では探さなくてもすぐ見つかるし、24時間営業も当たり前だ。

自動販売機もそのひとつで、日本ほど自販機が生活に密着している国は世界広しといえどほかにはない。

事実、日本の自動販売機の設置台数はアメリカに次いで第2位だ。全国で約５００万台が設置されており、対するアメリカは全土で約６５０万台だが、国土の広さを考えればその設置率の高さは一目瞭然である。

しかも、自販機で販売する商品と関連サービスにおける総売上高は、アメリカを抜いて堂々の世界第1位なのである。

というのも、日本は一般的な飲料だけでなくアルコールやタバコも自販機で売っている。これは諸外国ではほとんどありえないことである。また、1台の自販機で熱い飲み物と冷たい飲み物を売る「ホット&コールド」の機能も日本独自の技術なのだ。

さらに、屋外に堂々と置かれているのも特徴だ。これはいうまでもなく治安の差で、海外で日本と同じように道端に設置していたら犯罪率は日本の比ではないだろう。

誰もが安心して、いつでも買える。それが世界に誇れる日本の自販機なのだ。

日本の生理用ナプキンはなぜ質がいい?

海外で暮らした経験のある女性なら、日本の生理用ナプキンがトップクラスの品質だと実感している人も多いだろう。

CMでは「夜用」「軽い日用」「羽つき」などさまざまな機能をうたったナプキンが出ているし、ドラッグストアにも多くの種類のナプキンが棚一面に並んでいる。

その使い心地や評判から日本のナプキンは「世界一」といっても過言ではないが、アメリカから40年も遅れて製造された日本の生理用ナプキンがここまで進歩したのは、その普及率に秘密がある。

欧米での生理用品は昔からタンポンが主流で、それは今でも全体の半数以上を占めているが、現在日本でのタンポンの使用率は1割にも満たないという。

はるか昔の日本では、植物や海綿をタンポン代わりにしていた時代もあったようだが、女性が下着を身につけるようになると布などを当てて処理するのが一般的になった。今でも日本の女性がタンポンを使うときというのは、旅行や入浴、長時間のスポーツなど特別な場合が多く、依然ナプキン派が主流だ。

だから、日本におけるこの絶対的なナプキンの支持率こそ、70年代から80年代にかけて高分子吸収体やメッシュシートなどが開発され、高性能ナプキンが生み出された原動力になったというわけだ。

欧米では風邪でもマスクをつけると嫌われる？

こんな話がある。パリのシャンゼリゼ通りを歩いていた日本人がいた。風邪をひいているらしくマスクをしている。それを見たフランス人が怒鳴りかかった。「そんなにパリの空気を吸いたくなければ日本へ帰れ！」

多くの欧米人にとって、マスクは空気の悪い場所や空気の汚い場所で、その空気を吸い込むのを防ぐためにつけるものと考えられている。

だから、シャンゼリゼ通りでマスクをつけて歩いている日本人が、パリの空気を嫌っているように見えたのだ。

ところが日本人はマスクが好きだ。空気が汚れているときはもちろんだが、それ以上に、風邪などが流行すれば空気中の菌を吸い込むのを防ぐため、そして体内から菌を出して人に移さないようにするためにマスクをつける。

花粉症の人のための特別なマスクをつくって売り出せば大ヒットになるし、とくに他人に病気を移さないためにマスクをする、というのは日本人独特の発想だ。

和を大切にする日本人の性格のためか、他人に迷惑をかけてはならないという気持ちからマスクの着用が当たり前になっている。

風邪が流行する季節にマスクをしている人を大勢見たら、それはまさに日本らしい光景なのだ。

アメリカの風邪薬は日本より効きが強いって本当？

アメリカを旅行中に風邪をひき、現地で買った薬を飲んだらすぐに治った、という経験のある人は少なくない。

アメリカの薬は日本で市販されている薬よりも段違いの即効性がある。といってもよりも日本の製薬会社よりもアメリカのほうが優れているというわけではない。ここにはそれぞれのお国事情があるのだ。

何といってもアメリカは医療費がケタ違いに高い。だから誰もがなるべく医者にかかりたくない。そのためには薬がすぐに効いてくれないと困る。だからアメリカの風邪薬は日本よりも薬効が高いし、1日の摂取量も多く定められている。

また、日本の風邪薬は「総合感冒薬」なので風邪の諸症状に効くようにつくられており、複数の成分が少しずつ混ぜ合わされている。逆に、アメリカは「のどの痛み用」「解熱用」など症状ごとに薬が違うので、その分効果も大きいわけだ。

もともとアメリカ人は「病気を治す」ではなく「病気にならないようにする」ことに気を使う。高い医療費を払うよりは、普段から食事やサプリメントで免疫力をつけておくことに力を注ぐのだ。

そんなアメリカ人にとって薬はすぐに、しっかりと効かなければ意味がないというわけだ。もちろん、どちらがいいかは考え方しだいだ。

日本にはなぜミドルネームがない？

欧米社会では多くの人が持っているミドルネームだが、そのつけ方はいろいろだ。

キリスト教徒だと洗礼名をつける人が多いが、なかには祖先や祖父母、両親の名前をつける人もいる。

また大統領や自分の好きなスターの名前を選ぶ人もいるし、単に好きな名前にする人もいる。ようするに選び方は自由なのだ。

とはいえミドルネームはただの飾りではなく、ちゃんとした役割がある。

欧米諸国では日本に比べて苗字の数が少ない。日本人の苗字は約20万もあるといわれるが、欧米諸国では民族単位で見ると1万ほどしかなく、当然、同姓同名も増えることになる。

そこで、ミドルネームを入れることで同姓同名の他人と区別しているのだ。

たとえば、ジョン・スミスという名前の人は大勢いる。そこでミドルネームを入れてジョン・E・スミスとすれば、ある程度その人を特定することができるのだ。このEには意味はなくてもいい。好みで選べばいいのだ。

ところで、同姓同名があまりいない日本ではミドルネームをつける習慣がないだけでなく、法的にも認められていない。

もしも自分の子どもにミドルネームをつけて出生届を出しても、日本では受理されないことになっている。

日本語の方言はいったいいくつあるの？

幕末期、薩摩藩の武士たちはお国言葉である薩摩弁を仲間同士の暗号のように使ったという。

ちなみに、同郷の人の間で重宝がられていた「方言」が有害とされ、徹底的な撲滅が図られたのは明治20年（1887年）以降のことだ。

近代的国家建設の過程で、日本民族統一の鍵である言文一致の運動として標準語が要求され、みな方言を捨てるようになったのだ。

そんな歴史を辿りつつ、今なお残る日本の方言がいくつあるのかといえば、正確には「人の数だけ」ということになる。「方言」とひと口にいっても、音韻やアクセントを重視した方言区画の方法もあれば、文法や語彙を重視した方言区画もある。

地図上でA地区とB地区の言葉が明らかに違っていても、その境界線あたりでは両方が混ざっていたり、人によって使い方も違ったりするのだから、くっきり分けようというのは無理があるというものだ。

それでも何とかしていくつかに分類しようと、東条操《とうじょうみさお》を中心とする方言研究者たちによる国語調査委員会が、明治39年（1906年）に『口語法調査』を発表した。その成果と調査結果を受けて研究に取り組み、方言の地理的分類をした結果、方言の数は16種類ということになっている。

昭和28年（1953年）の『日本方言学』によると、まず「本土方言」と「琉球方言」に分けられる。前者は東部（北海道、東北、関東、東海東山、八丈島）、西部（北陸、近畿、中国、雲伯《うんぱく》、四国）、九州（肥筑《ひちく》、豊日《ほうにち》、薩隅《さつぐう》）、に分類される。

同じように琉球方言も3つ、（奄美、沖縄、先島《さきしま》）に分けられている。

しかし、そのほかにもさまざまな区画案があり、これは代表的な一例にすぎない。

ほかには、話す側の方言意識による区画方法や、方言のイメージというアンケート調査に基づいた区画方法などがある。

ちなみに、現在「標準語」とされているものは明治の半ばから使われ始め、方言色の少ない「共通語」にさらに規範を定めたものである。

日本人は月は重視したのに、なぜ星に関心が薄かった？

雑誌やテレビ、インターネットなどで星占いを見つけると、つい自分の運勢をチェックしてしまう人は多い。

だが、星占いに夢中になっている人でも、実際その星が天空のどの星座なのかとなると、そこまで詳しく説明できる日本人は案外少ないものだ。

なぜなら本来星というのは、狩猟民族や遊牧民族が移動する際の羅針盤として必要としていたものだからだ。

そのため欧米などの人々は、月よりも星に愛着を持っている。星にまつわる絵画や詩なども日本に比べると多く、たとえば外国の子どもに星空を描かせたら、きちんと配置された星を描くともいわれる。

一方、稲作が主流の我が国では、昔から星よりも月に強い関心を示していた。

満月をもって月始め、年始めとしてきたし、お月見という行事や「中秋の名月」という言葉を生み出し、自然の美を「花鳥風月」と呼んできた。

また、唱歌にも星に比べて月の歌のほうが圧倒的に多い。子どもの頃に月ではかわいいウサギが餅をついていると信じていた人も多いだろう。

しかし、今では住宅事情も手伝ってお月見などをすることも少なくなった。せめて、中秋の名月くらいは、ゆっくりと空を見上げる心のゆとりがほしいものである。

「日本晴れ」の日本にはどんな意味がある?

「日本晴れ」というと、思い浮かべるのが広々としていてすがすがしい大空だ。

秋になり、太平洋高気圧が去ると大陸から移動性高気圧がやってくる。それが日本の上空にきて雲ひとつない快晴をもたらすことを、「日本晴れ」または「秋晴れ」と呼んでいる。

秋晴れという表現は理解できるとしても、なぜ空（天気）に「日本」という限定された呼び名がついているのだろうか。

「日本晴れ」という言葉が登場する最古の書物は室町時代の文献だが、その語源にはさまざまな説がある。

一説によると、雲ひとつない空にぽっかりと太陽だけ浮かんでいる様子が、日の丸を連想させるからだという。

また、室町時代の「日本一」「天下一」という流行り言葉が「極めて良い天気」という意味で使われるようになったのではないか、という説もある。

江戸時代には庶民が大きいものや豪勢なものをはやし立てるときに「日本○○！」などとかけ声をかける風潮があり、そこから最上級の褒め言葉として用いられたともいわれている。

いずれにしても、日本一になることや、日本一を目指すということは、「極めて素晴らしいこと」という発想から生まれた言葉なのである。

日本人はほかの国の人より左脳人間だって本当？

先進諸国のなかで、もっとも労働時間が長いといわれ続けてきた日本だが、近年祝祭日を増やすなどの努力がなされてきた。

しかし、それでもまだまだ日本人は働き過ぎだといわれている。

２０１５年に発表されたＩＬＯ（国際労働機関）のデータによると、日本人ひとり当たりの労働時間は年間１７３５時間だった。

それにひきかえ、日本に次ぐ経済大国にもかかわらずドイツは１３８８時間、フランスの１４８９時間、スウェーデンの１６

０７時間と比べてみても日本の労働時間の長さは際立つ。

　そんな働き者の日本人の特徴といえば、体のあらゆる部分を使って仕事をしている点だ。なかでも、業種を問わずに酷使しているのが脳である。

　しかも、右脳と左脳の役割分担でいえば、日本人は圧倒的に左脳を酷使している。

　左手の運動と知覚や感性、五感をつかさどる右脳に対して、左脳は右手の運動と思考や論理をつかさどっている。

　たとえば、自分の意見をわかりやすく述べて説得したり、思考を展開し、状況を把握して言語化するのは左脳の働きだ。

　しかも、個人という感覚が薄く、「世間」という共同体を絶えず意識している日本人は、職場での人間関係だけでも左脳を酷使しているといえるだろう。

　だが、左脳を酷使しているのは、欧米のビジネスパーソンも同じではないかと思うだろう。ところが、日本人と欧米人との脳の使い方は少し違っている。

　たとえば、洋楽と邦楽を聴かせて左右のどちらを使っているのか調べた結果、欧米人は全部を単なる音として右脳で捉えるのに対し、日本人の場合、西洋楽器を聴いているときは右脳を働かせ、和楽器の場合は左脳を働かせていた。

　つまり、楽器の音色を単なる音としてではなく、言語化して風情を感じたりしているのだ。

　ストレスだらけの毎日のなかで、動物的といわれる右脳を上手に使えば、さまざまな病気も防げるのかもしれない。

絶滅の危機に瀕している動物は日本にどれだけいる？

古くはエリマキトカゲにウーパールーパー、そして時折、河川に現れるアザラシなど、日本人はとにかく珍しい動物をアイドル視してお祭り騒ぎをするのが大好きである。

少し前には動物園で直立するレッサーパンダが一躍人気者となったが、じつはレッサーパンダはＩＵＣＮ(国際自然保護連合)によって絶滅危惧種に指定されている動物だ。

本来であればかわいいと騒ぎ立てるよりも、その保護について真剣に考えられるべき生き物である。

２０１４年時点のＩＵＣＮ（国際自然保護連合）のレッドリストで絶滅危惧種に登録されている野生生物（植物は除く）は１万１８１８種ある。では、そのうち日本の絶滅危惧種は何種類いるのだろうか。

日本の環境省によるレッドリスト２０１５掲載種数表によると、日本の絶滅危惧種はイリオモテヤマネコ、ニホンカワウソなどの哺乳類が33、オオサンショウウオ、アオウミガメなどの爬虫類・両生類で58、コウノトリ、イヌワシなどの鳥類で97、ほか淡水魚、昆虫などを合わせると動物だけで１３３７種にもなる。

しかも現在はリストの見直しが進行中であり、さらに増える可能性もあるのだ。

どうにかして少しでも多くの仲間を絶滅の危機から救いたいものである。

日本の伝統文化に黒い瞳が関係してるってどういうこと？

黄色い肌に黒髪、そして黒い瞳といえば欧米人から見た日本人の特徴である。

欧米人に対して、何かとコンプレックスを抱きがちな日本人ではあるが、しかし黒い瞳は、西洋人のような青や緑などの淡い色の瞳よりも優秀な点が多いのだ。

まず、黒い目は青い目と比べて、瞳のまわりにある虹彩《こうさい》という膜に含まれているメラニン色素が多いということが挙げられる。

メラニン色素には光線や紫外線から目を守る働きがあるので、淡い色の目よりも強いのだ。そのため、日本人は欧米人ほどサングラスに頼る必要がない。

もうひとつ、ピントが合いやすい黒目は微妙な色彩を判別する能力も高いのだ。

明るくてハッキリとした色彩を好む傾向がある欧米人に対して、日本人は昔から原色だけでなく、そこに淡い色を織り交ぜて、色の重なりを楽しむ文化をつくってきた。

平安時代の十二単に代表されるような着物文化は、まさに色彩の織り成す美の世界であるし、派手な色使いの浮世絵などもそのひとつだ。

また、墨の濃淡で表現した水墨画は、中国の影響を受けながらも日本の伝統文化として確立した。

このような日本独自の伝統文化は、日本人が黒い瞳を持っていたからこそ生まれたといっても過言ではないのである。

日本には海外より喫茶店が多いって、ホント?

一時、街中にはカフェばかりが目立ったことがあったが、最近ではまた昔ながらの喫茶店スタイルの店がチェーン展開しはじめて存在感を高めている。

このようなコーヒーやソフトドリンクを出す店の数は、日本は外国に比べると多い。

その理由のひとつには、日本人にはヨーロッパのように昼間から酒を飲む習慣がないことが挙げられる。ビールを水代わりにして長いランチタイムを取るなんて、日本人には考えられないことなのだ。

それ以外の理由に、勤務時間の長さと通勤時間の長さが挙げられる。

その両方が長いということは、1日のうちで寝る以外のほとんどの時間を拘束されるということになる。たとえば東京都心に通勤する人の通勤時間は平均60分以上で、アメリカの平均通勤時間の倍以上である。

これは物価の高い国の宿命で、庶民が手頃な価格でマイホームを手に入れるために市街地が拡大し、通勤圏はさらに広がってきているのだ。

すると、出社するために家を出る時間が早くなり、会社近くの喫茶店で仕事前に軽い朝食をとりつつ、通勤の疲れをとるためにひと休みということになる。

静かで居心地のいい喫茶店などは、午後になると睡眠不足を補うために、うたた寝する場所にもなっていたりするのだ。

「割り箸」って本当に熱帯雨林を破壊してるの？

コンビニエンスストアのお弁当を食べるときなど、便利なためについ使ってしまうのが割り箸だ。林野庁によると、日本国内で1年間に消費される割り箸の数はなんと約194億膳にものぼる。これは国民ひとり当たりに換算すると1年間に150膳を使っている計算になるという。

こうした割り箸の消費が、大量伐採による熱帯雨林の破壊につながるといって以前から国内外で批判の的になっているが、じつは割り箸の消費が熱帯雨林の破壊につながることはない。というのは、熱帯産の樹木は幹がやわらかく折れやすいため、割り箸の原料にはならないからである。

では、割り箸の原料となる木材がどこから調達されているのかというと、以前はなんと日本の木材が使われていた。それも、もともと捨てられてしまう間伐材や建築用材の残りの端材で製造していたのだ。

だが、現在ではこの言い訳も使えない。割り箸の9割が外国産で、そのほとんどが中国産だからだ。

しかも、中国では低コスト実現のため森林の木を一度にすべて伐採する皆伐方式を用いている。

割り箸を使い捨てることは熱帯雨林の破壊にはつながらなくても、結局のところ、中国の森林減少を加速させて環境破壊の一端を担う結果となっているのだ。

常識その6

歴史

日本で最初に国道をつくったのが
聖徳太子って本当？

日本で最初に国道をつくったのが聖徳太子って本当？

世界で初めて道路を構想し、敷設したのはローマ人だ。

道路は輸送用のハイウェイとして、軍隊が最短時間で目的地まで移動するために不可欠のものだったのである。

では、日本で国道はいつ誰によってつくられたのだろうか。

『日本書紀』には、推古21年（613年）に「難波より京に至るまでに大道を置く」と記されている。この大道が今でいう国道のようなものだ。

難波（大阪）と京（飛鳥）を結び、大陸からの使者や日本の遣隋使や遣唐使が行き来して、中国や朝鮮半島の文化を伝来したのである。

そして、この大道がつくられた当時の摂政こそ、あの聖徳太子（厩戸皇子《うまやどのみこ》）である。

この道はやがて都が和銅3年（710年）に奈良の平城京へと移されると、中世末に堺と大和をつないで経済の道として利用されるまで、ほとんど使われることがなくなる。だが、一方で太子信仰の道としての性格が強くなっていく。

この大道とほぼ同じルートを通る竹内街道沿いには、今も太子と関係があった人物にまつわるものが多く残っている。

開明的思考の持ち主であった聖徳太子。彼は道というものが持つ重要な意味を誰よりも早く知っていたのだろう。

「佃煮」と「本能寺の変」との意外な関係とは？

佃煮はその名から、東京中央区の佃島（現佃1丁目）が発祥だということはよく知られていることだ。しかしそのルーツを探ると、安土桃山時代の大阪へと時代をさかのぼる。

時は天正10年（1582年）6月2日。明智光秀の謀反によって天下統一を目前に織田信長が自害した「本能寺の変」が起きた日である。

このとき徳川家康は信長に招かれて安土城を訪れたあと、わずかな家来を引き連れて堺（大阪府堺市）に滞在していた。知らせを受けた家康は、腹を切って信長のあとを追おうとまで考えたが、「本国まで戻り、軍を整えて明智を討つべき」と説得され、三河の岡崎城に戻る決意をする。

一行は明智軍らの襲撃を避けるために難所である伊賀（三重県）の山を抜け、伊勢から海を渡って岡崎に帰るルートをとった。これがのちに神格化された家康を讃える「神君伊賀越え」と呼ばれるエピソードだ。

その途中、摂津国（大阪府）神崎川で渡る舟がなく困っていたところ、漁船を用立てたのが、地元・佃村の庄屋、森孫右衛門だった。孫右衛門は、このときに食料として小魚などを塩水で煮た「潮煮」と呼ばれる食料を一行に提供した。

潮煮は漁師たちの間でつくられていた非常食で、長期間の保存も可能という優れものだったため、その後の道中を支える貴重な食料となった。

　こうして家康一行は伊賀を超えて伊勢・白子へたどり着き、海路で岡崎まで帰ることができたのだ。

　難を逃れた家康は、江戸城へ移った後、天正18年（1590年）に孫右衛門をはじめとする佃村の漁師30人あまりを江戸に移住させ、数々の特権を与えて優遇した。

　三代将軍家光の時代には、隅田川河口に百間（約180メートル）四方を自由に使える特権を与えたことにより、漁師たちは江戸湾の中に島を築いて移り住んだ。

　これが現在の佃島である。また、野田（千葉県）で醤油づくりが盛んだったことから、「潮煮」の要領で小魚などを醤油煮にする佃煮の原型がここで生み出されている。

日本は武士の国だから左ハンドルにならなかった？

　一部の幹線道路などを除くと、日本の道は狭い。車が1台通るのもやっとという生活道路も少なくない。

　このような日本の道路事情を考えると、歩行者も車も互いに譲り合って暮らしていきたいと思うのだが、しかし、交通弱者であるはずの歩行者が車を避けて歩く場面を多く見かける。

　一応「車は左側、歩行者は右側」と分けられてはいるのだが、どうも車のほうが「エラそう」にしているような気がしてならない。

アメリカやドイツなどヨーロッパのほとんどの国では、車は右側通行だ。日本と同じように車が左側を走っているのは、イギリスをはじめ香港、インドやオーストラリアくらいのものだ。

イギリスでは自動車が左側通行だったため、イギリスの植民地だったそれらの国々が同じように合わせたのはわかるが、なぜ日本まで車が左側を走っているのか。

じつは、戦前までの日本の人々は左側を歩いていたのだ。車のなかった時代の日本では、道を通行するのは荷馬車か駕籠か人であった。

人のなかには当然武士がいて、腰にさした刀が対向者とぶつかり合ってしばしばケンカになったことから、江戸幕府が道の右側を歩くことを禁止して左側通行に定められたという説がある。

ところが戦後の復興に伴って車が増えると、車も人も左側では危ないという理由で、昭和25年（1950年）から歩行者が右側を歩くことになった。

つまり、それまで歩行者が歩いていた左側を車に譲ったということだ。

そう考えると車はその昔、偉そうに歩いていた武士に代わって左側通行を許されたということになる。

「歩行者優先」などといわれるが、結局車のほうが優先されたわけで、どこか「エラそう」に見えるのは気のせいではないのかもしれない。

ちなみに、イギリスの車が左側を走っている理由も日本と同様、左側にサーベルを差していた騎士の国であったためだ。

日本で初めて新婚旅行をしたのは坂本竜馬だった？

今ではハワイやオーストラリアなど海外に行く人が多い新婚旅行だが、かつての日本にはこうした習慣はなかった。その新婚旅行を日本で初めてしたのは、なんとあの坂本竜馬である。

坂本竜馬といえば明治維新の立役者で、幕末の志士たちのなかでもとりわけ広い視野と自由な気風を身につけ、現在でも老若を問わず人気が高い人物だ。

慶応3年（1867年）に大政奉還を実現させたあと、その翌月には33歳で暗殺されてしまう。竜馬は前年にそれまで通っていた京都の船宿・寺田屋の養女、お龍と結婚したばかりだった。

竜馬は薩長とのつながりやその影響力のために、当時の幕府から危険人物とされ、しばしば刺客が送り込まれていた。

あるとき、寺田屋滞在中に襲われた竜馬はお龍が刺客の襲来をいち早く告げてくれたことで、重傷を負いつつも一命を取り留めることができたのだ。

この出来事の後、竜馬とお龍は夫婦となり、竜馬のケガの療養もかねて鹿児島の霧島山のふもとにある温泉を訪れたのである。これが日本初の新婚旅行というわけだ。

激動の時代を駆け抜けていった坂本竜馬。暗殺により短い生涯を終えることになるが、お龍との新婚旅行はかけがえのない思い出になったことだろう。

日本の真珠を一躍有名にした「パリ裁判」って？

真珠といえば、その優美で清楚な輝きで、世の女性たちを魅了する宝石のひとつだ。

ただ、ひと口に真珠といっても、クロチョウ貝やマベ貝など母貝となる種類はいくつかあり、日本ではとくに志摩半島の鳥羽を中心に、アコヤ貝から採れる「アコヤ真珠」の養殖が盛んに行われている。

この日本産の真珠、今や世界的にも有名だが、じつはそこには宝飾界を揺るがす一大事件があったことをご存じだろうか。

日本の真珠の歴史は、かつて真珠王と呼ばれた御木本幸吉の存在抜きには語れない。志摩出身の幸吉は、いわずと知れたアコヤ貝の増殖から真珠そのものの養殖に成功した人物である。

天然の真珠は、貝のなかに入った異物に貝自身から吐き出される真珠質という分泌液が付着することでつくられる。

もちろん、すべての貝から真珠が採れるはずもなく、その確率は300枚に1枚ともいわれる。

ところが養殖真珠は、成長したアコヤ貝に真珠の元となる核を移植するため、どの貝からも真珠が採取できるのだ。

奇想天外ともいえる世界初の画期的な発明だったが、それに待ったをかけた人たちがいた。ヨーロッパの宝石商および上流階級の人間である。

養殖真珠が世界の市場に出回りはじめた

のは1919年。当時、ヨーロッパでは大戦の影響で相場が安定しなかったため、資産家は宝飾品で資産を維持していた。

ところが、養殖真珠が大量に出回ればその価値がぐんと下がってしまう。そこで彼らは日本の養殖真珠を偽者だと非難したのである。

その真偽は司法に委ねられ、最終的にパリでの裁判へと発展した。そして、1924年、通称「パリ（真珠）裁判」によって、養殖真珠の正当な価値が認められたのである。

もしも、この裁判で敗訴するようなことがあれば、今も真珠は高嶺の花だったに違いない。現在、世界初の真珠養殖の地は「ミキモト真珠島」と名を変え、観光施設になっている。

日本初のお札の肖像画は女性だったって本当？

平成16年（2004年）にお札が新しくなったとき、5000円札の肖像に女流作家の樋口一葉が選ばれたことに驚いた人も多いだろう。しかし日本で最初に紙幣に印刷された人物は、じつは女性だったのだ。

明治14～16年（1881～83年）にかけて発行された改造紙幣（日本銀行券ではなく大日本帝国紙幣、不換紙幣）に描かれた神功皇后《じんぐうこうごう》が、その人である。

『日本書紀』では神功皇后は2～3世紀の人物とされている。また、邪馬台国の女王卑弥呼はこの皇后を指すのではないかという説もあった。

しかし、戦後はその存在に疑問が呈され、現在は神功皇后は神話上の人物であり、実在しなかったとされている。

肖像画などもいっさいないので、まったくの想像で描かれるしかなかったが、原版を作成したのがイタリア人のエドアルド・キヨッソーネだったために、西洋風の美人像として描かれていた。


世界的に見ると、現在流通している紙幣で女性の肖像が描かれたものはイギリスのエリザベス女王など7例しかなく非常に少ない。樋口一葉はそのレアなひとりということになる。

しかし、お隣りの韓国のように女性の社会進出に伴い、紙幣に女性を登場させてはどうかと議論されている国もあり、今後は増えていくかもしれない。

なぜ「聖徳太子」はお札に何度も選ばれるの？

偽造防止のために紙幣に印刷される肖像画。誰の肖像にするかは財務省印刷局の専門家などが話し合って財務大臣が公示することになっている。人選の条件は、大きな業績を上げた実在の人物であり、国際的にも知名度が高く、そして明確な写真や肖像画が存在することなどだ。つまり、紙幣の肖像画はかなりリアルなのだ。

しかし、明治以降から戦前までの紙幣には古代の人物が多く描かれ、必ずしも正確ではなかった。

たとえば学問の神様で知られる菅原道真《すがわらのみちざね》、大化の改新を成し遂げた藤原鎌足《ふじわらのかまたり》、『古事記』や『日本書紀』に記述が残る日本武尊《やまとたけるのみこと》などが紙幣に登場したが、これらは想像で描かれた肖像だった。

しかし時代が新しくなるにつれ、板垣退助、岩倉具視《いわくらともみ》、伊藤博文などのように写真をもとに正確に描かれるようになるのだ。

登場回数が最も多いのは聖徳太子だ。戦前3回、戦後4回、計7回も使われている。戦後100円札に登場したときは日本武尊や坂上田村麻呂など6人の候補を押しのけての採用だったが、これは「他の候補は軍国的なイメージが強い」という理由からGHQが聖徳太子だけを認めたためだ。

それを考えると、現在の紙幣には文化人や学者など政治色の薄い人物が描かれているのも感慨深い。

沖縄の「シーサー」はなぜ屋根瓦の上にいる？

「シーサー」といえば沖縄だ。あらゆる邪気を追い払う魔除けとして島の人々から親しまれ、そのいかめしくも愛くるしい表情は沖縄の土産物としても人気だ。

原型は13～15世紀に中国から伝わった獅子像といわれ、獅子がなまってシーサーといわれるようになったという。

沖縄では、シーサーはもともと城や神社、集落の入口に置かれている石像だった。その始まりは17世紀頃で、東風平町富盛《こちんだちょうともり》にあるシーサーが、村落に置かれた石獅子《せきしし》としては最古で1689年に「火伏せ」として置かれたことが伝わっている。

火伏せというのは火の災いを避けるお守りのこと。当時、このあたりの集落では火災が度重なり、村民たちは悩んだ末に「集落から邪気を払おう」と風水思想をもとに石獅子を集落の入口に置いたのが始まりで、なんとこれを境に火災がおさまったという説話がある。以来、シーサーはヒーゲーシ（火返し）、ヤナカジゲージ（邪気返し）として島民に支持されていったという。

屋根の上が定位置となったのは比較的最近で、明治時代のことだ。今では多くのシーサーが、民家の赤い瓦屋根の上から島を見守るように鎮座している。

ちなみに、それまで上流階級だけに許されていた赤い瓦屋根の家屋が庶民にも許されたのがちょうど明治の頃なので、赤い瓦屋根の普及がシーサーを地面から屋根に押し上げたといえそうだ。

一説によれば、瓦職人が屋根を葺《ふ》き上げた際、感謝と魔除けの意味を込めて漆喰《しっくい》と赤瓦でつくったシーサーを乗せたのがきっかけといわれている。

かくしてシーサーは魔除けや厄除けとしてつくられるようになったわけだが、どの宗教にも属していないため、製作段階や設置の際にお祓いや儀式といった面倒なことはいっさい必要ない。

それどころかつくり方にも厳密な決まりがなく、さまざまな表情や形があるというなんとも朗らかなものである。ご利益ももはや「火伏せ」にとどまらず、「家内安全」から「悪霊退散」までオールマイティにこなすようになっている。

ピアスは縄文時代から日本で流行ってた？

オシャレといえば、もてはやされるのがパリやニューヨークなど欧米のスタイルだ。だが、ファッションセンスや美意識においては、我が祖先たちもなかなかのものだ。

6000年以上も前に、デコレーションを施した縄文土器を発明しただけのことはあって、縄文人が優れた美的造形力を持っていたことは明らかである。

遺跡からの出土品のなかには土器だけでなく、多種多様な装身具が発見されている。なかでも興味を引くのは、現代でも人気の高いピアスだ。

貝塚から出る埋葬した人骨の耳たぶの部分に朱色の輪のようなものがはめられていたりする。それは間違いなく耳飾りであり、穴を開けて差し込んでいることがわかった。

形もさまざまで、縄文前期にはけつ状型（扁平な石を逆U字形にくりぬいたもの）が現れ、後期になると土をこねて耳栓形や滑車形（輪形）にして焼き上げたものがつくられていた。透かし模様などの入った芸術的な作品も多く見られる。

ただ、これらが出土するのは特殊遺跡に限られていて、日常生活のなかで誰もが気軽に身につけていたとは考えにくい。

現在のように、オシャレをするためだけのものではなく、呪物《じゅぶつ》の機能を持っていたことや、男女の区別を強調するための用具だったのだろうと考えられている。

世界初の総入れ歯は、日本人がつくったって本当？

高齢化社会が進むにつれてますます需要が増えそうなもののひとつに入れ歯がある。
今ではどこの国でも、精巧で使いやすい、優れた入れ歯がつくられているが、世界で最初の入れ歯は、どこで生まれたのだろうか。
長い間、入れ歯の発明者はピエール・フォーシャールというフランス人だといわれてきた。「近代歯科医学の父」といわれた彼が、1737年に総入れ歯をつくり出したという記録が残っている。
ところがその後、それより200年も前

につくられた上顎の総入れ歯が、なんと日本で発見された。

場所は和歌山市の願成寺《がんじょうじ》で、この寺の創始者である尼僧の仏姫《ほとけひめ》が使っていたものとされている。

仏姫が没したのは天文7年（1538年）。つまり、その入れ歯はそれ以前につくられたことになり、フォーシャール作のものよりはるかに古いことになる。どうやら入れ歯のルーツは日本にあるようだ。

おもしろいことにこの入れ歯は、木彫りである。つくったのも歯科医ではなく、おそらく仏師《ぶっし》だったといわれている。当時仏像をつくる機会が少なくなり、暇になった仏師がその技術を生かして作ったらしい。

なるほど、手先の器用な日本人ならではの話である。

「八百万の神々」って、実際何人？

困難に直面したり、どうしても叶えたいことがあったりすると、心の中で思わず「神様、お願い！」と唱えてしまうことがある。こんなとき、どんな神様を頭の中に思い浮かべて祈っているだろうか。

日本の神話に登場する天照大神や大国主命の名は耳にしたことがあるだろう。彼らはあたかも人間のように描かれているが、れっきとした神様である。そのほか『古事記』や『日本書紀』などに出てくる神々だけでも300を超えるという。

さらに、日本では古代からさまざまなも

のに神様が宿ると考えられてきた。山、川、森、風といった自然をつかさどる神様をはじめ、田畑や道など村落を守る神様、かまど、台所のような家のなかにあるものに宿る神様など多種多様だ。トイレにまでも守り神がいるとされている。

自然は人間に豊かな恵みをもたらす一方で、ときには猛威を振るう。荒れ狂う自然を目にした人々は、それを神の怒りと信じ、畏《おそ》れ敬うようになっていったのだ。日本の信仰はこのように万物を崇めるアニミズムから始まったといっていい。

また、仏教や道教など異国から入ってきた宗教に由来する神様もいる。たとえば、大黒様や庚申《こうしん》様などと呼ばれる神たちはこのタイプである。

さらには、人間を神様に昇格させたケースもある。昔の人々は天変地異や疫病のような不幸が続くと、非業の最期を遂げた人が怨霊になって災いをもたらしていると考えた。そこで、その人間を神様として崇《あが》めることで、怨念を鎮めてもらおうとしたわけである。

その代表的な人物が菅原道真だ。無実の罪で太宰府に流された道真は、今や学問の神様として多くの人々の信仰を集めている。

このように、日本ではあらゆるところに神様がいるといっても過言ではない。それを象徴しているのが「八百万《やおよろず》の神々」だ。

この八百万は具体的に神の人数を表しているわけではなく、「たくさん」という意味で使われている。名前も知らないような小さい神様まで含めれば、それこそ膨大な数になることは間違いない。

〝神無月〟に出雲に集まった神様は、いったい何を話し合う？

出雲大社は縁結びの神様として人気が高く、若い女性やカップルをはじめ、多くの観光客が訪れる神社だ。ここの主祭神は大国主命で、因幡の白ウサギを助けたエピソードで知られる神様である。

縁結びばかりがクローズアップされる大国主命だが、この神様は農業、医術、産業などさまざまなジャンルに力をもっている。日本神話において日本が誕生していく過程でも、ひときわ大きな役割を担っている。

なにしろ、最高神である天照大神にこの国を譲ったのが大国主命なのだ。このとき国を譲るかわりに、大国主命は巨大な屋敷を要求している。そうして建てられたのが出雲大社だと伝えられている。

ところで、出雲大社は大国主命だけでなく、日本中の神々にとっても重要な場所である。

旧暦では10月のことを「神無月」と呼ぶが、これは10月に諸国の神々が出かけて地元を留守にするという言い伝えからついた名だ。そして、神様たちが出かける先は出雲だった。

ここで神々は男女の縁結びについて話し合ったといわれているが、どうやらこの話はあとからつけ加えられた俗説らしい。そんな俗説が生まれるほど出雲大社は広く人々に親しまれてきたのである。

ちなみに、出雲地方だけは神無月の呼び

方が違う。神々が集結する場所らしく、「神《かみ》在月《ありづき》」と呼ぶのである。

ところで、最高神である天照大神がいるのは伊勢神宮なのに、なぜ神様たちは大国主命が祀られている出雲に集まるのだろうか。それにはいくつかの理由が考えられる。

ひとつは、出雲が古代から発達した地域だったことだ。

島根県の荒神谷《こうじんだに》遺跡からは、祭祀に使う多数の銅剣が発見されている。この遺跡は、大和地方や北九州が栄える以前のものであり、信仰や文化の起源が出雲にあったと考えられるのだ。

また、『古事記』や『日本書紀』など、神話を伝える歴史書は大和朝廷の時代に編纂されたものだ。

しかし、各地の神話はもっと早くに生まれている。出雲で成立した大国主命信仰も、はるか昔からこの地方の豪族に根づいていたのである。

このように出雲は信仰においても、神話においても、〝神々の里〟と呼ばれても不思議ではないほど古い歴史をもっているのだ。

現在の出雲大社の本殿は高さが24メートルという立派なものだが、言い伝えによれば平安時代には倍の高さがあり、それ以前はもっと大きな建物だったという。

誇張されている部分があるかもしれないとはいえ、近年発掘された柱は巨大なもので、古代の本殿がかなり大きかったことを裏づけている。

出雲大社はまさに神々が集うにふさわしい威容《いよう》を誇っていたのだろう。

日本人の「島国根性」って、どんな根性？

「島国根性」とは、日本ではよく耳にする言葉だが、同じように島国であるイギリスや、ニュージーランドなどに対して使われるのはあまり聞いたことがない。

この「島国根性」の島国とはもちろん日本を指し、日本人の性質の悪い部分を表すときに自嘲的な意味合いで使われる。

その意味を簡単にいえば、「小さな島国のなかの閉鎖的でセコイ性質」ということになる。

もっと具体的にいえば、「他者を認めず、お上にだけ従い、自国だけの勝手な論理を押し通す」というような意味も含まれている。

つまり、日本人同士が互いを中傷、または非難し合うときに出てくる言葉なのだ。

この言葉が使われ始めたのは江戸時代からで、発端となったのは江戸幕府で300年にわたって行われた鎖国政策や幕藩体制だった。

こうした幕府の方針が閉塞的な社会をつくり上げ、日本人は小さな共同体のなかで肩を寄せ合って暮らしてきた。

もともと定着性の強い農耕民族であったから、鎖国政策は協力し合って外敵から身を守る性質に拍車をかけたのだ。

その後、明治維新で脱亜入欧を急いでから「島国根性」という言葉は頻繁に使われるようになっている。

なぜ日本人には鼻が低くて目が細い人が多い？

近頃流行りのプチ整形では、「鼻を高くしたい」「二重にして目元をぱっちりみせたい」という人が圧倒的に多いという。

たしかに欧米人に比べて、日本人の顔は扁平である。そもそも頭蓋骨の形が違うのは遺伝によるものであるというのはわかるのだが、そのルーツは何なのだろうか。

日本人は形成学的な特徴や遺伝的特徴からみて、モンゴロイドであることは間違いない。日本人の基層である縄文人は古モンゴロイドに分類され、その特徴は彫が深く立体的だ。そこに新モンゴロイドの基層が加わり、現在の日本人ができあがった。

新モンゴロイドの特徴は寒さに順化していることであり、それによって顔の表面積が小さくなってのっぺりとした顔立ちになったのだ。

日本人にそっくりなモンゴル人やイヌイットの人々にも見える特徴である。

目が小さく見えるのは腫れぼったい一重まぶたのせいだが、これは弥生時代の小氷河期に寒い土地で目を守るために体を順応させてきた結果だという説がある。

脂肪が多くて厚ぼったい一重まぶたには、乾燥や寒さから目を守る働きがある。

同じように鼻が低いのも、吸い込んだ冷たい空気を暖めるために口が広がり、その影響で頬が押し出されて鼻が横に広がったためだといわれている。

なぜ日本人には下戸が多い？

外国映画などを観ていると欧米人はよく酒を飲む。来客にストレートのブランデーを出したりするシーンも見かけるが、「ぼくは酒がダメなんですよ」と断る姿はあまり見かけない。

考えてみれば、これは不思議な話だ。日本人にも酒が好きな人は多いが、その一方で下戸も多い。

酒の匂いを嗅いだだけで気分が悪くなるという人もいる。もしかすると日本人より欧米人のほうが酒が強いのだろうか。

そもそも酒が強いか弱いかは、アルコールから生じるアセトアルデヒドを分解する酵素の量が多いか少ないかによって決まる。この酵素の量が多いほど酒に強いのだ。

ところが日本人の場合、約4割の人はもともとこの酵素の働きが弱いか、量そのものが少ない。そのため日本人の半分は、元来酒に弱いということだ。

逆に欧米人は体質的にこの酵素が多く、アルコールをいくら摂取しても次々と分解されていくため、酔わない人が多いのだ。

世界的に見ると、アルコールを分解する酵素の量が少ないのは日本人などの黄色人種に多い特徴であり、欧米人は酵素を十分に持っている人が多数派なのである。

昼間から水代わりにビールやワインを飲んでいる外国人の姿を見ても、これで納得がいくはずだ。

「西暦」と「元号」、なぜややこしいのに併用してる？

日本史を勉強するときなど、西暦と元号のふたつがあってややこしいと感じたことはないだろうか。

正式な書類に生年月日を書き込むときにも、どちらで書こうかとつい迷ってしまうものだ。

このややこしい元号だが、ただの習慣ではなく政令で定められているものなのだ。

もともと元号の考え方は古代の中国からきたものである。初めは帝位の即位の翌年を元年とし、帝王の何年として年数を数えてきた。

中国には統治者が土地人民だけではなく、時間まで支配するという思想があったので、年号の制定は支配者の特権であり、人民がその年号を使うということは支配に従うことを意味していた。

やがて、中国文化に影響を受けた日本もその制度を取り入れるようになったが、中国では清朝が滅亡するとともに元号を使用しなくなった。

日本では６４５年、孝徳天皇の大化の改新の際に「大化」という元号が使われ始めた。

最初は日本も中国にならって、天皇の代がわりや祥瑞《しょうずい》、もしくは災害などがあると元号をあらためていた。

今のように、ひとりの天皇の治世をひとつの元号で通すようになったのは明治元年からのことだ。

「天皇」という呼称、いつから用いられるようになった？

各国の君主の称号には国王や皇帝などがあるが、日本のように「天皇」という呼称はほかにあまり聞かない。

では、この「天皇」という呼称はいつ、どうして用いられるようになったのだろうか。

そもそも大和朝廷の君主は「大王」と呼ばれていた。王とは小国の首長に対する尊称であり、その一番上に立つ最高位の者という意味で大和朝廷の君主が大王と呼ばれていたのだ。

この呼称を天皇に変えたのは7世紀の天武朝の頃だというのが、近年では有力な説だ。なぜ変えたのかは、この頃に日本で律令制が確立したことと関係がある。

天皇とは中国の道教における最高神を表し、かなり神聖なイメージのある呼称なのである。

また、天皇は中国の伝説上の帝王である三皇五帝のうちのひとりを指し、歴代の中国皇帝のなかでも天皇と称した人は唐の高宗くらいだという。

つまり、天皇という呼称が持つイメージは大君《おおきみ》に比べて、より強く恐れ多い印象があったのだ。

律令国家として歩み始めたばかりの日本で中央集権を強化していくには、君主がより強大な権威を持って統治することが必要不可欠だったというわけである。

「君が代」は世界で最も短い国歌だってホント？

何かと耳にすることの多い国歌の「君が代」。

どんなに世相が変ろうとも、個人的にこの歌に感慨を持っている人も多いだろう。

君が代が国歌としてつくられたのは明治2年（1869年）だが、この歌詞の由来はなんと1000年以上もさかのぼり、原典としては世界最古である。

『古今和歌集』の詠み人知らずの古歌に始まって『和漢朗詠集』、隆達《りゅうたつ》の小唄、琵琶歌「蓬莱山《ほうらいさん》」、浄瑠璃、常盤津《ときわず》、門付け唄などにも歌われていた。

広く民衆に親しまれ、歌い継がれてきたこの歌は、『古今集』では「我が君は」だったのが、『和漢朗詠集』で「君が代は」となって、現在の歌詞に変化した。

現在、歌詞にある「君」とは大君、つまり天皇のことであるといわれているが、原典で用いられている「君」とは、「あなた」という意味である。

縁談がまとまったり、家を建てたり、病気が治ったりしたときに「あなた」に向けて歌う祝いの歌だったのだ。

君が代は世界最古であるだけでなく、1番だけで歌詞も32文字と、世界最短でギネスにも登録されている。

国際的なスポーツの祭典などにおいて、完全版が流されるのは、この短い詩のおかげなのである。

日本の国旗はどうやって決められた？

日本人は愛国心が薄いとか自国に対して誇りを持っていないなどと、いわれることがある。

けれども昔から弁当といえば日の丸だし、幼い頃から国旗と国歌には他国に負けないほど親しんでいるのではないだろうか。

日の丸のルーツは古く、源平の時代までさかのぼる。壇ノ浦での合戦のときに勝利した源氏が持参していた扇が「白地に赤の日の丸」だった。

やがて江戸幕府は日の丸を城米輸送用廻船の船印としたが、戦国時代には武田信玄、上杉謙信など多くの武将も勝利のシンボルである日の丸を用いた。それらの色彩は、「黒地に赤」や「金地に赤」「赤地に金」「黒地に金」などとバラバラだった。

「船印は白地に赤の日の丸」と統一して定まったのは幕末になってからのことだ。対外的にも我が国の国旗を明確にする必要があったのだ。

明治3年（1870年）になると、政府が御国旗のデザインや規格を示し、海軍国旗章の制定などもあって日の丸が国旗として国際的に認知されていった。

前述のように君が代のルーツも平安時代の和歌である。もちろん、そこに政治的な意味はなかった。

明治2年（1869年）、薩摩藩士に軍楽を教えていたイギリス公使館護衛歩兵隊軍楽隊の隊長フェントンは日本に国歌がないことを知り、歌を決めて作曲することになった。そこで薩摩藩士たちが選んだのが、幼少の頃から親しんでいた薩摩琵琶歌のなかの「君が代は……」の部分である。

しかし、この曲は俳風すぎてつくり直すことになった。そして明治12年（1880年）、日本人の作曲により現在の「君が代」が誕生したのだ。

もともと庶民たちの間で祝いの歌として親しまれていたこの歌は、国歌として用いられた明治時代からは解釈を変えて、「天皇陛下の万歳を祝う歌」となったのである。

現在の政府による見解では、君が代というのは「日本国民の総意に基づく天皇を、日本国及び日本国民の象徴とする我が国」ということを意味している。

日本にはなぜ「県」のほかに「都」「道」「府」がある？

「ご出身はどちらですか？」などと聞かれると「東京です」とか「大阪です」と略すことが多いが、必ず「県」「都」「道」「府」という4種の呼び名がつく。なぜ区別されたのかご存じだろうか。

そもそもは、江戸時代の藩を廃した明治4年（1871年）の「廃藩置県」にさかのぼる。「府」はこの時点で「県」よりも格上の名称で、明治政府が都市として重要と判断した東京、大阪、京都に「府」という名がつけられた。

そして昭和18年（1943年）には東京

府と東京市（現23区）が合体して「東京都」に改名。現在は単に名称が異なるだけで、「府」「都」と「県」に格差はない。

では、北海道に関してはどうか。じつは「都府県」と歴史的背景が違う。

古くから蝦夷地《えぞち》と呼ばれていた北海道は、江戸政府の支配体制が確立されていない土地だった。開拓地としての蝦夷地には県に値する土地（藩）がなかったため、次の明治政府はここを内地とは区別して整備。律令制での行政区分だった「北海道」をそのまま名称として残したのである。

名前の由来ははっきりしていないが、少なくとも「東海道」などと同じ意味の「道」ではないといわれている。冒頭の質問で北海道が出身の場合「北海です」と「道」を略さないのは、ある意味当たり前なのだ。

じつは日本の首都は東京ではないってどういうこと？

「日本の首都はどこか？」とたずねたら、必ず東京という答えが返ってくるだろう。東京は日本の首都である。これは日本人だけでなく世界でも認識されている事実だ。

ところが、この常識は間違いかもしれない。というのも、「東京を日本の首都とする」という法律があるわけではなく、その意味では「首都＝東京」とする根拠は何もないからである。

その代わりにあるのが、京都（平安京）を都とすることを決めた平安遷都の詔《みことのり》だ。桓武《かんむ》天皇が8世紀に出したこの詔は、いまだに変更されていない。つまり考え方によっては、8世紀以降、日本の首都は京都のままだともいえるのだ。

では、現在東京に首都機能が集中し、事実上首都となっているのはなぜなのか。

明治元年（1868年）7月17日、「東京奠都《てんと》ノ詔《しょう》」が出された。これにより東国で一番の大都市だった江戸を東京と改めることが定められた。さらにその政情を見て、全国民を公平に分け隔てなく見守るという目的のために天皇が東京へ移ったのだ。

もともと江戸時代から将軍が暮らし、政治や経済の中心となっていた江戸＝東京には、これをきっかけにして首都機能が集約されるようになった。つまり、「首都を京都から東京へ移すわけではない。しかし首都機能は東京に集める」ことになったのだ。

誰がいつ、日本の幽霊を「足なし」にした？

ユーレイと聞くと日本人ならほとんどの人が思い浮かべるのが、足がなく髪が乱れた白装束の姿だ。とはいえ、これは日本人だけが持つイメージで西洋の幽霊にはしっかりと足がある。もちろん白装束でもない。

では、この日本の幽霊のイメージはいったい、いつから定着したのだろうか。

さかのぼってみると、江戸時代中期頃までは日本の幽霊にもまだ足があった。

だが、江戸時代中期のある画家が描いた幽霊画によって、以後の日本人が持つ幽霊像が変わっていくことになる。

その画家の名前は円山応挙《おうきょ》（1733〜1795）だ。日本絵画円山派の祖で、有名な『雪松図』や重要文化財に指定された『花鳥写生図』などを残している。

この応挙が描いた幽霊画は足が霞んで見えない。髪も結っておらず乱れて肩のほうへ垂れている。着物は白装束で、現代の日本人が思い描く幽霊のイメージそのままである。

その幽霊画があまりに迫力のあるものだったので幽霊といえば応挙の幽霊ということになり、足のない白装束の幽霊像が広まっていった、というのが今のところ有力な説だ。以後、歌舞伎の幽霊芝居の際にも、足を見せないようにしたり宙吊りにしたりするなどの工夫が施され、庶民の間にも足のない幽霊像が定着していったのだ。

江戸時代末期に西洋から入ってきた「窮屈袋」って何？

日本人は江戸時代末から明治時代にかけて洋服と出会い、やがて身につけることが習慣になっていったが、同時に西洋風の革靴も入ってきた。

とはいえ、それまで日本人がはいていたのは草履やわらじなど、つまり足全体を覆うものではなく、足の裏が直接地面に接するのを防ぐためのものであり、指が自由に動かせて楽な履き物だった。

それに対して革靴は足を覆い、しかも幅が狭い。日本人の幅広の足には、どう考えても合うはずがない。おまけに硬くて歩きにくい。草履やわらじが当たり前だった日本人にしてみれば、はき心地が悪かった。

そのうえで日本人は、この革靴に「窮屈袋」という名前をつけたのだ。初めて出会った西洋文化への驚きと違和感、不満がこもった、わかりやすい言葉である。

歴史作家の八《や》尋《ひろ》舜右《しゅんすけ》は、「この世を『かくあるべき』『ねばならぬ』と窮屈袋をはいたみたいに堅苦しく決めてかかることはないではないか。人生というものは、あらゆる規範からはなれ、もっと底抜けに自由であっていいはずだ」という言葉を残している。

彼の時代にはもちろん「窮屈袋」という言い方はしなかったが、生きることの堅苦しさを表現するのに、「窮屈袋」という言葉がピッタリだったのにちがいない。

なぜ交番のロゴはKOBAN（コバン）？

交番といえば、ひと昔前は地味で簡素なイメージだったが、最近はやたらと凝ったデザインの交番が目立つ。

さらに目を引くのが、「KOBAN」というローマ字のロゴだ。

この「KOBAN」とは、もちろん日本語の「交番」をそのままローマ字に置き換えたものだが、じつは今や国際語として定着している。「東京＝TOKYO」「相撲＝SUMO」と同じ感覚なのだ。

世界中どこに行っても警察はあるが、じつは交番という機能は日本独自のものだ。

明治7年（1874年）に初めて東京に設けられた「交番所」は、3人1組で1時間ごとに交替で特定の交差点等へ番をしに出向いていくことからその名がつけられた。

その後、明治21年（1888年）に「派出所」という呼び名で全国統一されたものの、「交番」という呼び名が市民に親しまれていたため、平成6年（1994年）に再び「交番」という名称に統一された。

ところで、交番をローマ字表記にすると「KOUBAN」となるが、実際には「KOBAN」となっている。

これは、日本独自の交番システムを米国大学教授に紹介したときのローマ字表記が「KOUBAN」ではなく「KOBAN」であったため、英語文献にもそのまま表記されたのである。

バタフライの泳ぎ方を編み出したのは日本人って本当？

バタフライのダイナミックな泳ぎっぷりを見ると、いかにも水泳がうまそうに見えるから不思議だ。

よほど水泳のうまい人が考え出したのだろうと思われがちだが、じつは最初は平泳ぎの泳ぎ方のひとつとして生まれた。最初に考え出したのはアメリカのメイヤーズという選手で、1933年のことである。

彼は「手と足が左右対称の動きをして、キックがカエル足であればいい」という当時の平泳ぎのルールをもとに、「だったら、こんな泳ぎ方でもいいはず」と、左右の手足を大きくバタつかせるバタフライの泳ぎ方を考え出した。そのほうが、普通の平泳ぎよりも強力に前に進めると考えたのだ。

多くの選手がバタフライ式平泳ぎを改良し、よりスピードの出る泳ぎ方へと変わっていったが、その泳法はなかなか統一されず、スピードも思うように出なかった。

そこである水泳選手が試行錯誤し、ついにドルフィンキックを考えだした。この選手とは長沢二郎という日本人だった。1954年のことだ。

これにより長沢二郎はバタフライの世界記録を打ち出し、彼の考え出したバタフライの泳ぎ方が正式な泳法となった。

さらに1956年のメルボルンオリンピックから、バタフライは独立した競技として認められ世界的に広まったのだ。

「ニッポンチャチャチャ」の応援はいつはじまった？

バレーボールでもサッカーでもバスケットでも、どこの会場でも必ず聞かれる応援は「ニッポンチャチャチャ」である。「ニッポンチャチャチャ」の声が響くと、より力が沸いてくるという選手も多いだろう。

この力強く弾むようなリズムとかけ声を最初に考え出した人は、日本のスポーツ界におおいに貢献したともいえる。

といっても、じつはこのかけ声、日本人のオリジナルではない。もともとイングランドに「イングランチャチャチャ」というかけ声があった。それを真似して「ニッポ

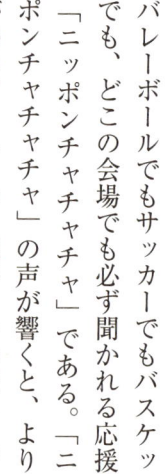

ンチャチャチャ」が生まれたのである。

日本で最初にこのかけ声が使われたのは、バレーボールの試合だった。昭和56年（1981年）のワールドカップだ。

女子バレーボールの三屋裕子選手がスパイクを打って着地するとき、ネットに体の一部を引っかけて転倒してしまった。もちろん三屋選手は急いで立ち上がり、試合への闘志は衰えなかったが、そんな三屋選手に対して観客の間から「ニッポンチャチャチャ」のかけ声が起こった。

そしてこれをきっかけに「ニッポンチャチャチャ」は全国に広がったのだ。

つまり最初は転倒した三屋選手個人に対する激励だったということだ。それがいつの間にか日本選手全体への声援となり、ほかの競技でも聞かれるようになったのだ。

「〒」マークは世界共通のマークじゃないの？

郵便局は、我々の生活になくてはならない存在だ。その郵便局を表すマークとしてお馴染みの「〒」マークだが、じつはこれ、日本でしか通じないマークなのである。

正確にいうと〒は、JIS（日本工業規格）によって「郵便記号」と定められており、「郵便マーク」というのは、顔のついた「〠」を指す。

記号というのは、ひと目でわかるためのものなのだから、世界中で統一したほうが便利なのではと考えがちだが、ひと目でわかるものだけに、その国々で慣れ親しんだものをそれぞれ図案化しているようだ。

たとえばドイツの郵便マークには、楽器のホルンが使われている。

由来についてはさまざまな説があるが、郵便事業を取り仕切っていた家の紋章が「ホルン」であったという説や、肉の商人が広場でホルンを吹き、やがてその商人が手紙の配達などを頼まれるようになったから、という説もある。

そのような単純明快なイラストと比べてみると、「日本の郵便記号の図柄とはいったい何なのだ？」という疑問が湧いてくる。

日本で郵便事業が始まったのは、明治4年（1871年）の3月1日（旧暦）のことだ。当時はまだとくに定められた記号がなく、「郵便」の文字を使っていたが、明治10年（1877年）頃から大きな丸に太い横線を引いたものが郵便マークとして用いられるようになった。

やがて、明治18年（1885年）になると、郵便・電信・船舶管理・灯台業務を扱う中央機関として逓信省《ていしんしょう》が設置され、明治20年（1887年）2月8日にローマ字の「T」を徽章《きしょう》として定めた。

これは「Teishin」の頭文字から取ったという説がある。

ところがこの「T」マーク、万国共通の郵便料金不足の表示と同じであったため、紛らわしいとの理由から、数日後には「テイシン」の「テ」を図案化した「〒」を発表した。

ちなみに、かつて日本の統治下にあった台湾でも同じ記号があるが、台湾の場合は銀行を示す記号になっている。

「いろは」歌は、誰がいつつくったの？

「いろは」は、「いろは歌」という長い歌の冒頭の3文字だということは、ほとんどの日本人なら知っている。

しかし、これがいつ、誰によってつくられたかということになると、確かなことはわかっていない。

真言宗の祖である空海、つまり弘法大師がつくったという説もあるが、これは俗説であり、ほとんど信憑性はない。現在は空海の死後、平安中期につくられたものだという説がもっとも有力である。

いうまでもなく「いろは歌」はひらがなを覚えるための歌であり、ひらがな47文字が1字も重ならずに織り込まれている。

最後に「ん」を入れて48文字とする考え方もあるが、いずれにしても平安中期以降の長い歴史のなかで、私たち日本人はこの歌を暗記することでひらがなを覚えてきたのである。

とはいえ、ひらがなだけでは歌としての意味がわかりにくい。

そこで漢字も折り込んで表記すると、「色は匂へど散りぬるを我が世誰ぞ常ならむ有為の奥山今日越えて浅き夢見し酔ひもせず（ん）」ということになる。これなら誰でも暗記して覚えることができる。

ひらがなを覚えるために、こんな歌を考え出すとは、日本人とはまことに優雅な民族である。

ガリバーは日本にも冒険しにきたって、ホント？

ジョナサン・スウィフトの小説『ガリバー旅行記』といえば、子どものときに絵本や児童文学で読んだことがある人も多いだろう。主人公のガリバーが小人の国や巨人の国など奇妙な国々を冒険する物語だ。

これらの国はもちろん架空の国なのだが、物語中に唯一実在する国が登場する。その国がなんと我が国、日本である。

小人の国や巨人の国への冒険ほど知られてはいないが、それらに続く3度目の冒険でガリバーは江戸時代の日本を訪れている。

当時の日本は鎖国中で、「オランダ人以外のヨーロッパ人の入国は許さない」とされていたので、ガリバーはオランダの商人だと偽って日本へ入国。江戸を訪れ、踏み絵の儀式を免除してほしいと日本の皇帝に願い出るシーンもある。

商人や宣教師などを通じて日本に関する情報は、すでにヨーロッパに流れ込んでいたのだ。

とはいえ、まだまだ西洋人にとって未知の国だった日本。鎖国やキリシタン弾圧といった政策もスウィフトの興味をそそったのだろう。

だが、日本は架空の国ではなく実在の国だ。なまじ日本のことが世間に知られていたため、小説のなかではスウィフト一流の空想と諷刺とを縦横に展開する余地がなくなってしまったようだ。

紫式部は地獄に堕ちたという噂があった？

『源氏物語』といえば日本文学の最高傑作のひとつである。1000年も前に、京都を舞台に書かれ、世界最古の長編小説とさえいわれている。

ところが、この世界水準の文学を生み出した紫式部が、死後ほどなくして世間では「地獄に堕ちた」といわれるようになったというのだ。『源氏物語』の主人公はいわずと知れた光源氏で、物語は彼の恋愛遍歴を中心に描かれていくが、その恋愛模様は華やかなうえにスキャンダラスだ。

継母である藤壺の女御《にょうご》を愛して深い仲になり、不義の子を身籠らせるという道ならぬ恋をしたのを皮切りに、藤壺の女御の姪である紫の上を略奪するようにして自邸に引きとり、自分好みの女性に育てあげようとしたのだ。

それだけでなく、そのほかにも数多くの女性の寝所に忍び込んで関係を結ぶなど、艶っぽい話が延々と続いていく。この内容が仏教の教えに反するとされたのだ。

どうやら12世紀末頃まで、紫式部が仏教の妄語戒《もうごかい》（嘘をついてはいけないという戒め）を破った罪で地獄に堕ちたという見方は、かなり一般化していたらしい。

とはいえ、恋愛の喜びや懊悩《おうのう》は今も昔も人々を惹きつけるテーマである。読者は華やかに描かれた『源氏物語』を愛し、紫式部にも同情的であり続けたという。

50年以上も無改正な日本の憲法って世界では珍しい？

ここ最近、よく話題になっているのが憲法改正問題だ。

総選挙が行われるときも候補者はよく改憲問題を口にする。憲法は政治の基本だけに、つねに話題になり問題とされている。

その日本国憲法が制定されたのは１９４６年。現在、世界にある約１８０の憲法のなかでは、15番目に古いものだ。意外と古いのである。

そんな日本国憲法には、あるひとつの「記録」がある。制定されて以後、一度も改正されていないということだ。

現在の日本国憲法は、70年間にわたって一文字たりとも変わっていない。これほど長い間一度も改正されていない憲法は、世界中で我が国の憲法だけである。

世界で最も古いアメリカの憲法は１７８７年に制定されて以来10回以上改正されているし、2位のノルウェーの憲法は１８１４年制定以来、１５０回近くも改正されている。

また、日本同様に第2次世界大戦の敗戦国となったイタリアは１９４７年に憲法制定したが、その後6回改正している。

改正することがいいか悪いかは、その憲法の内容やどんな改正かによって異なるから一概にはいえないが、これからどうなっていくのか、国民としては真剣に考えなければならない問題である。

「宮内庁御用達」を名乗る基準ってあるの？

由緒正しい老舗などでは、「宮内庁《くないちょう》御用達」という看板をよく目にする。

宣伝文句としては効果抜群のフレーズであるだけに、勝手に濫用する業者がいてもおかしくはないと思うのだが、看板を出すのに何か基準があって使用を許されているのだろうか。

結論からいえば、宮内庁御用達に関する制度は現在では廃止されていて、これを取り締まる規則は存在しない。

では、老舗が掲げている看板は勝手に名乗っているのかといえば、これはかつて「宮内庁御用達制度」があったときの名残なのである。

もともとは明治時代に宮内庁の前身である宮内省が「宮内省御用達制度」として始め、定められた基準に適合した業者だけが「宮内省御用達」の認定を受けることができた。

戦後も宮内省が宮内庁へと変更したのにともない、宮内庁御用達と名称を変えて継続していたが、１９５４年になって制度そのものが廃止された。

つまり、現在では制度自体がないため、どの業者も正式には「宮内庁御用達」と名乗ることはできない。

老舗などが宮内庁御用達の看板を掲げているのは、廃止以前に取得したお墨付をそのまま利用しているのである。

常識その7

地理

「江戸前」はどこから
どこまでの海をいう？

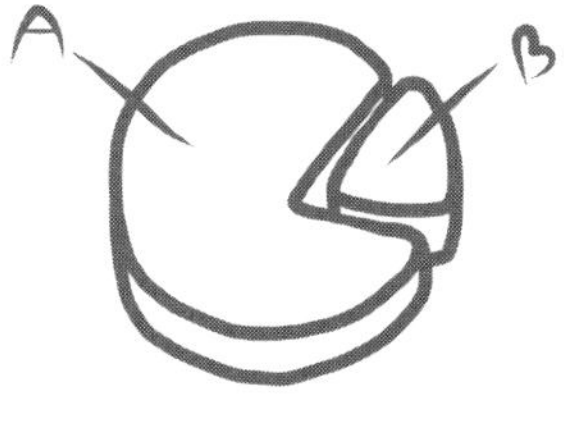

富士山の頂上は静岡県、山梨県、どっち？

富士山には静岡県側から見る「表富士」と、山梨県側から見る「裏富士」がある。

正統派の表富士はもちろん、どこか雄々しい裏富士の姿も観光客には人気で、富士山は両県にとって重要な観光資源になっていることは間違いない。

さて、その広大な富士山を分かつ県境は国土地理院の地図によって定められているが、では山頂はいったい何県ということになっているのだろうか。

結論からいえば、山頂はどちらの県のものでもない。じつは、富士山頂は現在「富士山本宮浅間神社」の所有ということになっているのだ。

この浅間神社とは富士山の大噴火を畏敬した古代信仰が起源となっており、その歴史は2000年近くも昔にさかのぼる。山頂はふもとにあるこの神社の奥宮《おくみや》で、所有地というよりも飛び地の境内といった解釈がふさわしい。

山頂についてはその所有権を巡って古くから争いが繰り返されており、江戸時代には甲斐と駿河の間で幕府を巻き込んでの争いに発展した。

明治時代においては一度、浅間神社の管理になっていたものを、政府が太政官布告などによって国有地としている。

昭和49年（1974年）には静岡県、山梨県、浅間神社の3者で裁判が起き、最高裁の判決で浅間神社の所有権が認められた。

そして裁判から30年後の平成16年（2004年）12月、富士山八合目以上の土地約400万平方メートルのうち約96パーセントにあたる385万平方メートルが神社の私有地であることを認める「譲与処分書」が国と神社の間で取り交わされ、一件落着。富士山山頂は国が「無償譲与」という形で神社に譲渡し、名実ともに浅間神社の土地となったのである。

登ったことのある人ならおわかりだろうが、表口登山道からたどり着く山頂には鳥居が建っている。これが浅間神社の頂上奥宮のシンボルだ。

さしずめ山頂までの長い道のりは神社への参道だ。ありがたい気持ちで登れば、何かいいことがあるかもしれない。

日本で最初に初日の出が見られるのはどこ？

クリスマスや年の瀬の過ごし方はどんどん多様化しているが、「元旦は初日の出を拝まなければ1年が始まった気がしない」という人もまだまだいるはずだ。

ならば、せっかくの初日の出なのだから、誰よりも早い日の出を拝んでみたいものである。

東から上る太陽をいち早く見るためには、普通に考えれば日本で一番東に行けばよい。では、島以外の最東端はどこかといえば北海道の納沙布岬《のさっぷみさき》だ。

しかし実際には、納沙布岬よりも関東最

東端の千葉県の犬吠崎《いぬぼうさき》のほうがより日の出が早い。

なぜかというと、元旦頃は地軸の傾きが変化し、太陽は真東ではなく南東方向から上るため、納沙布岬よりも犬吠崎のほうが早く見られるというわけだ。

「じゃあ来年の元旦は犬吠崎で」と思った人の腰を折るようだが、じつは犬吠崎よりもさらに早い場所がある。

それは富士山山頂だ。富士山は犬吠崎より200キロメートルも西に位置しているが、やはり3776メートルの標高はダテじゃない。犬吠崎よりも約4分早く太陽と対面できるのである。

というわけで、日本一早い初日の出を拝みたいなら富士山を目指すのが正解。ただし冬の富士山は登れないのであしからず。

「江戸前」はどこからどこまでの海をいう？

世界に知られた日本の味の代表といえば、寿司だ。ところで、「寿司といえば江戸前に限る！」なんて威勢のいい啖呵《たんか》を切る江戸っ子は今でもたまに見かけるが、「江戸前って、いったいどこの海のこと？」と尋ねたら、「うーん、そいつは難問だ」と頭をかかえるにちがいない。

江戸前という言葉はもともと「江戸城の前」という意味であり、羽田沖から江戸川河口周辺の沿岸部を指していた。しかし、「江戸前の魚」といえば「江戸川河口付近のみ」「東京湾北部」などいろいろな考え方があった。

おまけに、今はこれらの地域では昔ほど漁業は盛んではない。「江戸前の魚」というのはどこでとれた魚を指しているのか、長い間あやふやになっていたが、その疑問にやっと決着がついた。

決着をつけたのは水産庁だ。「江戸前の魚」とは、東京湾全体でとれた新鮮な魚介類を指す。これが2005年8月に水産庁が発表した「江戸前の魚」の定義である。

その南端は三浦半島の剣崎と房総半島の洲崎《すさき》を結ぶ線だ。ということは、内湾と外湾を行き来する魚も「江戸前の魚」の仲間入りということになる。

今までは「江戸前の魚」かどうか曖昧だったアナゴやシャコ、キスなども晴れて江戸前の魚になったわけだ。

東京は江戸時代から世界で屈指の超過密都市だった？

人でごった返す過密都市の東京の朝は、すさまじいものがある。とくにラッシュアワーの電車内は、窒息しそうなほど満員なのが当たり前の光景だ。
ああ、これがもっと昔の東京なら、さぞかし人も少なくて住みやすかっただろうな、などと思ったら大間違いだ。
じつは、江戸時代の東京も今に変わらず超過密都市だったのである。
どのくらい過密だったかというと、世界の主な都市の過密度と比べてみるとよくかる。17世紀末のロンドンには約60万人、パりには約50万人がいたとされるが、同じ頃、江戸には100万人が住んでいたというのだ。

ロンドンやパリでさえ、人口の抑制策がとられるなど過密化が問題になっていたのに、江戸にはその倍近い人がいたのだから、その過密ぶりは半端ではない。

しかも、ただ人口が多いというだけではない。江戸の土地は武家の住む地域が60パーセント、寺社所有の土地が20パーセントを占め、50万人を超える町人が残りの20パーセントの土地に押し込められていたというのだ。

町人が多く住んだ下町では、1平方キロメートルあたりの人口密度はなんと6万7000人にもなり、人々は文字どおりひしめきあって暮らしていたのである。

江戸時代に大坂を「上方」と呼んだのはどうして？

現在、鉄道の「上り」と「下り」は東京を中心に考えられている。東京に向かう線が「上り」であり、東京から遠ざかる線が「下り」だ。

日本の首都である東京を中心に考えると、全国どこにいても「上り」「下り」が判断できるから便利だ。

ところで江戸時代には、将軍がいる幕府は江戸にあり、江戸が政治の中心だった。ところが当時、大坂や京都を中心とする畿内地方を「上方《かみかた》」と呼んだ。逆に江戸は「下方《したかた》」と呼ばれていた。

たしかに政治権力を握っていたのは将軍だが、日本の中心はあくまでも天皇だった。だから天皇が住む京都および畿内一帯を上のほう、つまり「上方」として敬っていた。そして江戸のことは、へりくだって「下方」といっていたのだ。

「幕府がある江戸ではなくて、天皇のいるこっちが上方だ」とする大坂・京都には、江戸への対抗意識もあって独特の優れた文化が生まれた。

「上方言葉」は、つまり関西弁の原型になった言葉のこと。「上方落語」は関西を舞台にした噺《はなし》、「上方浮世絵」は役者などは描かず、あくまでも人間性のにじみ出る題材と描き方をした独特の芸術だ。

ともかく上方には上方のプライドがあり、つねに「下方」の江戸とは異質な独特な道を歩んできたのである。

「日本三景」はどうやって選ばれた？

四方を海に囲まれた島国ニッポンは、なんといっても海辺の景勝地が自慢である。なかでも、松島（宮城県）、天橋立《あまのはしだて》（京都府）、宮島（広島県）の3つの名勝をひとまとめにして「日本三景」と呼んでいるのは承知のとおりだ。

しかし時には「松島よりも我が町の岬のほうが美しい」「宮島より風情のある名所があるのに」などと、不満をもらす人もいるかもしれない。そういう人のために、なぜこの3つが日本三景なのかを説明しよう。

日本三景を選出したのは江戸時代の儒学者、林羅山の三男・林春斎である。彼が寛永20年（1643年）、第3代将軍・徳川家光の時代に記した『日本国事跡考』で、「丹後天橋立、陸奥松島、安芸宮島」を「日本三処奇観」として絶賛したのが始まりといわれている。

『日本国事跡考』は林春斎が日本全国を行脚して綴った書で、この3カ所を日本三景とした明確な理由は定かではない。ただ共通しているのは、海に面している、美しい松林がある、近くに由緒正しい寺社仏閣があるということだ。

数ある名所を見てきた春斎は、その肥えた目でこれらの要素で共通した3カ所をあえて選出したのだろう。いずれにせよこれだけの年月を経て、今もなお風情を保っているのはあっぱれといえるだろう。

実際は8つあるのになぜ「伊豆七島」？

「伊豆」といえば静岡県の東端に位置する半島のことだ。天然温泉に海水浴、海の幸やマリンスポーツなど、レジャーの楽しみも多い静岡を代表する観光地だが、その沖合いに浮かぶ「伊豆諸島」はいずれも東京都の島々だ。厳密に数えれば大小100ほどの島で構成されている。

そのなかでも、主だった島々を指して「伊豆七島」と分けて呼ぶことがある。大島、利島、新島、式根島、神津島、三宅島、御蔵島、八丈島……。と、ここでお気づきの人も多いだろうが、一般に伊豆七島と呼ばれる島は8つある。これは、いったいどういうことなのだろうか。

じつは、このなかの新島と式根島は、昔は砂洲《さす》によってつながっていたため、人々は主な有人島を総称して「伊豆七島」と呼んでいた。ところが1703年(元禄16年)に大地震が起き、島はふたつに完全に分離し「伊豆八島」になってしまったのだ。今も島が8つあるのに七島と呼ぶのは、当時の名残というわけである。

しかし、伊豆諸島の主な有人島といえば、日本一小さい村としても知られる青ヶ島があり、それを含めれば伊豆九島になるはずで、東京都の諸島住民たちには、「はずれた島に対する差別ではないか」という不満もあるという。「伊豆七島」ではなく「伊豆諸島」といったほうがよさそうだ。

「琵琶湖」は世界で3番目に古い淡水湖だって知ってた?

近畿地方でもっとも有名な湖といえば、ご存じ「琵琶湖」である。

滋賀県の6分の1の面積を占める、まるで海かと見まごうその広さは日本最大だ。淡路島よりもやや大きく、周囲の全長は235キロメートルにもなる。

だが、この琵琶湖にはもっと世界的な称号がある。じつは日本の琵琶湖は、ロシアのバイカル湖、アフリカのタンガニーカ湖に次ぐ、世界で3番目に古い淡水湖なのだ。

その成り立ちは新生代にあたる400万年前。最初は現在の三重県上野市のあたりで形成し、その後何度も形を変えながら、約43万年前には今の形になったと考えられている。

こうした湖は「古代湖」と呼ばれ、主に10万年以上の歴史を持つ湖のことを指すが、世界中で古代湖はわずか10カ所だけ。なかでもバイカル湖、タンガニーカ湖、琵琶湖はケタ外れの歴史を持っているわけだ。

もちろん、それだけに琵琶湖水系のみで見られる固有種も多い。とくにビワコオオナマズは国内で最大級の淡水魚で、大きいものでは1~2メートルにもなる。

また、古くから人々の暮らしと密接にかかわりを持ち続けてきたのも、琵琶湖の特徴だ。水質汚染も取り沙汰されているが、古代のような澄んだ水を取り戻してほしいものである。

シジミで有名な宍道湖には海魚がいるって本当？

島根県の東、松江市に隣接する宍道湖《しんじこ》は、日本一のヤマトシジミの生産地として有名だが、宍道湖が有名なのはそれだけではない。淡水と海水がまじる「汽水湖」のため、豊富な魚類が生息していることでも知られている。

宍道湖の右隣の中海《なかうみ》も同じ汽水湖で、このふたつは大橋川でつながっており、さらに右隣は日本海だ。

中海は、日本海に開いた湾の入り口が砂州（海側に細長く砂礫《されき》が堆積してできた地形）によってふさがれてできた湖だが、砂州と島根半島の間の境水道で海とつながっている。そのため、中海を通じて宍道湖にも海水が流れ込んでくるのである。

宍道湖で獲れる魚は、淡水魚のコイなどのほか、汽水域でみられるシラウオ、海水魚のスズキなどさまざまである。

このうちワカサギ、ウナギ、シジミ、シラウオ、コイ、スズキ、ヨシエビを料理した「宍道湖七珍」は、有名な郷土料理だ。

魚を求めてハクチョウ、ガン、カモなど渡り鳥も飛来する湖だが、最近は湖水の汚《お》濁《だく》が原因でアオコ（青粉）や赤潮が発生している。

２００５年には中海とともにラムサール条約に登録されたが、長い年月をかけてつくられてきた貴重な自然を後世にもずっと残したいものである。

砂漠地帯でもないのになぜ鳥取に砂丘がある？

乾いた熱砂の海をラクダで進み行くキャラバン。こんな風景が似合う場所は海外にしかあり得ない……と思ったら大間違いだ。日本にも有名な砂丘がある。

それは鳥取県にある「鳥取大砂丘」だ。東西16キロメートル、南北2・4キロメートル、最大高低差90メートルにもなる文字どおりの大砂丘で、もちろん日本では最大級の規模を誇る。

メインとなるのは近くを流れる千代川の東側河口の「浜坂砂丘」で、実際に自分の足で歩いてみると、その壮大なスケールと稀有な景観に圧倒されてしまうこと必至だ。

それにしても、砂漠地帯でもない日本に、なぜこのような砂丘が存在するのだろうか。

鳥取大砂丘は千代川によって運ばれた中国地方の砂と、日本海の沿岸流が運んだ砂が打ち上げられて蓄積したもので、その形成は約10万年前にまでさかのぼる。

地質学的には砂丘は風などによって運搬された砂によって形成された丘なのに対し、砂漠は乾燥した気候のなかにある不毛の地のこと。

いわずもがな鳥取砂丘は「海岸砂丘」で前者にあたり、中東やアフリカの砂漠とは異なる。当然キャラバンもいなければオアシスもないが、日本でこれほどの大砂丘が見られるのはここだけ。灼熱の砂漠気分を味わいたいなら出かけてみる価値はある。

え？ 日本でもっとも長い国道が沖縄に？

沖縄本島で唯一の幹線道路が、地元ではゴッパチの愛称を持つ国道58号線である。

那覇から西海岸を通って北部へ抜ける道路で、観光だけでなく地元民のドライブコースとしてもおなじみだ。

だがこの国道は、じつは那覇市が起点ではなく終点なのである。では起点はどこなのかというと、なんと遥か海を越えて鹿児島県の鹿児島市にあるのだ。

しかも鹿児島から種子島、奄美大島区間を経て沖縄本島まで続いており、その総延長は249キロメートルもある。海上部分も続いていると考えるとこれが859キロメートルにもなり、日本で最も長い国道4号線の742キロメートルを優に上回るのである。

国道58号は1972年の沖縄の本土復帰で制定された道路で、それまでは旧琉球政府道1号線、通称〝軍用1号線〟と呼ばれていた。軍用道路とは戦車や航空機などがスピードを出しても耐えうる道路のことで、米国下にあった沖縄の複雑な歴史を物語っている。

鹿児島県内の国道距離はわずか700メートルで、大部分は沖縄を走っている。国道58号はもはや沖縄の代名詞のようなものなのだ。まさか、その起点が鹿児島にあるということは、沖縄県民でさえ知らないかもしれない。

秋葉原のような電気街は世界にはないって本当？

東京都の秋葉原といえば、今や世界の注目を集めるサブカルチャーの発信地としても盛り上がりをみせている。

じつは、こうした電気の専門街があるのは世界でも日本だけだ。

そのため秋葉原の知名度は日本以上に海外に知られており、東京を訪れる外国人旅行客にとっては以前からお土産購入スポットとして人気があった。

それが最近では、有名ミュージシャンや俳優など各国のＶＩＰも必ず立ち寄る「世界の電気街」として名をはせているのだ。

店舗数は５００以上にものぼり「アキバ系」なる言葉も市民権を得て、情報家電のメッカとしてその確固たる地位を築いた。

また関西では、大阪の日本橋電気街もかなりの規模を誇っており、店舗数は２００を超えている。こちらも秋葉原ほどではないにせよ、西日本では屈指の専門街として多くの人が訪れている。

諸外国にも電気店が密集している通りはないことはないが、店舗数が少ないうえ、なんといっても品揃えでは日本に太刀打ちできない。さらに品質まで求めれば、やはり日本の電化製品は世界トップレベルなのである。

現在、秋葉原は〝オタクの聖地〟として世界中から注目され、マルチメディアタウンとしてさらなる飛躍を目指している。

テスト販売にもってこいの「小さなニッポン」な県って？

企業が新商品を開発したときは、全国で売り出す前に、まず一部の地域で試験的に販売して、売れ行きや購買層などを様子見することがある。

その結果によって商品を改良したり、場合によっては全国発売を見送ったりもする。そういう意味では「テスト販売」をする県は、商品や企業の将来を握っているといえる。

そのテスト販売では常連の県がある。それが静岡県だ。

静岡県といえば屈指の茶処であるとともに数々の有名メーカーのお膝元である。そんな静岡県がなぜテスト販売の地に選ばれるのだろうか。

それは、静岡県自体が「小さなニッポン」たる場所だからだ。

というのも、静岡県の県民所得やひとり当たりの貯蓄額などは全国平均とほぼ同じだからだ。また、小売業の年間売上高や産業構成比、新聞普及率などの統計指標が日本の平均に近いのである。

つまりは、県民の購買意欲や消費傾向も全国平均と考えられる。したがって新商品における人々の反応を見るにはもってこいの県というわけだ。

タバコ、飲料、お菓子など、ここで売れれば全国で販売してもヒットするという、いわばお墨つきを得られるというわけである。

焼き物の産地が九州に集中しているのはなぜ？

美濃焼や萩焼、有田焼など陶磁器の名産地を思い浮かべてみると、中部から西日本に多いことがわかる。

理由は、日本の都が奈良、京都、大阪など西日本に築かれ、その地を中心に文化が発展してきたからというのも一理あるが、圧倒的に西日本、とくに九州に集中したのには豊臣秀吉が大きく関係している。

北条氏を倒して天下を統一した秀吉は、やがてアジアの覇者を夢見て朝鮮半島に出兵する。

これが「文禄・慶長の役」（1592〜1598年）だ。この戦のため、朝鮮半島に近い中国・九州地方の諸大名が集められ派兵された。

当時の朝鮮は李朝が統一し、豊かな朝鮮文化を築いていた時期である。秀吉の死とともにこの戦は終わるが、その際、諸大名が多くの朝鮮の陶工を日本に連れ帰ったのだ。

というのも、桃山時代は優雅な文化が生まれた時代でもある。その筆頭は茶道であり、茶道具としての陶器の人気も高まっていた。

そこで、大名たちは競って朝鮮の陶工を確保して自分の領地に連れて帰り、窯を持たせて陶器を焼かせたのだ。

それゆえ、「文禄・慶長の役」を別名「焼き物戦争」とも呼んでいる。

とくに佐賀の地に連れてこられ、後に帰化した朝鮮の陶工・李参平が有田川の上流で白磁用の原料を発見して始めた「有田焼」（伊万里焼）は、日本における最初の磁器（白色で吸水性のない焼き物）として有名だ。

また、朝鮮陶工がもたらしたものに「蹴ろくろ」（足で蹴り回転するろくろ）と、「連房式登り窯」（斜面に連なる形式の窯）がある。

これらの技術は、日本の陶磁器の発展に大きく貢献した。

ちなみに、瀬戸、常滑《とこなめ》、越前、信楽《しがらき》、丹波立杭、備前の焼き物については日本古来の手法を引き継いでおり、その多くは西日本にあるものの、朝鮮の影響をいっさい受けていないことから「六古窯《ろっこよう》」と呼ばれている。

「チャイナ」といえば陶器、では「ジャパン」といえば？

「チャイナ」といえば、独特の乳白色が美しい陶器のことだ。さまざまな陶器のなかでも、牛骨を化学処理してできるリン酸カルシウムと長石とが主成分となっており、世界中に知られている。

「チャイナ」といっても中国産とは限らない。その土が手に入れば世界中どこででもつくることができる。もちろん日本製の「チャイナ」もあるが、中国製に優れたものが多いことから「チャイナ」という言い方が通用するようになった。

同じように、「ジャパン」という言葉で

表現される優れた工芸品が日本にある。それは漆器だ。漆器は木や竹などに漆の木からとれる樹液を塗ってつくられる工芸品で、日本以外でも朝鮮半島や東アジアの一部の国々でつくられている。

漆器の質の良し悪しを決めるのは漆の木の質だが、それが最良なのは日本のものである。そのために、日本製の漆器は「ジャパン」と呼ばれるようになった。

もともとは中国で生まれた漆器だが、日本では縄文時代の遺跡から漆器が出土しており、歴史はかなり古い。また、587年にはすでに専門の漆器職人がいたことが『日本書紀』に記されている。

それだけの歴史があり、しかも優れた原料に恵まれているために、「ジャパン」といえば、日本製の漆器をさすようになった。

日本はどこから見て「極東」なの？

近代史などの本を読んでいると、「極東」という言葉にふと目が止まることがあるが、極東とは日本のことである。

英語では「Far East」、つまり東の果て。では、どこから見たら日本は東の果てだというのだろうか。

答えは欧米、正確にはイギリスだ。

日本で一般的な世界地図は太平洋が真ん中にくる日本が中心の地図だが、ヨーロッパへ行けば大西洋が真ん中にくる地図になる。

それを見れば一目瞭然、日本は地図の最

東端にあり、「極東」に位置するというわけである。

19世紀始め、世界は7つの海を制した海洋国家・大英帝国（イギリス）を中心に回っていた。

また、それより以前にイギリスには、20世紀半ばまで世界時刻の基準でもあり子午線にもなっているグリニッジ天文台があった。

それに基づくと日本は東経135度で、これより東には主だった国はほとんどない。つまりイギリスからみれば、政治・経済的な外交ルートで見ても地理的な意味でも、日本はまぎれもない「東の果て」ということになるのである。

このように明確な定義がないのが「極東」だが、どのケースにしても日本が含まれていることは間違いない。

あ.じゃあ
キミんとこは
「極西」
かい!?
ソウ
言ワレルト
ナンカ
オモシロクナイナア
…
イギリス人

日本語人口って、世界で何番目に多い？

世界の共通語は何かと聞かれれば真っ先に「英語」と答える人は多いだろう。英語さえ話せれば、世界中どこにいっても日常会話には困らないというイメージがある。

だからというわけではないが、世界中で最も多くの人に話されているのは英語だと思われがちだが、じつは違う。

世界で最も多くの人に話されている言葉は北京語だ。その北京語の人口は約8億5000万人といわれている。世界の人口は約73億人だから9人にひとりは北京語を話すことになる。中国の人口は13億人以上、これは納得できる数字だ。

一方の英語はというと、北京語についで2位である。数でいえば、5億人程度と意外と少ない。以下、ヒンディー語、スペイン語、ロシア語と続く。

では日本語はどうか。日本は世界のなかでは小さな島国だ。中国語や英語を話す人は世界中どこにでもいるが、日本語を話す人の大部分はこの小さな島国のなかにいる。そう考えると、日本語を話す人の数はかなり少ないように思える。

ところが意外にも、日本語を話す人の数は、世界で9位である。

たしかに国土は狭いが人口は1億2000万人で世界9位。その国民のほとんどすべてが日本語を話すので、日本語を話す人の数も9位ということになるのだ。

「津波（TSUNAMI）」といえば世界で通じるのはナゼ？

2011年3月11日に起きた東日本大震災による大津波は、いまだに記憶に新しい。その悲惨な被害を伝える世界のメディアでTSUNAMI（津波）という言葉が使われていることに気づいた人も多いだろう。

HIBACHI（火鉢）、JUDO（柔道）、KARAOKE（カラオケ）など、日本語そのままで世界中で通用する言葉はいくつかあるが、ほとんどが日本独特のものや日本生まれのものだ。

TSUNAMIもやはり、世界標準語である。しかし、津波は日本独特のものではない。なぜ、TSUNAMIという言葉が世界に広まったのだろうか。

きっかけは、昭和21年（1946年）に実際に起こった津波だった。アリューシャン列島で巨大な地震が起こり、その影響でハワイ列島が大規模な津波に襲われたのだ。

173人もの死者を出したこの災害で日系人が住むいくつかの町も壊滅状態となった。これを地元の新聞が報じたとき、日系人が使っていたTSUNAMIという言葉を使った。それが一般に広がり、アメリカ人も使うようになったのだ。

そこで昭和43年（1968年）、アメリカのある海洋学者がTSUNAMIを正式な学術用語とすることを提案した。それ以降、TSUNAMIは世界のどこでも津波を指すようになったのだ。

日本の国土面積が少しずつ増え続けているってホント？

東アジアに浮かぶ島国ニッポン。その国土面積はおよそ37万8000平方キロメートルとけっして大きくはなく、日本国民は自分の国を〝小国〟だと思いこんでいるはずだ。

ところが、全世界の200余りの国々を国土面積の多い順に並べると、日本はなんと60位にランキングされる。たとえば39あるヨーロッパの国々にしても、日本より国土が広いのはフランスとスウェーデンとスペインだけなのだ。

しかも、日本は毎年少しずつ面積が増え続けているというから驚きである。

たしかに2013年には海底火山の噴火で西之島沖に新たな島が発生したが、それよりもさらに面積を増やしている場所がある。

それは大阪の関西国際空港や、東京都のお台場のようなウォーターフロントだ。つまり「埋立地」が増加しているのである。

その増加面積は、1960～1990年で都内23区に匹敵する約800平方キロメートル。2001～2002年だけでも東京ドーム約150個分に相当するという。

海を埋め立てて陸にしてしまうのは、ヨーロッパのような陸続きの国にはけっしてマネできない島国ならではの芸当だ。地盤沈下などの不安をよそに、日本はまだまだ〝太って〟いくにちがいない。

本当は日本国内にも約1時間の時差がある？

日本列島はタテに長い。当然、北海道と沖縄では日の出や日の入りには少なからず時差が出る。だが、日本には標準時はひとつだけしかない。北海道で日が沈む午後5時は、まだ日が高い沖縄もやはり午後5時ということになる。

この日本の標準時となっている場所は兵庫県明石市だ。その理由は、イギリスのグリニッジ天文台を通る子午線(本初子午線・東経0度)が世界標準時の基準となったために、東経135度の子午線上に位置する明石市を日本標準時としたのである。

それまで時刻は各地方で統一されていなかったが、通信や輸送などの面において不都合が生じ始めたため、1884年アメリカで行われた「国際子午線会議」に基づき、1886年に日本標準時が決定された。

実際は経度15度につき1時間の時差が生じるため、厳密にいえば北海道と沖縄では1時間近い時差があるが、日本の時刻はこの明石市を基準とした標準時のみだ。

ちなみに、日本の時差は世界標準時プラス9時間で、イギリスが午前6時のとき、日本は同日の午後3時という計算になる。

現在、日本標準時は東京都内にある情報通信研究機構のセシウム原子時計によって管理されている。それでも明石市は日本標準時の基準となる「時の町」として、今も日本全国にその名が知られているのだ。

東日本と西日本の境目ってどこ?

よく日本列島はタテ（南北）に長いと形容されるが、じつはその比率でいうとヨコ（東西）のほうが長い。

そのせいか、日本ではあらゆる物事を東西で分けるフシがある。ＪＲやＮＴＴはそれぞれ東日本、西日本に分かれているし、うどんのツユ、うなぎの開き方といった食文化や電源の周波数も違う。では、一般に日本の東西の境目はどこになるのだろうか。

多くの場合は、新潟県糸魚川《いといがわ》市から静岡県静岡市へと線を引けば、そこが東西の境界線だといわれていた。

というのも、この地下にはフォッサマグナ（大地溝）と呼ばれる大きな溝の領域があり、その東西で地質が異なっているからだ。簡単にいえば、西側には古い地層があり、東側には新しい地層ができているのである。

ただし、フォッサマグナは線ではなく大きな溝で、東西の境目といわれる「糸魚川・静岡構造線」は溝の西端に位置している。

しかもその後の研究で、溝の幅は１００キロメートルにも及んでいることがわかり、その東端は新潟県の柏崎市と千葉県の銚子市を結んだ「柏崎・千葉構造線」あたりだとされている。

ところが最近では、東端はさらにずれて山形県の酒田市〜福島県棚倉町〜茨城県日立市へと延びる「棚倉構造線」であることが判明している。

どういうことかというと、西日本の地質がこの東日本と考えられていたエリアでも確認されたのである。

つまり地質学的にみれば、西日本の地質（正しくは「西南日本内帯」）はフォッサマグナを飛び越え、酒田や福島といった東北地方にまで及んでいる。

このことから、現在は「棚倉構造線」が東西の境目との見方が主流で、そういう意味では関東地方は丸ごとすっぽり西日本に属することになるのだ。

日本列島がまだアジア大陸の一部だった頃から、島は大きな変動を繰り返して現在の形になった。我々が何気なく歩いている地面は、とてつもなく複雑な地下構造になっているのである。

東日本と西日本ではどうして電気の周波数が違うの？

かつては、同じ日本国内でありながら、大阪で買った電化製品が東京では使えなかったことがある。
実際、東日本と西日本の間で引越しをしたことのある人のなかには、引越し先で電気製品を買い換えたという人も多い。
これは、東日本と西日本とでは周波数が異なっているからだ。東日本で販売されている電気製品の多くは50Hz用、西日本では60Hz用。もしも50Hz用の電気製品を西日本で使ったり、その逆のことをすると、事故が起こったり、寿命が短くなるなどの弊害が出るのだ。

ではなぜ、東西では周波数が異なるのか。その理由は日本に電気が普及したときの状況にある。

国内に発電所がつくられて電気の供給が始まったのは明治時代だが、そのとき東京ではドイツ製の50 Hzの発電機を使ったのに対し、大阪ではアメリカ製の60 Hzの発電機を利用した。

その後、両者は統一されることなく現在に至り、今も東日本と西日本とでは周波数が異なっているのだ。

もちろん、最近はほとんどの電気製品は50 Hzでも60 Hzでも対応できるものが増え、東西の違いはあまり問題ではなくなったが、なかには周波数が異なるとトラブルを引き起こすものもあるので要注意だ。

国土の6割は森林なのになぜ木材輸入では世界第3位？

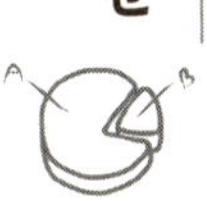

日本の都市部は緑が少ないといわれるが、そうはいっても日本の国土の3分の2は森林だ。これは世界的に見てもけっして少ないほうではない。
その裏づけといえるかどうかはわからないが、日本は古くから木の文化を継承してきた。
一般家屋は木造が基本だし、法隆寺の五重塔や東大寺など世界でも最古の部類に入る木造建築は1000年以上経った今も健在だ。
そんな「木の国・日本」なのに、どうい

うわけか木材輸入の数字はアメリカ、中国に続いて世界第3位だ。このような矛盾はなぜ起きるのだろうか。

　その最たる原因はコストだ。日本の木材輸入が増加し始めた1960年頃は、インドネシアやニュージーランドの輸入材が出回るようになった。

　それに対し、ブナやナラといった国産木材は生産量が急激にダウン。それによって

国産木材の価格が大幅に上がったのである。

　2001年のデータでは、世界113カ国から木材を輸入した一方、国内での木材自給率はわずか18パーセントだった。1955年は90パーセントを超えていただけに、この数十年でいかに木材事情が激変したかがうかがえる。

　自慢の木造建築を自国の木材でまかなえないのはさびしい話である。

よーし!!
それほど
言うなら
純国産木材
で自宅を
建ててやる!!
まにあわないんじゃないかなァ…

国立公園と国定公園の違いって？

何でも肩書きがつけばよいというものではないが、やはり国が認可しているものはお墨つきという感じがして悪い気はしない。たとえば、たまの休日ドライブで郊外へ出かけても「ここから先は○○国立公園です」などと看板に書かれていると、レジャー気分もひときわ増すというものだ。

ところで、公園のなかには「国立公園」と「国定公園」の2種類があるが、この違いをきちんと把握している人はあまり多くないだろう。

まずどちらも、自然公園法に基づく「自然公園制度」のなかの区分である。国立公園は我が国を代表する自然景勝地であり、国定公園はそれに準ずるものとされている。

何よりも決定的に違うのはその管理システムだ。いずれも指定するのは国であるが、管理については「国立公園＝国」「国定公園＝都道府県」となるのである。

ちなみに、ほかにも都道府県立自然公園というものがあり、これは指定も管理も都道府県が行っている。

現在、国立公園は富士箱根伊豆、伊勢志摩、瀬戸内海など32カ所、国定公園は蔵王《ざおう》、能登半島、奄美群島など57カ所、都道府県立自然公園は311カ所ある。

全部を制覇するのはなかなか難しいが、いずれも国や都道府県が定めるお墨つきばかり。ひとつでも多く訪ねてみたいものだ。

富士山の本当の高さは何メートル？

日本一の富士山は昔から日本のシンボルだ。その美しい風情をたたえた姿は日本人の心の象徴でもある。

その富士山の高さは3776メートル。今でこそ当たり前のこの数字だが、精巧な測量技術がなかった時代にはたして正確に知っていたのだろうか。

最初に富士山の高さが測定されたのは、享保12年（1727年）のことだった。このときは3886メートルという数字が出ている。かの伊能忠敬も享和3年（1803年）に測定し、3927・7メートルという結果を出した。

万延元年（1860年）に英国公使オールコックに測定されたときは、なんと4309・8メートルという数字が発表された。

現在の通説になっている3776メートルという数字が出てきたのは、大正時代になってからのことだ。大正15年（1926年）の測定（参謀本部測量部）で出た標高は、3776・29メートルだった。

しかし、その後も測量のたびに微妙に数字は変化してきた。昭和37年（1962年）の測定（国土地理院）では3775・63メートル、平成5年（1993年）の測定（大成建設）では3774・97メートルだった。そして、平成9年（1997年）の測定（静岡大学理学部）では3776・224メートルとされている。

日本国内の世界遺産、いくつあって、どこにある？

旅行業界では「世界遺産」を巡る海外ツアーが相変わらず大盛況だが、しかし貴重な遺産を擁しているのは何も外国ばかりではない。ニッポンにも世界に誇る遺産がたくさんあることをお忘れではないだろうか。その前に、まず世界遺産とは何か。

１９７２年のユネスコ総会で採択された「世界の文化遺産および自然遺産の保護に関する条約」に基づくもので、人類が創り上げた建造物や遺跡などの「文化遺産」、その地理や生物学的に貴重な「自然遺産」、その両方の要素を満たした「複合遺産」の３つに分けられ、２０１６年7月現在では登録総数が１０５２件となっている。

日本は合計20件で、うち文化遺産は、法隆寺地域の仏教建造物（奈良県）、姫路城（兵庫県）、古都京都の文化財（京都府・滋賀県）、白川郷・五箇山《ごかやま》の合掌造り集落（岐阜県・富山県）、原爆ドーム（広島県）、厳島《いつくしま》神社（広島県）、古都奈良の文化財（奈良県）、日光の社寺（栃木県）、琉球王国のグスク及び関連遺跡群（沖縄県）、紀伊山地の聖地と巡礼路網（和歌山県・奈良県・三重県）、石見銀山遺跡とその文化的景観（島根県）、平泉（岩手県）、富士山（山梨県・静岡県）、富岡製糸工場と絹産業遺産群（群馬県）、明治日本の産業遺産（岩手県・静岡県・山口県・長崎県など）、国立西洋美術館本館（東京都）の16件がある。

自然遺産は、屋久島（鹿児島県）、白神山地（青森県・秋田県）、知床《しれとこ》（北海道）、そして小笠原諸島（東京都）の4件である。

注目すべきは原爆ドームで、これはポーランドのアウシュヴィッツ強制収容所などとともに「負の遺産」と呼ばれている。

過去の過ちを二度と繰り返してはいけないという意味で人類への戒めとして登録されたもので、世界で唯一の被爆国である日本ならではの遺産である。

世界遺産ともなれば観光客も増えるとあって、各自治体は登録推進に躍起になっているようだ。しかし、その一方で対象エリアの保護やインフラ整備なども求められる。

たとえば知床では漁業規制が問題になったように、必ずしも手放しで喜べるとは限らないのだ。

温暖化で海面が上昇すると日本はどこまで水没する？

ここ数年の異常気象は文字どおり尋常ではない。

真夏には40度にも届こうかという猛暑が続いたかと思えば、桜前線や紅葉前線は早まったり遅れたりと、世界的にも竜巻や熱波、高潮、集中豪雨など、自然災害のニュースは枚挙にいとまがない。

その原因とみられているのが「地球温暖化現象」だ。

念のため説明しておくと、地球温暖化とは宇宙空間に放出されるはずの熱エネルギーが二酸化炭素などの排出ガスによって妨げられ、温室効果で地表温度が上昇することである。

地球の温度が上がることで最も懸念されているのは、南極の氷が溶けるなどして起こる海水面の上昇だ。

これによって生態系のバランスが崩れたり、先のような異常気象が発生したりしていると考えられている。

また、たとえば南太平洋の小さな島国ツバルは、島の海抜が最高でも5メートルしかない。そのため、このまま温暖化が進めば海面上昇によって島ごと消滅する運命にあり、全島民の移住計画が決定されているほどだ。

もちろん日本にとっても温暖化はけっして他人事ではない。ツバルのように列島ごと消滅する恐れはまだ現実的ではないが、少なくとも沿岸部の水没は避けられないようだ。

日本では40センチメートルの海面上昇で120メートルの干潟が消滅、65センチメートルの上昇で、全国の砂浜の8割が侵食するといわれている。

また50センチメートルの上昇で、299万人が移住を余儀なくされ、1メートルの上昇では東京の江戸川区や墨田区なども海抜0メートル以下になり水没してしまうのだ。

現在の調査では、このまま温暖化が進めば2100年までに最高で88センチメートルの水位上昇が予測されている。

毎年のように起こる異常気象を思えば、まだまだ先のことだからとのんびりかまえてもいられないのである。

近い将来、富士山は爆発するの？

阪神・淡路大震災、東日本大震災、最近では熊本地震と、大きな地震が続いている。異常気象、暴風雨などの災害も後を絶たない。

1991年にフィリピンのルソン島にあるピナツボ火山が610年ぶりに噴火し、1年後に同じ島の北部でマグニチュード7・8の大地震が起きているように、大規模災害は連動して起こることが多い。

有史以来、日本でも大噴火の前後には地震が数多く観測されている。

1707年の「宝永の大噴火」の際には、はっきり前兆だとわかる大地震が連続して発生している。「宝永地震（マグニチュード8・4）」がそのひとつだ。恐ろしいことに、そういうときには必ず異常気象や暴風雨、飢饉なども同時に起こっている。

このように火山の噴火には前兆があり、富士山もすでに、噴火に向かっているとされる現象が多数観測されているのだ。

また、富士山噴火の引き金として最も危険視されているのが「東海地震」である。

東海地震が発生すると入山瀬断層も動き、富士山の下にあるマグマ溜まりの圧力が下がって発泡し上昇する。そして、上昇したマグマは地表への出口をつくり噴火する。

研究者らは近いうちに東海地震が発生するのは確かだといっている。カウントダウンは始まっているのだ。

もし、東京に直下型地震が起きたら損失額はいくら？

1995年の阪神・淡路大震災以降、日本では全国各地で大規模な地震が発生している。たしかに日本が地震大国であるのは承知のうえだが、こうも頻発すると改めて震災に対する危機感を強めずにはいられない。

そして最近になって、より現実味を帯びてきたのが東京直下型地震の可能性である。被害は最小限にとどめたいところだが、首都の地盤がグラリと揺らげば、そのダメージを想像するだけでぞっとする。

だが、ぞっとしてばかりもいられない。実際、東京に直下型地震が起きたときの被害はというと、経済損失112兆円と予測されている。これはマグニチュード6・9、震度は6強で想定している。

その他にも65万棟が焼失、16万棟が全壊、650万人が帰宅できず路頭に迷うというデータが出ている。

経済損失112兆円の内訳は、建物の損壊など直接被害が66・6兆円、被災地域外への波及額などの間接被害が45・2兆円となっている。死者の数も1万3000人にのぼり、阪神淡路大震災の約2倍と考えられているのだ。

関東・東海地区では、東海地震の不安もある。じたばたしたところで天災には逆らえないが、イザというときのために各自で対策を講じておいたほうがいいだろう。

常識その8

名産

海のない山梨で「煮あわび」
が名物なのはなぜ？

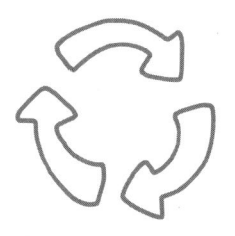

北海道の定番「木彫りの熊」のルーツはスイスって本当？

ある世代以上の人たちにとっては、北海道土産の代名詞といえば、木彫りの熊の置き物を思い浮かべるものだ。

豪快に鮭をくわえていたり、親子だったりと形はさまざまだが、共通しているのは「木彫り」であるということ。たいてい道内のどこでも手に入るが、元はといえばいったい誰が考えた土産物なのだろうか。

この木彫りの熊は、函館から1時間くらいの八雲町が発祥の地だとされている。確かに町内には記念碑も建てられており、町のいたるところで木彫りの熊を見ることができる。

だが、発祥といってもじつは木彫りの熊は日本人が考案したものではない。意外なことにルーツはスイスなのである。

大正10年頃、八雲町の農場主で徳川義親《よしちか》という人物がいた。義親は越前松平家に生まれ、のちに尾張徳川家の養子となって19代目を継いだ人物だ。貴族院の議員であると同時に生物学者としても活躍した。

その義親が、厳寒の冬に仕事ができずに収入が減ってしまう八雲町の農民に、土産物用の木彫りの熊の製作を勧めたのである。

木彫りの熊は、新婚旅行に訪れたスイスで売られていたもので、義親は現地でそれをひと目見て「農民たちの副業にちょうどいい」と思いつき、いくつも買って帰ったのだという。

農場主の「つくったものはすべて買い上げる」という言葉に促され、農民たちはスイス製の置き物を見本にせっせと熊を彫り始めた。気づけば昭和初期には年間5000体もの木彫りの熊を生産し、すっかり八雲町の名物になったのである。

戦時中はぜいたく品と非難され存亡の危機に瀕したが、茂木多喜治、柴崎重行といった職人が細々と製作を続け、現在にまで続く名産品になった。

つまり、木彫りの熊は100年近くにわたって脈々と受け継がれた〝スイス生まれの伝統工芸品〟なのだ。

ちなみに、当の義親は「熊狩りの殿様」と呼ばれるほどの狩猟好きだった。熊好きの殿様だったからこそ思いついた妙案だったのかもしれない。

なぜ飴にバターを入れて「バター飴」をつくろうと思った？

北海道には定番の菓子土産がいろいろあるが、子どもからお年寄りまで喜ばれるものといったら、何はさておきバター飴ではないだろうか。

ポイッと口の中に放れば、乳製品独特の柔らかい風味と甘さが広がる、あのミルク色の飴である。

バター飴のふるさとは、木彫りの熊の置物の発祥地でもある八雲町である。

この町の酪農は北海道のなかでも歴史があり、とくに道南地域では一、二を争う生乳生産を誇る。

その素地がつくられたのは明治時代で、徳川慶勝率いる旧尾張藩士の手によって農場が開かれたことに始まる。

そして昭和6年、酪農のノウハウを学んだ榊原安茂という人物が、飴の中にバターを入れたらどうだろうと試作に着手。それが好評を博し、昭和15年には特許を取得して大々的に売り出したのだ。

当時は、「牛酪飴」と書いてバター飴と読ませた。

戦後には北海道観光ブームが訪れ、当時の雪印やトラピスト修道院も製造に乗り出し、北海道を代表する土産物となった。

最近は〝新興勢力〟に押され気味なせいか昔ほどの存在感はないが、とくに年配の人にとっては懐かしい味のご当地名物ではないだろうか。

炭鉱の町・夕張で高級メロンが生まれたのはなぜ？

2個でお値段300万円なり。いったい何のことかといえば、国内屈指の高級果物「夕張メロン」である。毎年、初競《せ》りで高値がつくことが知られているが、2016年度は過去最高の2個300万円というとてつもない値がついて話題になった。

そもそも夕張といえば炭鉱の町だった。道庁の技師・坂市太郎が志幌加別川《しほろかべつがわ》の上流で石炭の鉱脈を発見したことにより、1891年に炭鉱が開かれた。しかし、なぜそんな場所でメロンがつくられるようになったのか、違和感がなくもない。

じつは、「炭鉱の町・夕張にも特産品を」という声が上ったのが1960年頃だった。そこで、それ以前からも栽培実績があったメロンに白羽の矢が立ったのである。

夕張は山間部にあり、寒暖の差も大きい。しかも農地の大半は火山灰に覆われ、けっして農業に適した土壌ではなかった。

だが、この悪条件がメロンには絶好の生育条件だった。日照時間は十分にあるものの、一転して夜はぐっと冷え込む。この寒暖の差によって、独特の甘みが出たのだ。

炭鉱で賑わった町はいつしか寂れ、1990年には最後の炭鉱が閉山。しかし、その頃には「夕張メロン」が炭鉱に代わる夕張の特産品として全国にその名を知られるようになった。夕張メロンは昔も今も、夕張市の明るい希望なのである。

天然記念物「まりも」はなぜ阿寒湖でしかとれない？

「まりもっこり」なるキャラクターも大ブレイクした北海道のマリモ。道東は阿寒湖に生息しており、その希少性から国の特別天然記念物にも指定されている。

マリモの最大の特徴は球状であるということ。漢字では「毬藻」と表記する。字を見てわかるように藻の一種なのだが、ではなぜあんなふうに丸くなるのだろうか。

マリモそのものは、阿寒湖以外にも道内の湖や、富士五湖の河口湖や西湖などにも生息しているが、どういうわけか球状のものはほとんど見られない。

通常は他の種類の藻と同じように、糸状のままで岩などに付着しているだけである。というよりも、こちらが本来の姿で球状のマリモが珍しいと考えるべきなのだ。

どうして阿寒湖のものだけが丸くなるのか。じつは、それが阿寒湖の地形に起因しているものなのか、マリモそのものの性質なのか、今ひとつはっきりしていないのだ。

前者の説は水の流れに関係するというもので、阿寒湖には河川が流れ込んでおり、その水流で球状になるのでは、という見方だ。一方後者は、マリモ自身が丸まる性質を持っているのではないかというものだ。

マリモは表面全体が鮮やかな緑色をしているが、それは光合成のためで、つまり水の動きを利用して回転すればまんべんなく光に当たれるという利点がある。

仮に後者が事実だとしても、やはり湖の地形による水の流れは大いに関係があるだろう。

しかも、生息する場所は阿寒湖のなかでもチュウルイ湾やキネタンペ湾といった場所に限られているのだ。

このように、今ひとつ全容解明されていない不思議な生態は神秘的に映る。

ちなみに、これまで大きいものでは直径30センチメートルを超すマリモも発見されたという。

土産店で売られているものは当然ながら養殖モノだが、もちろん育てることもできる。直射日光を避けて涼しい場所に置くことと、水を定期的に交換してきれいに保つことを心がければ、初心者でも気軽に始められるという。

八戸名物「いちご煮」で使われる「いちご」の正体とは？

ご当地名物のなかには、名前からはとても想像ができないような変わったものがある。たとえば、大阪で「たぬき」を注文すれば油揚げがのったそばが出てくるし、新潟で「イタリアン」といえば洋風の焼きそばのことを指す。

そこで気になるのが、青森県は八戸の名物「いちご煮」である。えっ、まさかあのイチゴを？　と思うかもしれないが、中身は果物ではないのでご安心を。

じつは、意外なものが入っているのである。それは、ずばり「ウニ」である。

いちご煮とは、ウニだけ、あるいはウニとアワビを使ったお吸い物のことで、椀の中のウニがまるで果物の野いちごのように見えることからその名がついた。

一説によれば、名づけ親は宿屋の主人で詩人でもあった石田多吉という人物で、地元八戸では有名人なのである。

八戸は寒流と暖流が混ざるポイントで、しかも、ムラサキウニが採れる北限であり、バフンウニがとれる南限でもある。いわば絶好のウニの漁場なのだ。

つくり方はカツオや昆布でとっただし汁に、酒や醤油などを入れ、薄切りのアワビを投入する。生ウニは煮込まず、椀に直接盛り、上からアツアツの汁を注ぐ――。たったこれだけだが、磯の香りに食欲をそそられ、なんともいえず上品な一品なのだ。

「わんこそば」は、なぜ小分けにして食べるようになった？

「はい、じゃんじゃん」のかけ声とともに、後ろから投げ入れられるそばを考える間もなくひたすら口にかっこむ。

この岩手名物といえば、いわずと知れた「わんこそば」だ。そばの名所は多いが、こんな食べ方をするのは日本広しといえどここだけだろう。

椀に投げ入れられるのはおよそひと口分で、平均すると男性が50～60杯、女性が40杯前後食べるので、どんぶり3～4杯分のかけそばを食べる計算になる。

であれば、最初から普通のどんぶりで食べればいいと思うのだが、なぜ、わざわざたくさんの椀に小分けにするのだろうか。

一説によると、江戸時代の南部藩27代藩主・南部利直が参勤交代で江戸に上がる途中、花巻に宿をとったときに地元の農民たちがそばを差し出したというものだ。

もともと、岩手においてそばは「お立ちそば」と呼ばれる宴席のごちそうであり、大勢の客に茹でたてを提供するために少量ずつお椀に盛る習慣があった。

このときもひと口大のそばを出したが、それを利直が何度もおかわりしたことが現在の形のルーツだという。

「わんこ」とは土地の方言で「椀」のこと。給仕係が投げ入れるスタイルは、観光客に向けたパフォーマンスとしていつの間にか定着したもののようだ。

「チャグチャグ馬コ」のチャグチャグって何のこと？

岩手県の県庁所在地・盛岡市の隣にある滝沢村には、「チャグチャグ馬コ」と呼ばれる伝統的な祭りがある。

毎年6月の第2土曜日に行われる恒例行事なので、テレビのニュースなどで見たことがある人も多いかもしれない。

岩手県は奈良時代から馬の産地として名を馳せており、馬にちなんだ行事や風習、伝説などが多く残されている。

チャグチャグ馬コはその筆頭で、華やかな飾りや鈴を施したおよそ100頭の馬が15キロメートルを約4時間かけて行進する。

滝沢村の鬼越蒼前《おにこしそうぜん》神社をスタートして、ゴールは盛岡市の八幡宮だ。沿道にはその勇姿をひと目見ようと県内外から多くの人々が集まる。

祭りのルーツは江戸時代にさかのぼる。スタート地点の蒼前神社には「蒼前さま」の名で親しまれている馬の守護神が祀られており、18世紀頃に地元民たちによって緩やかな信仰が始まった。

その頃から安全祈願として農耕馬に装束をつけたりする風習が生まれたとされている。

明治、大正時代には一時廃れるが、秩父宮親王が盛岡を行幸した際に一大イベントとして復活した。

戦後には祭りの保存会も発足し、以降伝統行事として定着している。今では装飾された馬のおもちゃもつくられ、岩手の民芸品としておなじみである。

ところで「チャグチャグ」とはいったい何のことかというと、馬が歩くときに鳴る鈴の音なのである。

確かに聞いてみると、一般的な鈴のチリンチリンといった音ではなく、神社で参拝をするときに鳴らす鐘の音に似ている。

そこに馬のカッポカッポという足音が合わさって、なんとも不思議な響きになるのだ。

この祭りは無形民俗文化財に指定されたほか、環境省の「残したい日本の音風景100選」にも選ばれている。

では、本当にチャグチャグと音が聞こえるのか？ それが気になる人は、ぜひ自分の耳で確かめてみては。

秋田で行われる「いぶりんピック」ってどんな大会？

岩手県の「わんこそば全日本大会」や山形県の「芋煮会」など、郷土料理にちなんだ行事は東北地方にはいくつもある。

では、秋田県で行われている「いぶりんピック」とは、いったいどんなイベントかおわかりだろうか？

じつは、いぶりんピックの〝いぶり〟とは、名物「いぶりがっこ」のことである。秋田の伝統的な漬物で、最大の特徴は名前にもなっている「いぶり」、つまり漬ける前に燻《いぶ》してあることだ。

火をくべた囲炉裏の上に縄で編んだダイ

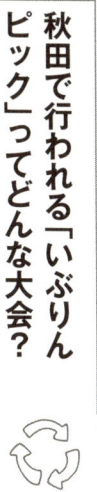

コン（あるいはニンジン）を吊るすと、ダイコンは煙で燻されて自然乾燥した状態になる。それを米糠《ぬか》に漬け込み、2～3カ月すれば食べ頃になるのだ。

旨みがぎゅっと濃縮されているうえ、燻製独特の香ばしさが広がり、なんともいえぬ味わいが口の中に広がる。

「いぶりんピック」とは、そのいぶりがっこのできばえを競うもので、発祥の地である山内町のある横手市が主催している。2016年で第10回を迎える比較的新しいイベントだ。

同じいぶりがっこでもレシピや製法は各家庭で異なるため、味、歯ごたえ、色などを審査基準にし、優勝にあたる金賞には秋田杉でつくられた漬物樽「金ダル」を贈呈する凝りようだ。

秋田名物「曲げわっぱ」どうやって丸めている？

古来より日本は木の文化を重んじてきた。たとえば、奈良県の法隆寺は世界最古の木造建築として知られているが、檜の柱は1400年経った今も頑丈なまま。「木は二度生きる」という言葉があるように、木は伐採されてなお強度を増すものが多いのだ。

杉もまた日本ではよく使われる木材だが、とくに秋田では秋田杉が珍重されている。家具や建物など、あらゆるものに利用できる優秀な木材だが、「曲げわっぱ」も杉を素材にしている。

「曲げわっぱ」はもともとは木こりがつく

ったと伝えられており、他の民芸品同様、江戸時代に武士の内職として本格的につくられはじめた。

「わっぱ」とは秋田弁で器のこと。そして「曲げ」というからには木を曲げて丸い形にしているのだが、あんな堅い木をいったいどうやって曲げているのだろうか。

使用されるのは樹齢150〜200年の天然の秋田杉である。その原木を柾目《まさめ》になるようカットしたら、カンナで5ミリメートルの厚さに削る。それを一晩水に漬けたら、なんと熱湯で煮沸するのである。そして、やわらかくなったところをコロ（丸太）で巻き込んで加工する。

しっかり乾燥すれば、杉は再び堅くなり強度を取り戻すので、それを桜皮などで接着すれば完成だ。

将棋の駒はなぜ天童市でつくられている？

将棋といえば山形県の天童市、とピンとくる人も多いはずだ。それもそのはず、天童市は将棋駒の名産地で、国内におけるシェアはじつに95パーセントを占めている。

その将棋の歴史をたどると、ルーツはギリシャ、エジプト、インドなど諸説あるが、いずれにせよ日本には奈良時代あたりに中国から伝わったと伝えられている。

最初の頃はルールも駒の数も違っており、現在のような形になったのは江戸時代になってからだ。山形には群馬から織田藩が転封されてきたが、その本拠地を天童に定めた1800年代半ばに、武士の副収入のために将棋駒がつくられ始めたという。

では、なぜ将棋駒だったのかというと、当時、織田藩でリーダー的存在だった吉田大八が「将棋は兵法戦術にも通じる」と主張し、積極的に奨励したからである。

それ以降、天童市では将棋駒の製作が庶民の間にも根づいていき、一大産業として発展したのである。

将棋に使われる木は、つげや楓《かえで》などが使われ、なかでも国内産の本つげを使った駒は最上級品だ。また、指し駒だけでなく縁起物の「飾り駒」も有名で、馬の字を逆さに書いた「左駒」は商売繁盛の守り駒として知られている。毎年4月には、戦国時代の腰元に扮した人間を将棋の駒に見立てて「人間将棋」も行われる。

福島名物「まんじゅうの天ぷら」は江戸時代からあった？

とかく名物の多い福島県の会津地方だが、そのひとつに「まんじゅうの天ぷら」があるのをご存じだろうか。しかも、会津のそれは歴史が古い。

まんじゅうを食す習慣が始まったのは江戸時代になってからだが、それと同時に「まんじゅう麩《ふ》」と呼ばれるまんじゅう形の麩が存在した。現在と同様に汁物などに使われるものだが、最初はこれを天ぷらにしていたそうである。

江戸時代のまんじゅうは、まだ砂糖が普及していなかったため貴重な食べ物で、まんじゅうの天ぷらが庶民の間で親しまれるようになったのも、のちに砂糖が手に入るようになってからである。

とはいっても、最初からいきなり揚げていたわけではない。まんじゅうは仏前に供えることが多く、1日も経てばカチカチに硬くなってしまう。これをどうにかして美味しく食べられないかと考えた挙げ句、思いついたのが油で揚げることだった。

すると、やわらかくなるばかりか、なかのあんこがしっとりとした甘さを醸し出してなんともいえぬ味わいになった。

つくり方は、まんじゅうに小麦粉で練った衣をつけて揚げるだけ。そのままでも美味しいが、好みで醤油をつけてもうまい。天ぷらと呼ぶのが会津流で、会津にはニシンとスルメの天ぷらもある。

会津の「赤べこ」はなぜ赤い？

指でチョイと触ると上下左右にゆらゆらと首を振る――。

こんなユーモラスな郷土土産といえば、会津の「赤べこ」だ。牛の形をした張子の人形で、鮮やかな赤色の和紙で覆われているのが特徴だ。「べこ」とは東北弁で「牛」のことである。

しかし牛の体といえば、本来は白と黒、もしくは茶色である。それをわざわざ赤色にしたのには何か意味があるのだろうか。

今から約1200年前、会津の柳津町に圓蔵寺《えんぞうじ》なる寺が誕生した。創建したのは、一説に藤原仲麻呂の子ともいわれる名僧、徳一大師である。

圓蔵寺の本尊には、虚空蔵尊《こくうぞうそん》が祀られているが、徳一大師がこれを建立する際に材木となるケヤキの運搬に難儀していたところ、どこからともなく牛たちがやってきてそれを運んだ。

そのとき、最後まで黙々と働き続けたのが赤い牛だった。お堂が完成するとともに牛は消え、石に姿を変えて守り神になったという。

赤べこは、この伝説をもとに鶴ヶ城主だった蒲生氏郷《がもううじさと》の命によってつくり出された。やがて、会津に疫病が流行ったが、赤べこを持つ子どもたちは感染しなかったといわれ、魔除けの意味を持つ子どもの玩具として定着したのである。現在では、厄除け・縁起物として会津土産の定番になった。

「起き上がりこぼし」はなぜ倒しても立ち上がる？

かわいい手のひらサイズの縁起物として知られる「起き上がりこぼし（小法師）」。赤べこと並ぶ会津土産の定番だが、じつは民芸品としては赤べこよりも歴史が古い。

今からおよそ400年前に、当時の会津藩主の蒲生氏郷が下級藩士につくらせ、正月に売り出したのが始まりだ。七転び八起きの精神で家内安全を祈願するというもので、購入の際には家族の人数よりも1個多く買うのがいいとされている。

高さは3・5センチメートル程度で、指で倒してもすぐにポンと立ち上がる姿が起き上がりこぼしの特徴だが、つくり方はいたってシンプルだ。

和紙の張子細工で、木枠で人形の形に和紙を成形したら、底におもりとなる球状の粘土を糊づけする。たったこれだけなのだが、倒してもみごとに起き立ち上がるのだ。

数年前、ある政治家から起き上がりこぼしをプレゼントされた野党の党主が、自分の起き上がりこぼしだけが起き上がらなかったというエピソードが話題になった。

その党主は進退を迫られていた渦中だっただけに、なんともシャレにならない出来事だったが、こんなシンプルな構造を知れば十分あり得る話だ。

ちなみに、その政治家には改めて会津から起き上がりこぼしが届き、今度はちゃんと起き上がったという。

「こけし」に秘められた謎とは?

古くから独自の文化圏を築いてきた東北地方。そんなみちのく全体に共通する名産品に「こけし」がある。

こけしは木をろくろで人型に成形した玩具で、手足はなく、頭部に顔が書き入れられている。

東北では複数の地域にわたって生産されているが、それぞれが独自の歴史を持つため、総称して「伝統こけし」と呼ばれている。

この伝統こけしには、中央が膨らんだ円柱形が特徴的な土湯《つちゆ》系(福島県)、顔の絵つけが個性的な遠刈田《とおがった》系(宮城県)、頭部がはめ込みになっている鳴子《なるこ》系(宮城県)など、合計すると東北6県にわたり11系統もある。

同じ東北地方とはいえ、なぜこれだけの広範囲にわたってこけしがつくられるようになったのか。じつはその発祥については謎だらけで、これといった結論が出ていないのが現状だ。

まず起源についても、最初から「玩具」として始まったのか、あるいはなんらかの「信仰」に関連して始まったのかで二説がある。後者は東北に伝わったおしら様信仰やほう子信仰、あるいは土着の性的信仰などを指している。

いずれにせよ、こけしの三大生産地といわれる土湯、遠刈田、鳴子が奥羽山脈に位置する湯治場《とうじば》で、古くからこけしづくりに欠かせない木地屋《きじや》が存在していたことは注目すべき共通点だ。こけしは湯治場の土産物の代名詞でもある。

土湯では、江戸時代中期の木地屋・佐久間亀五郎が伊勢参りの際に上方で見かけた木地製品に影響を受けてこけしづくりを始めたとの言い伝えがある。だが、これがこけしの始まりとは断定されておらず、もっと前から存在したという見方が根強い。

各地域の方言で「きでこ」「きぼこ」「こげす」などと呼ばれていたのが、こけしに統一されたのは昭和に入ってからだ。ちなみに、飢饉などで子どもを間引きした後、それを供養するための人形だとする「子消し」がルーツという説もあるが、これは後になってつくられた俗説である。

「佐野ラーメン」はなぜなかなか全国に出回らない?

今や北海道の札幌や福島県の喜多方などとともに、日本の5大ラーメンのひとつに数えられる栃木の「佐野ラーメン」。

その佐野ラーメン最大の特徴といえば、手打ちの平麺だ。これは太い青竹で打たれたもので、水を加えて練った小麦粉を青竹の下に敷き、青竹に脚をかけてリズムをつけてジャンプするようにして伸ばしていく。そうして手間をかけてつくられた麺はコシが強くて歯ざわりもいい。

この青竹を使った独特の製麺法は、かつて大正時代に中国広東省から佐野にやってきた中国人の料理人から伝授されたものだという。広東はいわずと知れた美食の都だが、その本場から来た料理人が孟宗竹を使った秘伝の製麺法を教え、それが佐野に広まっていったというわけだ。

佐野ラーメンの麺は加水率（麺に含まれる水分の割合）が高く、この青竹打ちをすることで中に気泡が多く含まれるという。そのため熱伝導がよく、麺の茹で上がりが早いのが特徴だ。また、手打ち麺がゆえに麺の太さがまちまちとなるが、それが絶妙な食感を生み出しスープも麺によくからむ。

ただ、水分が多い麺のためあまり日持ちがせず、また水が変わると味も変わってしまうため、全国展開はなかなか難しいという。

ぜひ、200軒以上のラーメン屋がひしめく現地を訪れて食べたいものだ。

日光の「湯波」と京都の「湯葉」、何が違う？

豆乳を加熱した際に表面にうっすらと張る膜が、〝ゆば〟である。修行僧には、タンパク質が豊富な精進料理の材料として、古くから親しまれてきた食べ物である。日光ではこれを「湯波」と書き、特産品のひとつとして売られている人気商品だ。

ところが、京都ではこれと同じものを「湯葉」と記してみやげ物にしている。なぜこのような違いがあるのだろうか。

日光と京都で原料が違うわけでも加熱の方法が違うわけでもない。じつは、ともにその製法が語源になっているのである。京都は豆乳の表面にできたゆばをそのまま引き上げ、平なままで食材にするが、日光では引き上げる際に真ん中で一度折り返して二重にするのだ。

すると、京都のそれはまるで〝葉〟のように広がるので湯葉となり、日光のものは折り返すことでゆるやかな〝波〟状となるので湯波となったのである。

京都では1200年ほど前から禅僧たちの間で食べられており、その製法が関東に伝えられたのである。日光で一般の人が口にするのは、1617年に徳川家康を祀った東照宮が建立されてからである。

もともとゆばは豆腐とともに中国から伝わったもので、「湯婆」と書く。一説によると、ゆばに寄っているシワが老婆のシワを思わせるところからついたようである。

「ガマの油」って本当にガマガエルの油なの？

江戸時代から「さてお立ち合い、手前ここに取りいだしたるは筑波山名物ガマの油……」といった口上とともに売られているのが、「ガマの油」だ。

白い鉢巻を締めたガマの油売りが聴衆の前で刀の切れ味を見せつける。そのあとで腕にガマの油を塗り、油を塗った部分を刀で切ろうとするが、あら不思議。刀を引いても腕は切れない……。

このあまりにも有名なパフォーマンスで宣伝されるように、ガマの油は切り傷などに効くとされる塗り薬である。

口上によれば、筑波山の名物のガマの油は「四六のガマ」と呼ばれる前足が4本指、後足が6本指に見えるガマガエルから特別な方法で脂汗を抽出し、それをある一定の期間煮つめてつくられたものだという。あるいは、ガマガエルを煮詰めたものだとまことしやかにいわれることもある。

実際のところ、ガマの油とはいったい何でできていたのだろうか。

昔のガマの油は、馬油に薬草などを混ぜたものだったといわれている。

ガマの油と呼ばれるようになったのは、一説によると筑波山にある中禅寺の住職の顔がガマガエルに似ていたことが始まりだとされる。

この住職が「大坂夏の陣」の際に徳川方で従軍し負傷者の傷の手当てをしたところ、その薬が良く効いたことからガマの油とい

われるようになったというのだ。当時はもちろん、ガマガエルのエキスなど一滴も入っていなかった。

後年、筑波山の麓に住んでいた平助という男がこのガマの油を売ろうと思いついたとき、普通に売っては売れないので筑波山やガマガエルの霊力などを謳った口上と実演を考案して売り歩いた。

これが当たってガマの油は広く知れわたるようになったのである。

しかし、現在、筑波山のおみやげとして売られているものにはガマガエルの分泌物やエキスなどはいっさい含まれていない。

とはいえ、ガマの油売りの実演は今も健在だ。ガマガエルの分泌物が入っていようがいまいが、この実演を見るだけでもおおいに楽しめるはずだ。

水戸街道に「うなぎ街道」があるのはなぜ？

茨城県龍ヶ崎市の牛久沼沿いの水戸街道（国道6号線）を走っていくと、道の両側に老舗のうなぎ屋が軒を連ねる「うなぎ街道」と呼ばれる一角が現れる。

じつは、それほど知られてはいないが、この牛久沼は「うな丼」発祥の地なのである。話は江戸時代後期にまでさかのぼる。

江戸の堺町（現在の日本橋）に、芝居などの資金を提供する金方をしていた大久保今助という人物がいた。彼は現在の茨城県常陸太田市の出身で、あるとき、所用で茨城県の北部へ向かおうと牛久沼まで来る。

当時の牛久沼には渡し船とそれを待つための茶屋があった。茶屋で船を待ちながらうなぎの蒲焼きを注文した今助だが、蒲焼きとご飯ができ上がってきたちょうどそのとき、渡し船が出発するところだった。

そこで、今助はとっさに茶屋から食器一式を借りてご飯の上に蒲焼きをのせ、蒲焼きがのっていた皿を逆さにしてご飯茶碗の上にかぶせて船に飛び乗った。

まもなく船を下りて蓋にしていた皿をとって食べてみたところ、ご飯の蒸気で蒲焼きが蒸されてやわらかくなり、タレもご飯によく染みこんで、今まで食べてきたどの鰻よりも美味しくなっていたというのだ。

この後、商売上手の今助が芝居小屋でうな丼を売り出して世間に広まり、今でも名物として残っているわけである。

「草加せんべい」は最初塩味だったって本当？

埼玉県といえば、「草加せんべい」が有名だ。一説では、草加せんべいを考案したのは茶店の女将と行きずりの侍だという。

草加が日光街道や奥州街道の宿場町として栄えていた頃の話である。街道におせんという女将の茶店があり、そのおせんが売る団子はおいしいと旅人に喜ばれていた。

とはいっても、団子は売れ残ってしまう日もあり、おせんは売れ残った団子を川に捨てていたという。

そんなある日、茶店で団子を食べていた侍がその様子を見て「こんなにおいしい団子を捨ててはもったいない。団子をつぶして天日で乾かし、焼餅にしてはどうだろう」と提案した。

そこで、おせんがいわれたとおりにして店に出してみたところ、これがうまいと評判になり、こうして名物になったのが草加せんべいの始まりだと伝えられている。

実際のところは、草加せんべいが初めてつくられたのがいつなのかはよくわかっていないようだ。本来の草加せんべいは塩味のせんべいだったが、江戸時代に利根川沿岸で醤油造りが盛んになったことで醤油が塗られるようになっていったという。

いずれにしろ、もともと草加は米どころだった。そのうえ宿場町としても賑わっていたことを考えると、おせんと侍の話が本当だったとしてもあながち不思議ではない。

行田市のB級グルメ「ゼリーフライ」ってどんな味？

埼玉県行田市になんとも驚く名前の名物がある。その名も「ゼリーフライ」だ。

そもそも行田市では「フライ」自体の意味が、一般に思い浮かべられる海老フライやトンカツなどのフライとは異なっている。

行田市でいうフライは小麦粉を水で溶き、そこにネギやニンジン、オカラ、肉といった具を入れて鉄板で焼いたものだ。これをソース味で食べるのが基本だ。

かつて行田の足袋工場で働く女工たちがおやつとして好んで食べ、それが庶民のおやつとして人気を集めているのである。

ゼリーフライとは、オカラにジャガイモや野菜のみじん切りなどを混ぜたものを油で揚げソースにくぐらせたものだ。それにしてもなぜ、ゼリーフライという不思議な名がついたのだろう。

ゼリーフライのルーツとなっているのは中国東北地方の野菜まんじゅうだといわれている。一説によると、それは小判のような形をしていたことから「ゼニー（銭）フライ」と呼ばれ、それが訛って「ゼリーフライ」となったとされている。

一見すると衣のついていないコロッケのようだが、オカラが主な材料で衣もないためコロッケより油っこくない。値段も100円程度とリーズナブルだ。このあたりが明治時代から今日まで、庶民のおやつとして愛され続けてきた理由なのだろう。

東京のお雑煮には なぜ「小松菜」が欠かせない？

小松菜はビタミンやカルシウムなど豊富な栄養が含まれているうえに、お浸しにしてもよし、味噌汁に入れてもよしと使い勝手のいい菜っ葉だ。意外なことにこの小松菜が生まれたのは、なんと東京都である。

じつは、小松菜の生産量は全国でも3本の指に入るほどだ。とくに江戸川区は東京都の収穫量の約4割を占めていて、全国トップクラスの生産量を誇る。

というのも、小松菜の発祥地が江戸時代の武蔵国葛飾郡小松川村で、これが現在の江戸川区小松川付近にあたるからだ。

原種と思われる野菜は、遠いヨーロッパから中国を経て日本に入ってきたと考えられているのだが、それが小松川付近で品種改良されて小松菜となったのである。

また、小松菜は冬に収穫されたものを「冬菜」、初春に収穫されたものを「鶯菜《うぐいすな》」と呼んだりもするが、小松菜と命名したのは一説によると8代将軍徳川吉宗（綱吉という説もあり）だといわれている。吉宗が鷹狩りで小松川付近を訪れたとき、昼食に出された菜っ葉が小松菜だったのだ。

吉宗はその美味しさに感嘆し、「小松川で獲れた菜っ葉ならば、小松菜と名づけよう」といい、小松菜という名前がついたとされる。今では関東地方のお雑煮には欠かせない野菜となっている。その素朴な味わいは将軍さえも感嘆する美味しさである。

高崎名物の「だるま」はなぜあの丸い形になった？

縁起ものとして広く日本で親しまれているだるま。このだるまの生産で日本一を誇るのが群馬県高崎市である。少林山周辺では年間150万個のだるまがつくられ、全国におけるシェアはなんと8割にものぼる。

ところで、この高崎名物のだるま、赤くて顔にはひげがあり、胴体は繭のような球に近い形状で、手足はない。これにはだるまのモデルになったある人物の話がおおいに関係している。

ある人物とはその名のとおり達磨《だるま》大師で、禅宗の開祖である。インドの香至国《こうしこく》の王子として誕生した達磨大師は、出家してやがて中国に渡り、壁に向かって9年間も座禅を続けたという「面壁九年《めんぺきくねん》」の伝説を持つ。

このとき、9年間にも及ぶ座禅によって手足が腐ってしまったと伝えられており、一説によるとだるま人形に手足がないのもこのためだといわれている。

また、縁起だるまを最初につくった高崎市の少林山達磨寺によると、初期のだるまは座禅だるまといって、今のだるまに比べて足を座禅しているような形に組んでいたのだが、それが徐々に丸くなっていき、現在の形になったという。

その後、面壁九年の達磨大師の不屈の精神にあやかりたいという人々の願いから、だるまは受験や選挙など必勝祈願の願かけには欠かせない縁起ものとなっている。

草津の温泉土産「湯の花」ってどんな花？

温泉のお土産としてもらうと嬉しいものに「湯の花」がある。お湯のなかで咲く花があるのかと勘違いする人もいるかもしれないが、これは植物の花ではない。

湯の花とは、硫黄などの温泉の成分が沈殿したり、再結晶化したもののことだ。温泉が高温で地表に湧き出す際に、気温や浴槽などとの温度差により溶けていた温泉成分の一部が冷却されて涌き口などに沈殿して溜まるのだ。

一見すると湯のなかで漂うちょっと黄味がかった糸のようなので、湯の花を知らない人は温泉のなかにゴミが浮いていると間違える人も多いそうだ。

お土産として売られているのは、この湯の花を採取して粉末状にした入浴剤である。

なかでも草津温泉の湯の花は効能も豊かで、観光名所ともなっている「湯畑」から湯の花を採取していることで知られている。

湯畑とは、湯の花を採取する施設のことだ。源泉を木製の樋などに掛け流して外気で温度を下げ、湯の花を析出《せきしゅつ》して沈殿させる。その後、源泉を流すのをやめて桶に沈殿した湯の花を乾燥させてから採取するのだ。

採取は約2カ月に1回の割合で行われ、草津温泉の湯畑から採取される湯の花の販売個数は年間でたったの5000個程度と希少なものである。

伊那の郷土料理、ラーメンならぬ「ローメン」とは？

長野県伊那《いな》市のご当地グルメとして知る人ぞ知るのが「ローメン」だ。俗にいうラーメンとは一風異なる独特な味わいの麺料理なのである。

蒸した中太で固めの中華麺を使い、マトンなどの肉とキャベツや玉ねぎ、ニンニク、キクラゲなどの具を使う。

それらをスープで煮込んだラーメン風のものと、ソースで味つけした焼きそば風のものとの2種類があり、これに自分の好みで唐辛子や酢、ラー油などを入れて食べるのだ。

ローメンが生み出されたのは1955年のこと。伊那市の中華料理店「萬里」の店主が試行錯誤の末に考案した。

冷蔵庫がまだ普及していなかった当時、生麺の保存に困っていた店主は蒸し麺にすることで麺を日持ちさせることに成功。これを地元の羊肉やキャベツなどと調理し、炒肉麺《チャーローメン》として店頭に出したのが始まりだ。

独特な風味がヤミツキになるという人が多く、やがて伊那の名物にまでなったのだ。

今では上伊那地方で約90軒の店がローメンをメニューに取り入れていて、また蒸し麺にちなんで地元では6月4日をローメンの日にして盛り上がっているくらいの人気ぶりである。

好きな調味料を加えて自分好みのローメンを探求してみるのも面白いかもしれない。

大涌谷の「黒たまご」はなぜあんなに黒い？

明治以前は「地獄谷」として人々に恐れられたといわれるように、箱根山の大涌谷は今も荒涼として白い噴煙を立ち上らせているが、ここを訪れた人の関心を集めているのはこうした景色だけではない。

大涌谷では「ひとつ食べると7年、ふたつ食べると14年寿命がのびる」と謳われている真っ黒いたまご、「黒たまご」を食べることができるのだ。

この黒たまごは、もとから黒いわけではない。

もとはごく普通の白い卵なのだが、大涌

谷特有の温泉湯に硫化水素と鉄が含まれているため、この湯に入れていると、それらが結合して硫化鉄になって殻が真っ黒に変色するのである。

はじめて見た人はあまりの黒さに驚くが、殻をめくってみると中身は見慣れたいつもの白身が表れる。食べるときに香る硫黄の匂いが病みつきになるという人も少なくないのだ。

最初に80度の温泉湯で10～15分間茹で、さらに100度近い高温で5分ほど蒸し上げると温泉のミネラル成分が浸透して独特の風味になるという。燻製の卵ように若干固めなのも特長だ。

箱根山の地下深くで火山が燻り続ける限り、黒たまごは大涌谷の名物として愛され続けていくだろう。

「箱根寄木細工」の細かな文様はどうやってつくる?

箱根の観光地でおみやげコーナーをのぞくと、外国人観光客が鼻をくっつけんばかりに見入っている工芸品がある。色の違う細かい木片が幾何学的に組み合わさっている「箱根寄木細工」だ。

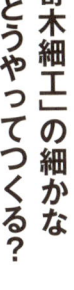

日本人は手先が器用だといわれるが、この寄木細工などはその代表的な伝統技術といえるだろう。

基礎材である木を手鋸《てのこ》で切り落として文様の部材をつくり、カンナでなめらかにしたら部材を組み合わせて膠《にかわ》で接着し、木綿紐で絞める。そうしてできた寄木のブロック（種板）の表面を大カンナで薄く削ると「づく」と呼ばれる紙状の寄木になるのだ。これを箱や引き出しに貼ると、あの繊細な箱根寄木細工の作品ができあがるのである。

「づく」で表面を化粧張りしたものを「づく貼り」、種板そのものを加工したものを「無垢づくり」という。

寄木細工は、その名のとおりすべての部材が木でできていて、細かな文様をつくり出すために原木が持つ自然の色が組み合わせられている。

たとえば白はモチノキやミズキ、黄色はウルシやクワ、緑はホウノキなど、その多くが古来から日本にある国産の木で構成されているのだ。

今では小田原と箱根地方が全国でも唯一の生産地となっている。

海のない山梨で「煮あわび」が名物なのはなぜ？

甲州の名産品のひとつに「煮あわび」がある。四方を山々に囲まれた山梨県でどうして海の幸であるあわびが特産になったのだろうか。話は戦国時代にまでさかのぼる。

当時、駿河産の海産物を甲州へ運ぶのは一筋縄ではいかなかった。今のような運送手段も冷凍技術もなかったのはもちろんだが、いくつもの山や谷を乗り越えなければならず、海産物などは保存がきく状態で運搬しなければならなかった。

そのため、海産物は塩漬けにされ、荷馬車で数日間もかけて運ばれたのだ。

あるとき、醤油が入った樽にあわびを詰めて、馬に積んで運んでいた。すると、あわびが馬の背中でほどよく揺られながら馬の体温で温められ、甲州に到着する頃には独特の旨味がついたのである。この味が、甲州の人々の間で評判になった。

甲州の戦国武将といえば、「風林火山」でお馴染みの武田信玄である。信玄は130近い合戦を経験し、激戦のときの栄養補給では煮あわびを好んで食べていたという。

結局、信玄は生涯を通じて敵に甲州の地を踏ませることはなかったが、江戸時代も後期になると、甲州でこの煮あわびを出す店が数多く創業した。なかには、現在も続いている店もあり、煮あわびはやがて大事な客に出されるもてなしの一品として、また土地の名産として定着していくのだ。

「富士宮焼きそば」にはなぜ肉かすが入っている？

見た目はどこにでもあるソース焼きそばなのに、思わず「ん?!」と声が出てしまうのが静岡県の「富士宮焼きそば」だ。

まず基本的にほかの焼きそばとは麺が違う。普通は焼きそばの麺というと蒸したあとにさらに茹でるのが一般的だが、富士宮の麺は蒸したあとに茹でずに、冷やしてから油でコーティングする。火を入れる行程がひとつ少ないために、独特のコシと歯ごたえが生まれるのだ。

そして、なかに入れる具に欠かせないのが「肉かす」だ。

肉かすというのは、豚の背脂からラードを搾り取ったあとのいわば〝カス〟なのだが、この肉かすと最後にふりかけるイワシの粉だしのハーモニーこそが富士宮焼きそばの味の真髄といえる。

そもそも、焼きそばは大正時代から富士宮の人々に愛されていたのだが、昭和初期になると製糸業が盛んになり、周辺には女子工員相手の駄菓子屋が繁盛した。

そこで、工場で働く女性にも気軽に食べられるようにと、豚バラ肉ではなく肉かすを使ってコストを下げて価格を抑えたのが始まりだ。

つまり〝肉の代替品〟だったというわけだが、今では肉かすが入ってないと富士宮焼きそばを名乗れないほどの存在となっている。

静岡のはんぺんはなぜ黒い？

静岡には「静岡おでん」といわれる鍋物があり、関東や関西のそれとは違い、ほとんどのおでんだねがひとつずつ串に刺さっていてダシの色もかなり黒い。

黒いのはダシだけではない。はんぺんを注文すると、一般の人がイメージするあのふんわりとした白いものではなく、つみれを薄く延ばしたような薄い灰色の練り物が出てくるのだ。

これが静岡の名物「黒はんぺん」である。この黒はんぺんの色のもととなっているのは、焼津の沖合いで獲れた新鮮なイワシやサバ。これを丸ごとすり身にしたものが主原料となっているので、全体が黒味がかった色になっているのだ。

また、青魚の皮も骨も余すことなく使われているのだから、栄養価の高さはお墨つきといえるだろう。

卵白を加えてふんわりとさせた白はんぺんに対して、この黒はんぺんは歯ごたえがしっかりとしていて青魚独特の旨味が味わえる。おでんダネとしてだけでなく、焼き網で焼いてもおいしく食べられる一品だ。

黒はんぺんはその90パーセントが静岡県でつくられており、静岡っ子にとってははんぺんといえば黒いのが常識だ。そのため、地元ではわざわざ「黒はんぺん」などといわないのは当たり前で、普通に「はんぺん」で十分通るのである。

名古屋名物「ういろう」はもともとは薬だった？

「外郎」が名古屋の銘菓であること、そして「外郎」を「ういろう」と読むことはけっこう知られていることだ。しかし、もともと薬だったというとどうだろう。

外郎は室町時代に中国から日本に伝わったのが始まりで、痰《たん》切り薬のことを指していた。しかも最初の名前は外郎ではなく、「透頂香《とうちんこう》」というまったく別の名前だった。

日本に持ち込んだのは、元中国人で日本に帰化した陳延祐《ちんえんゆう》（陳宗敬）という人物である。陳延祐は、九州の博多でこの痰切り薬をつくるのだが、薬のことを聞きつけた時の将軍・足利義満が陳延祐の息子である大年宗奇《たいねんそうき》を京都に招いている。

宗奇は義満によって、朝廷の典医や外国からの使者の招待、幕府が設けた制度の顧問に任命され、その後、家伝の秘薬も幕府に伝えている。

しかも、この薬の効能がとてもよかったことから、身分と名声のある貴族の間で好評を博し、これにより家伝の薬は天皇から「透頂香」の名をもらったほどだ。

ただ、透頂香というネーミングは武家や貴族にとって難しかった。そこで、宗奇の役職名である「礼部員外郎」から一部分をとって外郎とも呼ばれるようになり、外郎の呼び名の方が広まったのだ。

ではなぜ、薬の呼び方であった外郎が菓子の名前になったのかというと、この痰切り薬が非常に苦かったからだ。

大年宗奇は外郎の苦味を和らげるために口直しとして蒸し菓子を用意しているが、この蒸し菓子も「外郎」と呼ばれるようになったのだ。そして戦国時代になると、北条早雲が宗奇の子孫・宇野藤右衛門定治を小田原に招き、これで外郎は小田原まで伝わったのである。

江戸時代以降になると、小田原で売られていた外郎の評判を聞きつけた商人が各地で外郎を売り始めるが、そのなかで名古屋の外郎が全国的に有名になったのだ。

米粉、砂糖、水のみでつくるのが小田原に伝わるまでの外郎である。しかし、全国に広まってからは各地で、蕨粉《わらびこ》、葛粉、小豆などさまざまな原料が加えられ、抹茶味やさくら味などいろいろな味がある。

新潟の珍味「かんずり」には雪が欠かせない？

雪が深いエリアでは、寒い冬をしのぐ保存食のようなものがつくられることが多い。新潟県の珍味として知られる「かんずり」もそのひとつだ。

かんずりは、料理の隠し味などに使われる辛い調味料である。「寒づくり」という言葉がなまったもので、その歴史は古く、さかのぼればかの上杉謙信の時代から兵糧食として存在したともいわれている。

原料は唐辛子、塩、柚子、米麹である。このなかでもポイントは唐辛子で、仕込む前に「雪さらし」といって、雪の上に3～4日間さらすのがおきまりになっている。こうすることで、アクや塩分が抜け、まろやかな味わいになるという。

その唐辛子をペースト状にし、塩とみじん切りの柚子を入れてよく擂《す》る。そこに米麹を混ぜ、冷暗所に寝かせるのだ。

その間、麹が繁殖させる微生物と、唐辛子や塩の殺菌効果の攻防が繰り広げられ、発酵が促進される。つまり、時間をかければかけるほど発酵が進んでおいしくなるというわけだ。

じつは新潟県一帯には、こうした唐辛子を使った辛味調味料が複数ある。いずれも製法は似ているのだが、一番の特徴は唐辛子を雪の上にさらすこと。かんずりもこの雪にさらした唐辛子を使ったものだけをそう呼ぶのだ。

富山の「昆布締め」と「薬売り」との意外な関係って？

富山県人には昆布好きが多い。昆布巻きや昆布締め、さらにはとろろ昆布を巻いたおにぎりなど、富山には昆布を使った料理がバラエティに富んでいる。

富山と昆布が縁をもったのは、江戸時代からのこと。当時、徳川幕府によって昆布の産地である蝦夷《えぞ》（当時の北海道）と本州を結ぶ交易ルートが開拓され、海上に「昆布ロード」ともいえる交易ルートが確立されたのだ。

これによって蝦夷で獲れた昆布が、日本海沿岸を通じて富山、敦賀《つるが》、小浜、下関、長崎、薩摩（当時の鹿児島）などに運ばれていくようになった。

さらに、下関から瀬戸内海に入って大阪へ、あるいは薩摩を経由して琉球（当時の沖縄）にも昆布が渡っている。そして琉球から東シナ海を通じて清国（当時の中国）にまで昆布が運搬されていたのだ。

この交易に使われた船のひとつが北前船で、この船の乗組員には富山の人たちが多かった。

必然的に昆布との関係を大いに深めることになり、こうして富山にも昆布が大量に持ち込まれたのだ。

ちなみに富山といえば薬売りも有名だが、この薬売りも昆布ロード経由で清国から漢方薬の原料が持ち込まれ、それが薬売りの手に渡ったのである。

越中で生まれたわけではないのに、なぜ「越中ふんどし」？

「ふんどし」と聞いてそんなものは過去の遺物だと思う人は多いかもしれない。

ふんどしを身につけた姿といえば、祭りの神輿の担ぎ手くらいしか思い浮かばないかもしれないが、それでも百貨店などではクラシックパンツというネーミングで今も紳士下着売り場に置いてあり、それなりの売れ行きがあるという。

さて、そのふんどしの代表格といえば「越中ふんどし」だ。長さが約1メートル、幅が約30センチメートルで、細長い紐がついており、さらし木綿などでできている。その最大のメリットは抜群の通気性だろう。

ちなみに、越中とは富山県のこと。したがって富山名物だと思っている人が多いが、じつは富山で生まれたわけではない。

越中ふんどしを考案したのは、細川忠興《ただおき》である。

忠興は細川藤孝の長男で、織田信長に重用されて丹後宮津城主となり、のちに豊前《ぶぜん》小倉藩に身を置いた戦国時代の武将だ。というよりも、明智光秀の娘でキリシタンの、あの細川ガラシャの夫だというほうがピンとくるだろう。

その忠興が考えたふんどしに、なぜ越中との名がついているのか。

じつは、ふんどしを身につけはじめた頃、忠興が越中守の職についていたことに由来しているともいわれている。

飛騨高山の「さるぼぼ」はなぜのっぺらぼう？

岐阜県高山市をはじめとした飛騨地方の土産物店などで売られているのが「さるぼぼ」だ。

奇妙なネーミングもさることながら、丸顔に黒頭巾をかぶり、黒い腹掛けをしていて見るからになんとも不思議な人形だ。よく見る基本形は全身が真っ赤に塗られていて、胴を中心に放射状に手足を広げた姿をしている。

さるぼぼは、室町時代に母や祖母が娘のためにつくった人形がルーツで、当時の娘たちはこの〝さるぼぼ人形〟でままごと遊びをしていたという。

母や祖母は娘の安産や家庭円満、厄除け・魔除けの願いをこめてさるぼぼをつくることもあった。

ところで、さるぼぼという名前は、猿の赤ちゃんに似たぬいぐるみであることに由来する。

「さる」は「猿」のことで、「ぼぼ」は飛騨弁で「赤ちゃん」のことをさす。このふたつが合体して「さるぼぼ」となったわけだ。

のっぺらぼうなのも、さるぼぼの大きな特徴だが、これには諸説ある。

まずは、単純に目や鼻がうまく書き込めなかったことと、しかも顔が小さいので表情を入れるのが難しかったことだ。

他の説としては、さるぼぼは、そばにいる人と同じ気持ちになってくれるからだというのもある。

どういうことかというと、さるぼぼには目がないから、嬉しいときはさるぼぼも嬉しくなってくれているように見えるし、悲しいときは自分と同じように悲しんでくれているように見える。

つまり、自分の感情をいかようにも反映させられるというわけだ。

現に、さるぼぼがいつも自分と同じ気持ちや表情を見せてくれたほうが、かわいらしく見えると考える人は多いらしい。

のっぺらぼうだから、性別も自分の好きなほうを選べるわけだ。

ただし地域によっては、もらった人が目を入れることもある。だるまのように目を入れることで、「芽が出る」という縁起をかつぐのだ。

夏の甘味「水ようかん」を真冬に食べる県とは？

水ようかんといえば、お中元の定番商品だ。棒状になったようかんよりも水分の多い水ようかんはそのぶん喉ごしがよく、夏に冷蔵庫でよく冷やして食べるものだと一般的には思われている。

だが、日本の一部地域にはそうではないところがある。じつは、福井県では水ようかんは冬に食べるのが常識なのだ。

雪が多くて寒い北陸の地でなぜ？　と疑問に思うところだが、地元の人に聞いてもその理由は「昔からそうだから」としか答えられないのだという。

福井県の人たちが冬のお菓子として水羊羹を食べ出したのは大正時代。丁稚奉公に出ていた若者がお正月のおみやげに持って帰ってきたことから、お正月のお菓子として食べられるようになったのが始まりともいわれている。

福井の昔ながらの水ようかんは平たい板状で、つるんとすべるように袋から出てくる。黒砂糖の香りとあっさりとした餡の味が特長だ。

パッケージには雪だるまが描かれているものさえあり、まさに〝冬の味覚〟であることが一目瞭然なのである。

福井の水ようかんの製造期間は11月～3月末まで。冬場にカニを食べに行った帰りに水ようかんをお土産に買って帰るのが、正しい福井のグルメの旅なのかもしれない。

なぜ信楽で「タヌキの置物」がつくられるようになった？

滋賀県の最南端、甲賀《こうか》市信楽《しがらき》といえば焼き物の里だ。なかでも真っ先に思い浮かぶのが「タヌキ」ではないだろうか。

信楽では駅前、道沿い、みやげ物屋の店先など、いたるところで大小さまざまなタヌキの置物が出迎えてくれる。

信楽焼の歴史は古く、今から１２５０年以上も前の７４２年（天平14年）までさかのぼる。

聖武天皇が紫香楽宮《しがらきのみや》（現在の信楽町）に遷都した際に、この地で瓦が焼かれたのがはじまりといわれている。

鎌倉時代には水がめや、すり鉢といった生活用品が焼かれ、室町時代になると千利休ら茶人が茶器として用い、信楽焼の名声が高まった。

それほど由緒正しい窯で、なぜタヌキが有名になったのだろうか。

最初にタヌキの置物を焼いたのは、信楽焼の老舗「狸庵」の初代、藤原銕造《てつぞう》という人物だといわれている。

幼い頃から京都のおじの家で清水焼の修行に精を出していた銕造少年は、ある夜、たくさんのタヌキたちが遊びまわっている場面に遭遇した。その姿があまりにかわいらしかったのだろう。

１９３５年（昭和10年）頃、信楽に移り住むが、そのときの記憶を思い起こしてつくり始めたのが、タヌキの置物の起こりだそうだ。

もともと信楽の土は、壺や火鉢など大物づくりに適しているといわれる。そのため、江戸時代からみそ壺や土鍋など日用品も多くつくられていた。

こうした土の特性に加え、個性あふれる器づくりが得意の地域だったのだろう。昭和に入ると、特徴ある釉薬《ゆうやく》の「なまこ釉」を取り入れた植木鉢をつくり、高い評価を得るようになった。最近では陶製の傘立て、タイル、灯籠などユニークな雑貨もたくさんつくられている。

タヌキの置物も、新しいものを考え出す土地柄だからこそ生まれたヒット作といえる。タヌキは人を化かす悪者として扱われることもあるが、信楽タヌキは少しとぼけた表情で人々を楽しませる人気者なのである。

「川床」の読み方は「かわゆか」「かわどこ」、どっちが正しい？

「川床」とは、夏が近づくと京都の鴨川沿いに組み上げられるテラス形式の飲食スペースのことだ。川の流れを眺めながら食事ができる川床は、京都の夏の象徴といえるだろう。

二条大橋から五条大橋にかけて店舗は80軒以上あり、夜ともなると明かりの灯った川床が連なるさまは壮観だ。

ところでこの川床、京都府内には何カ所か有名なところがあるのだが、鴨川では「かわゆか」、左京区鞍馬の貴船川周辺では「かわどこ」と呼ばれている。この違いはなんだろうか。

鴨川の川床は江戸時代に始まったといわれる。そもそもは折りたたみ式の長椅子のような床几《しょうぎ》を川の浅瀬などに置き、足を水に浸けながらお茶菓子などを楽しんだところから始まった。

この様子は1662年（寛永2年）の書物「案内者」に描かれている。

そして1892年（明治25年）、四条大橋に高床形式の納涼床が初めて登場し、その後同様の店が増えて床几形式と高床形式の両方が使われるようになった。

ところが、昭和9年に室戸台風が上陸し、また翌年にも京都に集中豪雨が発生して、鴨川一帯も大きな被害を受けるのである。

これにより河原の修復工事が行われて石造りの護岸がつくられたため、現在のように足場を組み、河原を見下ろす形の高床形式に統一された。

こうした経緯から、高床式の「床」を取って「かわゆか」と呼ばれるようになったのである。

一方の貴船は、大正時代に川沿いの茶店だった「ふじや」の店主が貴船川に床几を置いたのが始まりだ。戦後になって、川面の上数十センチのところに、川を覆うようにして床を張る現在のスタイルができあがった。

貴船には水の神を祀る貴船神社があり、また、貴船が昔から「京の奥座敷」という別称を持つことから、神を祀る意味合いと、座敷の床の間を連想させるという意味を込めて「かわどこ」と呼ばれるようになったといわれている。

銘菓「八つ橋」の名前の由来は『伊勢物語』にある？

京都の銘菓と聞いてすぐに思い浮かべるのは「生八つ橋」ではないだろうか。おみやげでもらったことも何度かあるはずだ。

しかし、生八つ橋の歴史は昭和30年代に入ってからというから、それほど古くない。「生」より古いのが、瓦状の堅焼き煎餅の「八つ橋」なのだ。

ところで、八つ橋の名前の由来にはふたつの説がある。ひとつは、学生のときに古典の授業で学んだ『伊勢物語』の九段「八つ橋」からとったというものだ。

東下りの途中で在原業平が訪れた三河国

八橋で、「かきつばた」の五文字を頭にして「からころも　きつつなれにし　つましあれば　はるばるきぬる　たびをしぞおもう」という句を詠んだとされるエピソードの段名からとったといわれる。

もうひとつは、江戸時代初期の琴の名手で箏曲《そうきょく》八橋流《やつはしりゅう》の創始者、八橋検校《けんぎょう》（1614〜1685）に由来するという説で、どうやらこちらのほうが有力のようだ。

検校は現在の福島県いわき市に生まれ、1636年（寛永13年）に京都に住まいを構えて琴を奏でていた。

ものを大切にする人だったようで、茶店の主人が米びつに残る米のくずを捨てていると聞いてもったいないと思い、砕けた米や米の粉を利用して堅焼き煎餅をつくることを提案したという。このときの味つけに桂皮《けいひ》（別名：ニッキ）を加えたことが、現在の味の元になったとされる。

煎餅の湾曲した形は、亡くなった検校をしのんで琴の形を模したという説と、煎餅を割れにくくするための補強方法として考え出されたという説がある。

八つ橋は、明治時代になって鉄道が開通すると、駅で販売されるようになり、京都土産として定着した。ちなみに生八つ橋は、1960年に祇園町の老舗茶屋である「一力亭」で開催された「表千家即中会」のお茶席で、生の八つ橋にあんを包んで出されたのが最初といわれる。

現在では、ニッキ味のほか、みかんやチヨコバナナ、マンゴー、ラムネなど、八橋検校もビックリのさまざまな味の生八つ橋が発売されている。

伝統織物「西陣織」に欠かせない先端技術とは？

童謡「花嫁人形」のなかで、「金襴緞子《きんらんどんす》の帯しめながら――」と歌われる京都の西陣織は、多彩な柄を極彩色の糸で表現した織物だ。

この日本を代表する伝統工芸品を今支えているのは、じつはコンピューター・グラフィックスなのである。

平安時代に官営の織物工房として始まり、大陸伝来の高機《たかばた》という機械で、紋織《もんおり》を始めたのが西陣織の礎になっている。

伝統技術とコンピューターという最新技術は相容れないようだが、西陣織は100年の歴史のなかでいくつもの新しい技術を取り入れながら進化してきたのだ。

そのひとつが明治時代に導入されたジャカード織機だ。

これは、パンチカードにあけた穴によって糸のついたシャフトを上げ下げし、糸を織り上げていく自動織機だ。

西陣織ではまず、図案家が描いた図案に沿って「紋意匠図《もんいしょうず》」がつくられる。これは、糸の色合いなどを考えて方眼紙に図案を写し取ったものだ。

さらに専用の紙に穴をあける「紋彫」という作業を行い、「紋紙」ができあがる。「紋紙」はいわば西陣織の設計図で、これをジャカード織機が読み取って糸を織り上げるというわけだ。

現在、コンピューターが導入されている

のは紋意匠図以降の工程になる。紋紙に代わり、情報はSDカードやUSBメモリに保存され、コンピューター・ジャカード機にセットされる。

何人もの人手を要した高機から、ジャカード織を取り入れることで自動化が進み、さらにコンピューター・グラフィックスを導入したことによってスピード化と多様化が加わったのである。

しかし、糸の風合いを出す「撚糸《よりいと》」、それを染める「糸染め」、糸枠に巻きとる「糸繰《いとくり》」、何千本もの経糸を準備する「整経」など、さまざまな工程で職人の技が息づいている。

巧みの技と最新技術の融合こそが、精緻で華麗な西陣織をつくり出しているといえよう。

「備長炭」はブランド品だったって本当？江戸時代から

毎年、土用の丑の日が近づいてくると、食べたくなるのがうなぎの蒲焼だ。なかでも自慢のひとつとして「備長炭使用」のうたい文句を掲げている店が増えている。

備長炭とは、樫の木からつくられる木炭の一種だが、その火力の強さや火持ちのよさが特長で、そのまま置いておいても水や空気を清浄するなどさまざまな効能があることで知られている。

だが、備長炭が誕生したのは最近のことではない。じつは、江戸時代からすでに最高級の木炭として高い評価を得ていたのである。

高級備長炭の発祥の地といえば、紀州・和歌山だ。その原木となっているのが和歌山の県木であるウバメガシで、元禄元年（1688年）にその製法は完成した。

その製法は、伐採したウバメガシを束にして窯に詰め、〝口焚き〟という作業で原木の水分を抜くこと2～3日間。その後、ようやく本格的に点火してから窯出しまでにはさらに約5日間を要する。

ウバメガシが10分の1にまで圧縮され、備長炭となるまで約10日間にわたる作業が続けられる紀州の備長炭は、まさに一朝一夕でつくれるものではないのである。

今までにない高い性能を持った紀州備長炭は、江戸に伝わり全国に流通するようになるが、その売り上げは紀州藩にとって貴重な財源だったため、製炭方法は門外不出の機密事項だったという。

その後、時を経て、その製法が広まるようになると全国で備長炭づくりが進められ、現在では中国や東南アジアでも製造されるようになった。

だが、ひと口に備長炭といってもその品質にはバラつきがあった。そんななか、本場和歌山では今も昔ながらの伝統的な手法で製造し、ブランド木炭としての品質維持に努める製造元も健在だ。

丹念につくられた備長炭は、木炭でありながらその切り口はハガネのように輝き、備長炭同士がぶつかり合うと「キン」という金属のような音が出る。まさに和歌山が生み出した芸術品ともいえる実用品なのである。

「きびだんご」は黍団子、吉備団子どっちが正解？

「桃太郎さん、桃太郎さん、お腰につけたきび団子、ひとつ私にくださいな」の童謡で知られる「きび団子」には、「黍団子」と「吉備団子」という2つの表記がある。

この「桃太郎」という歌は、1911年（明治44年）の音楽教科書『尋常小学唱歌第一学年用』で初めて掲載されたのだが、このときの表記は「黍團子」だった。

黍とは「五穀」に含まれるイネ科の植物で、アワよりやや大きめの小さな実をつける。桃太郎伝説で有名な岡山県ではよく採れる穀物だ。

江戸初期の書物に記録があるのだが、そのなかにはすでに黍を使った団子が登場しており、岡山県の吉備津神社では、「直会《なおらい》」という神事後の酒宴で食されたという。当時の黍団子は切り餅のように四角く、あんかけにしたり汁に入れられたりした。

この黍団子を、吉備国の団子すなわち「吉備団子」として安政3年（1856年）に売り出したのが、現在も続く廣栄堂の初代・武田浅次郎だった。黍だけでは味も悪く日持ちしなかったため改良を重ね、もち米に黍の粉を混ぜて風味を出すというほぼ現在の形に仕上げたのである。

この浅次郎という人物はなかなかの商売人だったようで、日清戦争の際、桃太郎の格好をして「日本一の吉備団子」というのぼりを立て、駅や港に出向いて兵隊相手に宣伝をした。

くしくも鬼退治をする桃太郎と大国の清国を相手に戦う日本軍のイメージが結びつき、飛ぶように売れたという。

こういった経緯を考えると、吉備団子は商品名で、本来の「きび団子」は「黍団子」が正しいということになる。

ちなみに、北海道にも「きびだんご」がある。これは、北海道の製菓会社が1923年（大正12年）に発売したものだ。

素材にもち米や麦芽水飴などを使用した、四角く細長い名古屋や山口名産の「ういろう」のようなお菓子で、北海道の開拓精神と、発売時に発生した関東大震災の復興の思いを込めて、当初「起備団合」という字を当てて発売した。ちなみに、本家岡山の「きび団子」とはまったく関係はない。

太平洋戦争中に「備前焼」でつくられた武器って？

備前焼とは、その名の通り備前国、すなわち現在の岡山県周辺で生産されていた陶器だ。

釉薬を使わず、土独特の色合いや窯での焼き具合で赤などの色がつく窯変《ようへん》などを楽しむ陶器で、そのため有田焼などのような華やかな絵や柄はないかわりに素朴な味わいを持つ伝統工芸品だ。

この備前焼、じつは戦時中に兵器として用いられたことがある。その兵器とは、なんと手榴弾なのである。

太平洋戦争真っ只中、国内から地下資源

の採掘がほとんどできない日本は物資不足に陥った。戦闘機などの兵器をつくるために、寺院の鐘から弁当箱まで軍が国民に金属の供出を迫ったというのはよく聞く話だ。

手榴弾も通常は鉄板を加工して本体をつくるのだが、この鉄が不足したために、それにとって変わるものとして陶器が利用されたのだ。

手榴弾はいわゆる「パイナップル型」のシンプルな形状で、備前焼らしい赤茶けた色を帯びていた。ただ、さほど爆発力は強くはなかったともいわれている。

戦争末期になると、空襲などによる火災を消すために消火剤を中に詰め、消火弾としても使われたようだ。なお、陶器の手榴弾は備前焼以外に京焼や清水焼などでもつくられている。

広島の「しゃもじ」は琵琶がルーツだってホント？

プロ野球の広島カープや、甲子園での高校野球の応援シーンでよくみられる「広島しゃもじ応援」。

しゃもじといえばごはんをよそうときに使う道具だが、これが今や広島名物として有名だ。

ちなみにこのしゃもじの原型、なんと楽器の琵琶なのだそうだ。

そのもととなったのは、誓真《せいしん》という僧が見た夢にある。

江戸時代の寛政（1789年～1800年）の頃、庶民の困窮ぶりに心を痛めていた誓真は、宮島で修行中のある夜、弁財天の夢を見た。

弁財天といえば、七福神の紅一点であり、琵琶を奏でる蓄財の神だ。

誓真は、夢のなかで見た弁財天の手元にあった琵琶の形を真似てしゃくしをつくり、それを宮島の島民に教え、みやげ物として広めたのが「しゃもじ」（宮島では「杓子」）のルーツだといわれている。

その後、「宮島杓子」が広く知られるようになったのは日清戦争（1894〜1895年）の頃である。

全国の兵隊が広島の宇品《うじな》港から出征するときに、「敵を召し（飯）取る」と祈願し、自分の名前を書いて厳島神社へ奉納した。さらに、勝利の記念に故郷への土産として持ち帰ったのだ。

こうしたいきさつから宮島杓子は、幸せ

を「召し取る」縁起ものとしても有名だ。「必勝祈願」、「商売繁盛」といった文字を書いたものから、長さ2メートルを超える「宮島大杓子」までさまざまなものがつくられている。

もちろん、日常で使うしゃもじもある。素材を吟味し、水に濡らしながら何度も磨く手づくりの宮島杓子は、ごはん粒がつきにくく、木のにおいを移さない良品として人気がある。

ちなみに、弁財天の夢に端を発するからなのか、「杓子」が生まれた宮島は「日本三大弁才天」のひとつに数えられている。

毎年1月には、杓子の祖として誓真をしのび、古くなったしゃもじや奉納された祈願杓子の供養を行う「宮島杓子供養」が催されている。

「もみじ饅頭」はある著名人のひと言から生まれた?

世界文化遺産に登録された厳島神社を擁し、風光明媚な安芸の宮島。ここで生まれた銘菓といえば「もみじ饅頭」だが、誕生したのは約100年前、1906年(明治39年)のことだ。

ふんわりとしたカステラ生地とこしあんの素朴なおいしさで親しまれているが、もみじの葉をかたどったのはある歴史的著名人のひと言が発端だったともいわれている。

太古の昔から霊山として保護されてきた宮島には、今もなお美しい自然が残され日本三景のひとつとして数えられるが、現在のように多くの観光客が訪れるようになったのは明治に入ってからである。

山陽鉄道に宮島口が開かれ、宮島航路が開通すると観光地として栄え、文人や文豪、政治家も多く訪れている。

内閣総理大臣を4度務めた伊藤博文もそのひとりだ。明治39年、宮島の名所のひとつである紅葉谷を訪れた伊藤博文は、老舗旅館「岩惣」に寄った際にお茶を出してくれた美しい娘の手を見て「もみじのようなかわいい手。焼いて食べたらうまかろう」といったという。

それを聞いていた岩惣のおかみが、紅葉谷の入口で「高津堂」を営んでいた菓子職人・高津常助につくらせたのが、もみじ饅頭の始まりといわれている。公表されている岩惣の宿泊者年表を見ると、確かに明治39年に伊藤博文の名前がある。

その後、80年代の漫才ブームでB&Bの「モミジマンジュウ！」というギャグが流行し、もみじ饅頭は宮島生まれながら一躍「広島銘菓」として定着した。

宮島内だけでも20軒以上でつくられており、その味も元祖のこしあんだけでなく、クリーム、チーズ、チョコレート、抹茶、なかにはチョコレートでコーティングされたものまで時代とともにバラエティ豊かなものが生み出されている。

しかも「あげもみじ」というもみじ饅頭の天ぷらを出す店もあり、さくさくとした食感が好評とか。考案から100年、愛され続けているもみじ饅頭だが、博文公もまさか天ぷらまでとは思っていなかったかもしれない。

「二十世紀梨」は民家の庭で偶然発見された？

鳥取県産の果物として有名なものといえば「二十世紀梨」だ。

水分をいっぱい含んだ白い果肉がとてもジューシーで、噛むと甘い梨の果汁が口いっぱいに広がる。

この梨はそのネーミングからして昭和になってから鳥取県で誕生したようにも思うが、じつは、発見されたのは19世紀の明治時代である。

しかも、そのルーツは鳥取県ではなく千葉県松戸市の民家のゴミ捨て場に生えていた梨の木なのだ。

この梨の木を見つけたのは13歳の松戸覚之助少年で、１８８８年（明治21年）の夏、たまたま遊びに訪れた松戸市の親戚の家で珍しい梨を見つけたのだ。

それは、それまで食べていた茶色い皮の梨とは違い淡い緑色をしていて、いかにもおいしそうだった。

そこでどんな味がするのだろうかと、松戸少年がもいでひと口食べたところ、水分が多くとろけるような甘さが口いっぱいに広がった。それまで食べていた、パサパサとした触感の梨とはまったく違っていたのである。

これ以降、その梨の木は松戸市の果樹園で育てられたが、やがてこの話に鳥取県の北脇永治氏が注目する。

北脇氏は、かねてから鳥取県の農家に稲

作以外の農作物の栽培を奨励したいと考えていた。

そこで、1904年（明治37年）にその梨の苗木を10本購入すると、本格的な栽培を始めたのである。

そして、苦労と研究を重ねた末に、ついに品質にばらつきのないジューシーな梨をつくることに成功した。

そして、その名前を「20世紀には梨の王様になる」という願いを込めて二十世紀梨としたのだ。

この梨はその願いどおりに爆発的に売れるようになり、また急な斜面でも育てられることから県内で栽培農家が増え、生産量は飛躍的に伸びた。

その結果、今では生産量日本一を誇るまでになり、まさに県を代表する果物となったのである。

タオルの町、今治には「タオルソムリエ」までいる？

今やこの「ソムリエ」という言葉はワインに限定されず、「野菜ソムリエ」「温泉ソムリエ」などというように、「専門家」の代名詞として幅広く使われている。

2016年9月で第11回目を数えた「タオルソムリエ」資格試験も、専門知識を身につけたアドバイザー育成のため、国産タオルの中心地である愛媛県今治《いまばり》市に生まれた民間資格だが、そもそもなぜ今治がタオル生産の中心なのだろうか。

愛媛県は奈良時代から絹織物で知られた地域だったが、瀬戸内の温暖な気候を利用して18世紀に綿花の生産が開始され、それに伴い綿織物の生産へとシフトしていった。

明治に入って綿ネル技術が発達し、1894年に綿ネル機を改造したタオル織機が今治で開発され、そこから今治タオルの歴史が始まったのである。

現在、四国タオル工業組合にはおよそ140社が加盟している。近年、中国製のタオルが主流となって落ち込んでいるものの、今治が日本屈指のタオル生産地であることに変わりはない。

タオルソムリエはそんな背景の下で、消費者サービスの一環として誕生したのである。

合格率は58・9％とやや難しいが、受験資格に制限はないので、チャレンジしてみてはいかがだろうか。

「久留米絣」の生みの親は、弱冠12歳の少女だったって本当？

着物というと訪問着や留袖など絹の布でできた高級品を考えてしまうが、昔は普段着も着物であったため、浴衣のように気軽に着られる綿素材の着物も多かった。

「絣《かすり》」は、そんな綿素材の着物に多く使われた柄模様、もしくはその織り方の技法を指す言葉だ。なかでも「久留米絣」は、江戸から明治時代にかけて誕生したもので、糸を先に染めてから織り上げる先染め織物のひとつといわれる。

久留米絣は、紺や黒の地に白くかすれたような市松模様や井桁《いげた》模様などが一般的で、じつに素朴な味わいを醸し出している。

ところで、この技法はなんと当時12歳の少女が考え出したといわれているのだ。彼女の名前は井上伝という。

1788年、久留米藩の城下に米屋の娘として誕生した伝は、幼い頃からはた織り好きで、12歳のときにはすでに自作の織物を売りに出していたほどだったという。

ある日、何度も洗濯して古くなった藍染めの着物を見て、ところどころの染料が抜けて白い斑点ができていることに気づいた。

そこにある種の〝美〟を感じとった伝は、こういう状態のとき、一本一本の糸はどうなっているのだろうかという疑問を持ち、実際に一本の糸になるまで着物を解いていったそうだ。

そのとき解いた一本の糸にならって、糸

のあちこちを白糸でくくり、そこだけ染まらないようにしてから藍汁に浸してみた。

そうしてすっかり乾いた後でくくっていた糸を外したところ、みごとに糸はまだらに染まり、それを織ってみるとところどころかすれたように見えたのである。

図案をもとに経糸《たていと》と緯糸《よこいと》をくくって染め上げ、図案の柄を手で合わせながら織り上げるという手の込んだその織物は、のちに「加寿利《かすり》」と名づけられ、城下で売り出したところ大人気を呼んだのである。

評判が評判を呼び、15歳の伝の下には弟子が集まるようになり、結婚や出産を経てなお久留米絣の発展に力を注ぎ続けた。

伝は81歳で亡くなっているが、弟子たちによって久留米絣は、現在も脈々と受け継がれているのである。

「有田焼」と「伊万里焼」、どこがどう違う？

佐賀県で生まれた有田焼と伊万里焼は、原料から成形の工程、絵つけにいたるまですべて同じものというのはご存じだろうか。

佐賀県で焼き物がはじまったのは、今から400年以上前にさかのぼる。

豊臣秀吉による朝鮮出兵が終結した際、多くの藩主が陶工を日本に連れて帰ったのだが、佐賀藩主・鍋島直茂が招いた李参平が有田の東端にある泉山で白磁鉱を発見したのがきっかけといわれている。

初期の焼き物は金や赤を使い、花や龍など多彩な絵柄が豪華に描かれており、これは中国の明朝、さらにはヨーロッパ美術の影響を受けているともいわれる。

17世紀半ばになると、オランダの東インド会社が有田に白磁を注文しはじめ、その積み出しの拠点となったのが伊万里港だったため、江戸時代は通称「伊万里」と呼ばれていた。これが、有田焼と伊万里焼の呼び名が存在するゆえんである。

さらに輸出がきっかけで、有田の焼き物がヨーロッパの貴族階級に知られるようになった。明治以降は、産地で呼び分けるようになったため、有田で焼かれたものを有田焼、伊万里で焼かれたものを伊万里焼と呼ぶようになっている。

ちなみに、江戸時代のものは「古伊万里」と呼ばれているが、古いものは一般的に「古伊万里」「柿右衛門」「鍋島」の三様式に大別されている。

古伊万里は先に挙げた多様な絵つけが特徴だが、柿右衛門は一転、白い磁肌を生かした日本画のような色絵つけになる。1646年に酒井田柿右衛門らが色絵つけを編み出したのをきっかけに始まった様式で、ヨーロッパでも高く評価されている。

一方、鍋島は幕府への献上用につくられた特別品だ。日本風の図柄が精緻なタッチで描かれており、一般には出回らないため数も少ない。

蒐集家《しゅうしゅうか》を魅了する伊万里だが、高級な骨董品ばかりではない。毎年ゴールデンウイークに佐賀県有田町で開催される「有田陶器市」では、豪華なものはもとより、数百円の手頃な陶器までさまざまな品が販売されている。

佐賀銘菓「丸ぼうろ」を生んだシュガーロードって？

「たまごボーロ」や「そばぼうろ」の原型といえるのが、佐賀銘菓「丸ぼうろ」である。漢字では「丸芳露」と書くが、これは当て字だ。語源はマルコ・ポーロにちなんでいて、船員たちの保存食だったという説もあるが、一般的にはオランダ語で、焼き菓子またはケーキを意味する「ｂｏｌｏ」だといわれている。

佐賀の県内ならどこへ行っても手に入るほど地元では日常的な食べ物で、冠婚葬祭はもちろん、人が集まるところには必ずといっていいほど登場する。

また、店には１００個詰め、１５０個詰めの贈答用の箱が常備されているのが当たり前だという。

元祖は、１６３９年創業の老舗、佐賀の「鶴屋」とされており、二代目の太兵衛がその生みの親といわれている。

今からおよそ３５０年前、長崎の出島に紅毛人（オランダ人）の珍しい菓子で丸ぼうろというものがある、との噂を聞きつけた太兵衛は長崎の出島へ出向き、オランダの菓子職人に弟子入りしてつくり方を習得した。

佐賀に戻って売り出すとこれが評判になり、佐賀城主鍋島の殿様から御用御菓子司に認められ、丸ぼうろは佐賀銘菓への一歩を踏み出したというわけだ。

ちなみにこの丸ぼうろには、ある歴史的

大物との有名なエピソードがある。

その人物は、佐賀出身の政治家、大隈重信である。明治29年、鶴屋に立ち寄った重信が丸ぼうろを食べていたく感動し、「ほかに比類少なき風味」と絶賛したと伝えられている。

さらに東京に戻った重信は、そのおいしさが忘れられなかったのか、わざわざ東京の自宅に職人を呼んで焼かせたという後日談も残っているほどだ。

佐賀には、このような伝統的な甘味がほかにも多数ある。それは、鎖国時代に長崎と小倉を結んでいた長崎街道が、別名「シュガーロード」と呼ばれ、おもに砂糖の通り道だったことに由来する。

つまり、異国文化と甘味が交錯するなかで生まれたのが、丸ぼうろなのである。

長崎名物「トルコライス」はトルコ料理なの?

「トルコライス」という食べ物をご存じだろうか? 大阪や神戸でも同じ名前の料理があるのだが、最も有名なのは長崎のトルコライスだろう。

味はその土地によって微妙に異なるが、要約するとピラフと洋食のおかずが盛り合わせになったワンプレート定食といえる。

なかでも長崎のトルコライスの場合は、カレー味のピラフとデミグラスソースがかかったトンカツ、ナポリタンスパゲティの組み合わせが一般的で、大人版のお子様ランチといったところだ。

最近は地方の名物が脚光を浴びるようになり、トルコライスも大手コンビニエンスストアなどで弁当になるなど全国的に知名度がアップした。だが、はっきりしているのはそこまでで、じつに謎の多い食べ物なのである。

そもそも、出どころがはっきりしていないのだ。

長崎で1950年代に発祥したといわれているが、我こそは元祖と名乗る店が多数存在する。

また、起源に関しても諸説ある。

そのネーミングからトルコ料理という説が有力なのだが、豚肉を食べることが禁止されているイスラム教を国の宗教としているトルコで、さすがにトンカツは出さないだろうことは素人でもわかる。

ただし、ピラフの語源はピラウというトルコ語であることから、ピラフを称してトルコライスと呼んだことは想像に難くない。トンカツやナポリタンは食いしん坊のどこかのシェフが勝手に盛り合わせてしまったのだと考えれば納得がいく説だ。

ほかには「名称にトルコと入れることが当時の流行だった」とか、「3種の盛り合わせからフランス国旗のトリコロールが訛ってついた」とか、「ピラフ（焼き飯）は中国、スパゲティはヨーロッパ、その両者をつなぐ架け橋をトンカツに見立て、中間地であるトルコの名称がついた」などがあるが、どれも決定打に欠ける。

こんな謎だらけの料理でも人気は本物だ。長崎では市役所内のレストランでも提供されているご当地メニューなのだ。

南九州ではなぜ練乳がけのかき氷を「白熊」と呼ぶ？

「白熊」といえばたいていの人は動物の北極熊を思い浮かべるだろうが、南九州ではカキ氷を連想するのが一般的だといわれている。

それほど白熊は地元の人たちの生活に密着している食べ物なのだ。

南九州の白熊は、練乳がかかったかき氷に豆や果物などをトッピングした氷菓の総称で、複数のメーカーが似たような名前で製品化している。

地元のスーパーマーケットや駄菓子屋でカップ入りが売られているほか、喫茶店やレストランでも店オリジナルのものを食べることができる。

鹿児島がその発祥の地といわれているが、名前の由来にはふたつの説ある。

ひとつは、鹿児島市の西田本通りにあった綿屋が夏の間だけかき氷を売っていて、昭和7～8年頃に新メニューとして登場したのが「氷白熊」だったという説だ。

かき氷にかけた練乳の缶に貼ってあったラベルが白熊印だったことから、その名がついたといわれている。

もうひとつは、昭和22年頃、天文館にあった無邪気という大衆食堂の店主の久保武が考案したという説である。

イチゴに練乳をかけることにヒントを得て、かき氷に練乳をかけて果物や豆などをあしらったところ、偶然にも白熊の顔のように見えたことからついた名前だという。

この無邪気はのちにビルとなり、「天文館むじゃき」と屋号を変えて現在も営業中だ。

ここの白熊は、直径15センチ、高さ17～18センチというかなり大きめのサイズで、自家製秘伝のミルクと蜜がかかった雪のようにふわふわした食感が特長。行列のできる店として県内では有名だという。

なお、カップ入りに関しては、いろいろなメーカーから出ており、すでに県外に流通しているものもあるので食べた人も多いだろう。

だが、できたての白熊は鹿児島以外では滅多にお目にかかれない。物産展などで見かけたときが白熊を食べられる数少ないチャンスである。

沖縄のお菓子「ちんすこう」はどこから伝わった？

沖縄の代表的な土産のひとつである「ちんすこう」を食べたことがあるだろうか？

クッキーに似た焼き菓子だが、口に入れるとすぐにほろほろと形がほぐれて、濃厚な甘さが口のなかいっぱいに広がる。クッキーの原料が小麦粉、砂糖、バターなのに対し、ちんすこうは小麦粉、砂糖、ラード（豚の脂）であるところに豚肉を多く食べる沖縄らしさが表れている。

ちんすこうそのものの歴史は非常に古く、その発祥は琉球王朝時代の15世紀頃といわれている。

当時、琉球は日本と中国の両方に属していたため、琉球で新たな国王が即位するたびに中国皇帝からそれを認める勅書などを携えて冊封使《さくほうし》（中国から派遣される使者）がやってきたという。その一団のなかにいた菓子職人から伝わった中国菓子と薩摩藩から伝わった日本菓子を、琉球王朝の職人が琉球風にアレンジしたのが現在のちんすこうのルーツといわれている。

つまり、もともとは王族や貴族の食べ物であり、祝い事などの特別なときだけつくられる宮廷菓子だったというのだ。

「ちんすこう」という名もそれを物語っている。漢字ではふたつの書き方があり、ひとつは珍しく貴重な菓子の意である「珍楚」、もうひとつは非常に高価な菓子の意味を表す「金楚」だ。いずれにしても高貴な食べ物だったことがうかがえる。

ただ、その頃のちんすこうは、小麦粉ではなく、米粉と砂糖とラードでつくるカステラのような蒸し菓子だったといわれている。

現在の形になったのは、廃藩置県後の明治41年（1908年）頃のことである。琉球王朝に仕えた菓子職人の子孫が蒸し菓子だったちんすこうをアレンジし、レンガ釜で焼いて売り出したのだ。「新垣」を名乗るちんすこうの専門店がその一族であり、元祖として知られている。

そこから数えてもすでに100年の歴史がある。今では黒糖やごま、紅イモ、パイナップル、塩などさまざまな味があり、メーカーによってはチョコレートでコーティングされたものなども誕生している。

【参考文献】

『大人の常識とマナー決定版』（学研教育出版編／学研教育出版）、『石川先生の「ビジネスマナー」スーパーレッスン』（石川信子／すばる舎）、『図解 マナー以前の社会人常識』（岩下宣子／講談社）、『人生を変える笑顔のつくり方』（野坂礼子／PHP研究所）、『ビジネスで恥をかかない日本語のルール』（白沢節子／日本実業出版社）、『さすが！と言われるビジネスマナー 完全版』（高橋書店編集部編／高橋書店）、『ビジネスマナー入門』（梅島みよ、土舘祐子／日本経済新聞社）、『「仕事の基本」が身につく本 3日で読める！ 一生役立つ！』（古谷治子／かんき出版）、『コンビニのレジから見た日本人』（竹内稔／商業界）、『そのバイト語はやめなさい』（小林作都子／日本経済新聞社）、『聡明でセンスある女性の話し方』（渡辺由香／三笠書房）、『日本大百科全書』（小学館編／小学館）、『斑鳩の白い道のうえに』（上原和／朝日新聞社）、『聖徳太子―この国の原郷』（まほろば）』（立松和平／NHK出版）、『発掘のロマン最前線』（田辺征夫／毎日新聞社）、『奈良の寺―世界遺産を歩く』（奈良文化財研究所編／岩波書店）、『妖怪の民俗学』（宮田登／岩波書店）、『カウントダウン首都圏大地震』（相楽正俊／出帆新社）、『トップランキング事典』（上野富美夫編／東京堂出版）、『中世説話集 古今著聞集・発心集・神道集』（西尾光一、貴志正造編／角川書店）、『陰陽で読み解く日本のしきたり』（大峡儷三／PHP研究所）、『日本史モノ事典 続』（平凡社編／平凡社）、『日本のしきたり 開運の手引き』（武光誠／講談社）、『暦と時の事典』（内田正男／雄山閣）、『市民の古代 別巻3』（古田武彦／新泉社）、『必携！ ビジネスマナー』（阿部開道／西東社）、『日本人の生活文化事典』（南博、社会心理研究所編／勁草書房）、『源氏の作者 紫式部』（稲賀敬二／新典社）、『江戸の再発見』（稲垣史生／新潮社）、『日本の歴史をよみなおす（全）』（網野善彦／筑摩書房）、『「衣・食・住・楽」暮らしの日本史99の謎』（桑原茂夫／講談社）、『だから日本は叩かれる』（ポール・ボネ／角川書店）、『江戸へようこそ』（杉浦日向子／筑摩書房）、『神さまと神社 日本人なら知っておきたい八百万の世界』（井上宏生／祥伝社）、『目からウロコの日本の神様『古事記』から台所の神さままで』（久保田裕道／PHPエディターズグループ）、『日本の神々 多彩な民俗神たち』（戸部民夫／新紀元社）、『日本神話』（吉田敦彦／PHP研究所）、『「頼れる神様」大事典』（戸部民夫／PHP研究所）、『宗教のしくみ事典 教えから歴史・系譜・宗派まで早わかり』（大島宏之／日本実業出版社）、『知っておきたい日本の神様』（武光誠／角川学芸出版）、『図解 日本人なら知っておきたい古事記』（島崎晋／洋泉社）、『日本の神さままるわかり事典』（島崎晋／明治書院）、『知識ゼロからの仏教入門』（長田幸康／幻冬舎）、『「神社と神さま」がよくわかる本』（島崎晋／PHPエディターズグループ）、『知識ゼロからの神社と祭り入門』（瓜生中／幻冬舎）、『日本人のための神道入門』（武光誠、グレイル／宝島社）、『神道』（井上順孝編著／ナツメ社）、『こんなに身近な日本の神々 神道と私達の文化は、どうかかわっているのか』（安蘇谷正彦／毎日新聞社）、『ご近所の神様 身近な神社と不思議なご利益』（久能木紀子／毎日コミュニケーションズ）、『ササッとわかる開運ご利益参り』（武光誠／講談社）、『神道の常識がわかる小事典』（三橋健／PHP研究所）、『民間信仰辞典』（桜井徳太郎編／東京堂出版）、『日本神さま事典』（三橋健、白山芳太郎／大法輪閣）、『決定版 知れば知るほど面白い！神道の本』（三橋健／西東社）、『伝統こけしとみちのくの旅』（小野洸・箕輪新一・柴田長吉郎／講談社）、『「問題ありません」は上司に失礼！大人の敬語常識』（トキオ・ナレッジ／宝島社）、『できる人は、ここまでやっている！一生使える「敬語の基本」が身につく本』（井上明美／大和出版）、『仕事も人間関係もうまくいく！こんなときには、こんなことばづかいを』（永崎一則／PHP研究所）、『スラスラ話せる敬語入門』（渡辺由佳／かんき出版）、『なぜか「好感」をもたれる女性のほんのちょっとした違い』（今井登茂子／河出書房新社）、朝日新聞／読売新聞／毎日新聞／日本経済新聞／夕刊フジ、ほか

【ホームページ】

首相官邸、外務省、法務省、環境省、厚生労働省、海上保安庁、総務省統計局、熊本国税局、京都府、山口県、国立社会保障・人口問題研究所、国立歴史民俗博物館、（独）造幣局、（独）環境再生保全機構、特定非営利活動法人国際留学生協会、（財）WWFジャパン、（財）八十二文化財団、（財）日本サッカー協会、（財）沖縄観光コンベンションビューロー、（社）日本医師会、（社）日本損害保険協会、（社）日本新聞協会、（社）ユネスコ協会連盟、華厳宗大本山東大寺、聖徳宗総本山法隆寺、熊野那智大社、（株）七十七銀行、（株）山梨日日新聞社、（株）山梨放送、（株）朝日新聞社、（株）産業経済新聞社、（株）中国新聞社、（株）読売新聞社、（株）はてな、東北電力（株）、WIPジャパン（株）、（株）新横浜ラーメン博物館、日本自動販売機工業会、糸魚川フォッサマグナミュージアム、オールアバウト、ご贈答マナー、ITpro、ウエディングWalker、・タウンページ、総務の森、フレッシャーズ、えびす宮総本社 西宮神社、東京大神宮、住吉大社、金刀比羅宮、貴布禰総本宮 貴船神社、梅宮大社、八幡総本宮 宇佐神宮、鹿島神宮、伊那市、伊那市観光協会、（独）国立青少年教育振興機構 国立信州高遠青少年自然の家、伊那商工会議所、行田市、行田市観光協会、東京都薬剤師会北多摩支部、茨城県、龍ヶ崎市、少林山達磨寺、高崎市、草津温泉観光協会、草津町商工会、中央区、銚子市観光協会、銚子市、

千葉県、ヒゲタ醤油（株）、千葉県海苔問屋協同組合、佐野市観光協会、草加市、草加せんべい振興協議会、江戸川区、東京都、川崎市、みうら漁業協同組合松輪支所、神奈川県農林水産情報センター、三浦半島酪農組合連合会葉山牛出荷部会、茨交ホテルズ、ホテル金波楼、全国和菓子協会、山口屋穀粉、小田原商工会議所、上田湯葉店、湯葉弥、全農、下関ふく連盟、おいしい山形、柳津観光協会、福島県観光物産交流協会、八雲町、ＪＡ夕張、（有）佐藤錦、八戸市、佐藤養助商店、だだぱら、立山町、横手市、函館市、大館曲ワッパ協同組合、天童市、箱根ロープウェイ、富士宮やきそば学会、るるぶ.com、あわびの煮貝専門店 元祖みな与、かいやWebサイト、（株）信玄食品、ぎふ観光ガイド、（社）飛騨高山観光協会、（株）飛騨あずさ、野沢温泉観光公式ページ、野沢温泉 住吉屋、Yahoo! きっず図鑑、但馬の百科事典、越前ガニとさかなのあを山、丹後魚政、（株）ういろう、ぶらり途中下車の旅、青柳ういろう、（有）ほうえい堂、朝日マリオン・コム、小倉屋昆布食品、未来観光戦略会議、中央区観光協会、日本食品新聞社、マルダイ食品、信楽陶器工業協同組合、滋賀県立陶芸の森、名古屋大学理学部、金沢大学・地球学コース、日本地質学会、神戸肉流通推進協議会、ＪＡたじま、但馬ビーフはまだ、京都鴨川納涼床協同組合、貴船観光会&貴布禰総本宮貴船神社、伊万里鍋島焼協同組合、伊万里市、Arita On Line 、宍道湖・中海の湖沼環境、しまね観光ナビ、（社）宮島観光協会、宮島観光、岩惣、丹波篠山観光協会、黒豆の井上、兵庫県篠山市、丹波篠山地名考、西陣 web 西陣織工業組合、くらきび、備前焼ギャラリーしょうざん、備前焼窯元 備州窯、香川の環境、松阪牛協議会、松阪市観光協会、三重県農水商工部、岡山探検ステーション Bocco、廣榮堂本店、鳴海餅本店、三川内焼オフィシャルサイト、うまか陶、焼き物データベース Ceramics Online Explorer、果物ナビ、health クリック、谷内青果

（株）、セルフドクターネット、ふなずしのカネ正、湖北まちづくり健康サポートネットワーク、にんべん、南房総の歴史、南房総市、くぎ煮.jp、いかなご釘煮の魚友、四国タオル工業組合、今治商工会議所、今治タオルプロジェクト、e京都ねっと、聖護院八ツ橋総本店、井筒八ッ橋本舗、ニシモト食品（株）、（有）竹下商店、全国辛子めんたいこ食品公正取引協議会、沖縄県酒造組合連合会、（株）天文館むじゃき、丸永製菓（株）、セイカ食品（株）、（株）千興ファーム、熊本市観光情報サイト、さくらのはなおか、高級馬刺し専門（有）桜屋、日本馬刺し研究会、沖縄観光インフォメーションサービス、中村食品産業（株）、沖縄南国屋、沖縄雑貨「うりずん」、沖縄シーサー紀行、熊本市、森からし蓮根、熊本県、大分県、（有）かわい水産、大分県日出町観光協会、グラバー亭、（株）みろく屋、四海楼、ちゃんぽん家　大光楼、サクラ旅行開発（株）、関東鹿児島県人会連合会、さつまグローバルネット、植山屋、（有）中馬かまぼこ店、八女・筑後広域市町村圏事務組合、（財）伝統的工芸品産業振興協会、鶴屋本店、（株）北島、iタウンページ、（有）伊藤商店、とらふぐ亭、長崎観光、（株）M・Hコーポレーション、（株）守礼堂、琉球市場、奥原製陶所、（財）沖縄観光コンベンションビューロー、エキサイトニュース、長崎市場でじまや、資生堂、産経新聞、毎日新聞、読売新聞、ほか

※本書は、『図解1分ドリル もう恥をかかない！ 大人の「常識力」』（小社刊／2012年）、『知ってるだけで一目おかれる 日本の神様 世界の神様』（同／2011年）、『日本全国「名産品」100の謎』（同／2008年）、『どこから読んでも面白い「日本」の雑学』（同／2005年）をもとに、改題・加筆・修正のうえ、新たな情報を加えて、再編集したものです。

編者紹介

話題の達人倶楽部
カジュアルな話題から高尚なジャンルまで、あらゆる分野の情報を網羅し、常に話題の中心を追いかける柔軟思考型プロ集団。彼らの提供する話題のクオリティの高さは、業界内外で注目のマトである。
本書では、敬語・礼儀作法から日本人のしきたり・歴史まで、“超一流”が押さえている一般常識・教養を完全収録！ 改まった席でのマナーも商談における良質な雑談ネタも、この一冊でまるごと身につく社会人必読の書！

できる大人《おとな》の常識力《じょうしきりょく》事典《じてん》

2016年10月5日　第1刷

編　　者　話題《わだい》の達人《たつじん》倶楽部《くらぶ》

発 行 者　小 澤 源 太 郎

責任編集　株式会社プライム涌光
電話　編集部　03(3203)2850

発 行 所　株式会社青春出版社
東京都新宿区若松町12番1号〒162-0056
振替番号　00190-7-98602
電話　営業部　03(3207)1916

印刷・大日本印刷　製本・ナショナル製本

万一、落丁、乱丁がありました節は、お取りかえします

ISBN978-4-413-11193-5 C0030

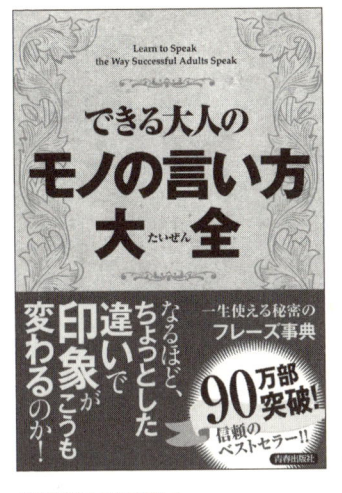